Fritz Birk, Arthur Geller, Christina Horn, Gunnar Horn, Gerhard Kühn, Karl Lutz

Verkäuferinnen und Verkäufer praxisnah

Arbeitsmaterialien

1. Auflage

Bestellnummer 30202

Bildungsverlag EINS

Haben Sie Anregungen oder Kritikpunkte zu diesem Produkt?
Dann senden Sie eine E-Mail an 30202_001@bv-1.de
Autoren und Verlag freuen sich auf Ihre Rückmeldung.

www.bildungsverlag1.de

Bildungsverlag EINS GmbH
Hansestraße 115, 51149 Köln

ISBN 978-3-427-**30202**-5

Inhalt

Lernfeld 1: Das Einzelhandelsunternehmen repräsentieren

Lernfeld 2: Verkaufsgespräche kundenorientiert führen

Lernfeld 3: Kunden im Servicebereich Kasse betreuen

Lernfeld 4: Waren präsentieren

Lernfeld 5: Werben und den Verkauf fördern

Lernfeld 6: Waren beschaffen

Lernfeld 7: Waren annehmen, lagern und pflegen

Lernfeld 8: Geschäftsprozesse erfassen und kontrollieren

Lernfeld 9: Preispolitische Maßnahmen vorbereiten und durchführen

Lernfeld 10: Besondere Verkaufssituationen bewältigen

Das Einzelhandelsunternehmen repräsentieren

Lernfeld 1

Wissen erarbeiten

1 Der Einzelhandel in der Gesamtwirtschaft

1. **Tragen Sie die Güter- und Geldströme zwischen den Unternehmen und den privaten Haushalten in das folgende Kreislaufmodell der Wirtschaft ein. Verwenden Sie dabei die Begriffe Produktionsfaktoren (z. B. Arbeitskraft), Einkommen (z. B. Gehalt), Konsumausgaben (z. B. Bargeld), Konsumgüter (z. B. Mountainbike).**

Modell des einfachen Wirtschaftskreislaufs

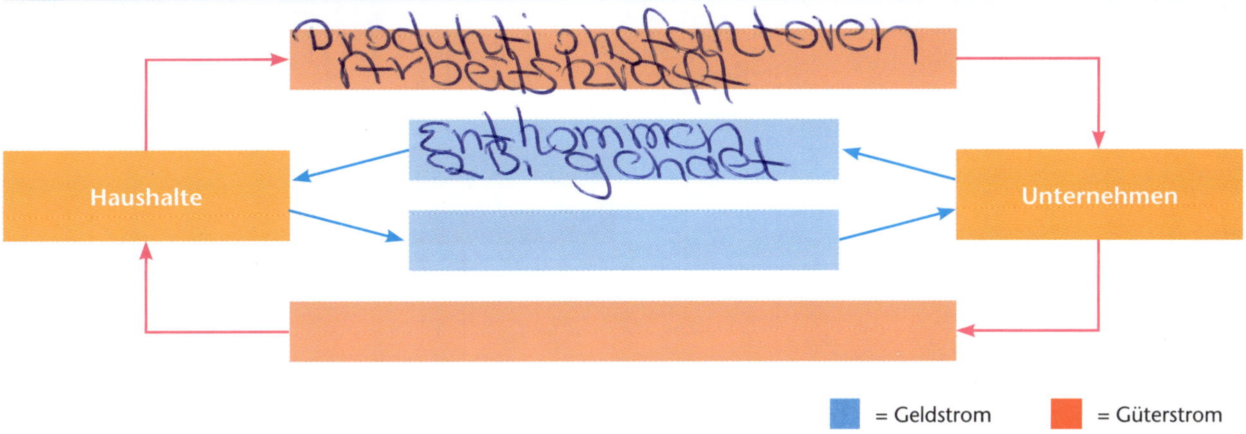

2. **Beschreiben Sie die Güter- und Geldströme im einfachen Wirtschaftskreislauf mit Banken. Verwenden Sie dabei die Begriffe Produktionsfaktoren, Einkommen, Konsumausgaben, Konsumgüter, Ersparnisse, Kredite (für Investitionen).**

Modell des einfachen Wirtschaftskreislaufs mit Banken

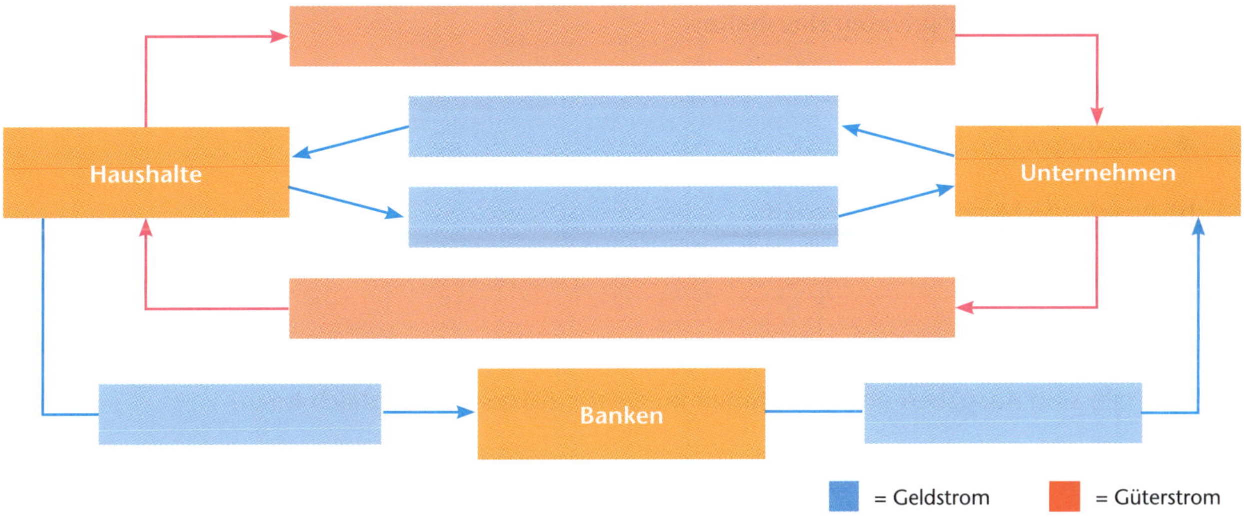

3. Beschreiben Sie die Güter- und Geldströme im erweiterten Wirtschaftskreislauf mit Banken, Staat und Ausland. Verwenden Sie dabei folgende Begriffe:

Produktionsfaktoren, Einkommen, Ersparnisse, Konsumausgaben, Konsumgüter, Kredite (für Investitionen), Importausgaben, Abgaben, Subventionen, Exportgüter, Importgüter, Abgaben, Subventionen, Exporterlöse

Modell des erweiterten Wirtschaftskreislaufs

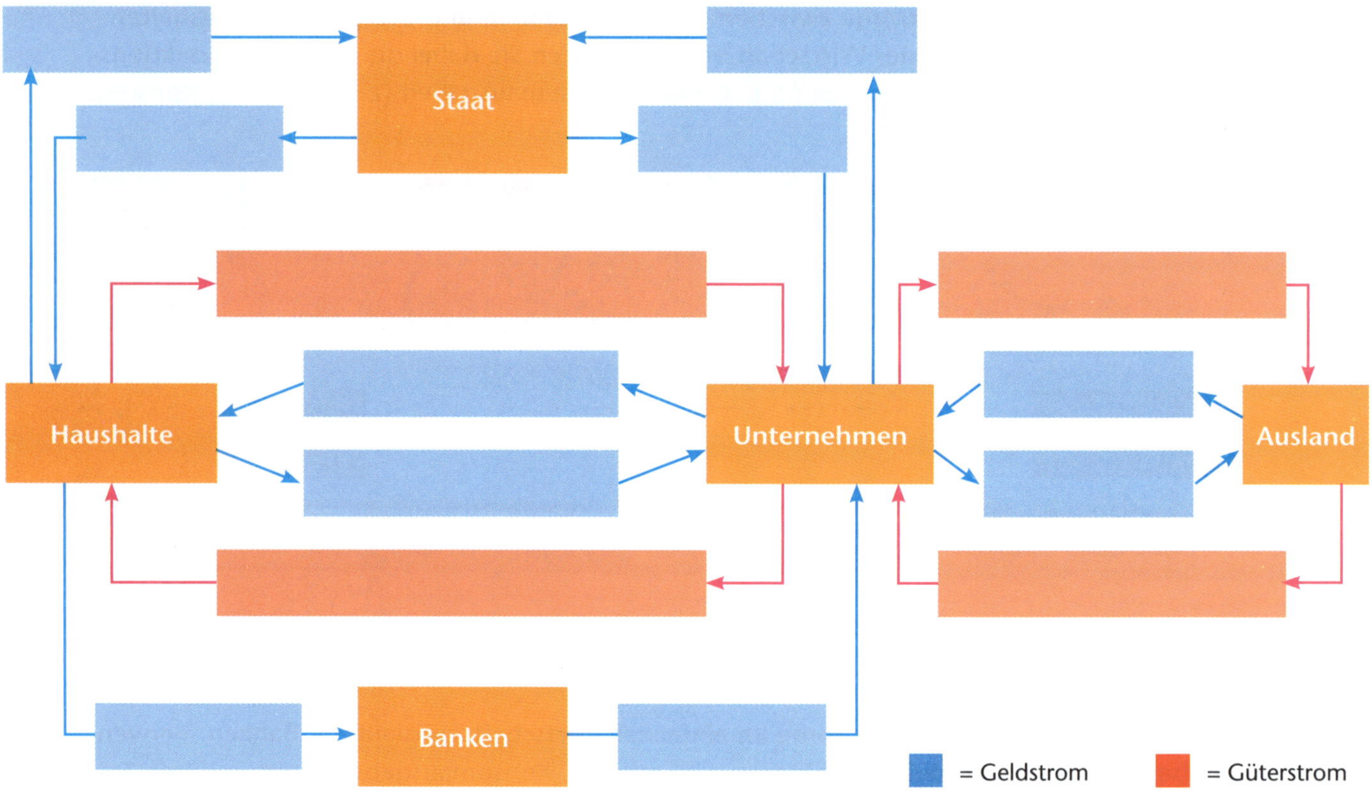

4. Stellen Sie die Einnahmen- und Ausgabenströme des Geldkreislaufs einander gegenüber.

a) Aus der Sicht der privaten Haushalte:

- Ausgaben: ______
- Einnahmen: ______

b) Aus der Sicht der Unternehmen:

- Ausgaben: ______
- Einnahmen: ______

5. Weshalb sind Ausgaben und Einnahmen im Geldkreislauf immer gleich hoch?

______

______

6. Die gesamtwirtschaftliche Wertschöpfungskette beginnt mit dem Wirtschaftsbereich *Urerzeugung* (primärer Wirtschaftsbereich), geht über die *Weiterverarbeitung* (sekundärer Wirtschaftsbereich) zur *Verteilung* der erstellten Güter einschließlich der zugehörigen Dienstleistungen (tertiärer Wirtschaftsbereich).

   a) Erklären Sie den Begriff **Wertschöpfung.**

   ____

   ____

   b) Vollziehen Sie den Weg eines Holztisches durch die gesamtwirtschaftliche Wertschöpfungskette nach.

Gesamtwirtschaftliche Wertschöpfungskette

Wirtschaftsbereich (Wirtschaftsstufe)	Beispiel: Holztisch
1. Stufe:	
↓	↓
2. Stufe:	
↓	↓
3. Stufe:	

   c) Dienstleistungen fallen in allen Wirtschaftsstufen an. Zählen Sie einige typische Dienstleistungen am Beispiel des Holztisches auf.

   ____

   ____

   ____

   ____

7. **Die betriebliche Wertschöpfungskette beginnt mit der Beschaffung der Elementarfaktoren (Input). Unter Anleitung des dispositiven Faktors erstellt der Betrieb damit marktfähige Sach- und Dienstleistungen (Output).**

   a) Was verstehen Sie unter **Elementarfaktoren**?

   b) Erklären Sie den Begriff **dispositiver Faktor.**

   c) Stellen Sie die typische betriebliche Wertschöpfungskette in einem Einzelhandelsbetrieb dar.

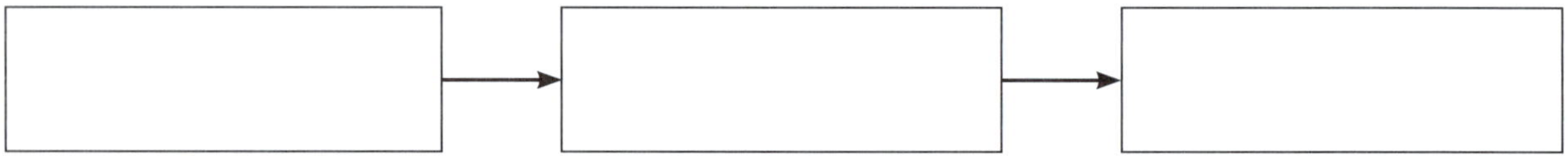

Wissen trainieren

8. Betrachten Sie die Begriffe Konsumausgaben und Einkommen der privaten Haushalte aus der Sicht der Unternehmen.

9. In einer Wirtschaft sind folgende Geldströme entstanden:

Verkaufserlöse der Unternehmen	1 500 Geldeinheiten
Investitionen der Unternehmen	300 Geldeinheiten
Abgaben der privaten Haushalte an den Staat	300 Geldeinheiten
Abgaben der Unternehmen an den Staat	100 Geldeinheiten
Subventionen der Unternehmen vom Staat	100 Geldeinheiten
Subventionen privater Haushalte vom Staat	100 Geldeinheiten
Exporterlöse der Unternehmen	300 Geldeinheiten
Importausgaben der Unternehmen	100 Geldeinheiten

   Berechnen Sie die fehlenden Größen, indem Sie die Einnahmen und Ausgaben einander gegenüberstellen. Stellen Sie die Einnahmen und Ausgaben sowohl aus der Sicht der privaten Haushalte als auch aus der Sicht der Unternehmen dar.

   TIPP: *Einnahmen und Ausgaben müssen wertmäßig gleich sein.*

10. Begründen Sie, warum das Kreislaufmodell der Wirtschaft eine starke Vereinfachung des tatsächlichen Wirtschaftsgeschehens ist.

2 Aufgaben und Formen des Einzelhandels

Wissen erarbeiten

1. Erläutern Sie die wesentlichen Aufgaben (Funktionen) des Einzelhandels.

Aufgaben	Erläuterungen
Überbrückungsaufgaben	◆ Mengenüberbrückung (Mengenausgleich): Der EH kauft große Mengen von den Erzeugern und gibt kleine Mengen an uns weiter ◆ Raumüberbrückung (Raumausgleich): Der Einzelhandel bringt die Ware von z.B. Hamburg in die Nähe der Verbrauchsorte. Wir haben dadurch große Warenauswahl vor Ort ohne selbst nach Hamburg fahren zu müssen ◆ Preisausgleich: Der EH kauft Ware zu großen Mengen zu günstigeren Preisen ein und gibt uns diesen Vorteil weiter ◆ Zeitüberbrückung: Der EH überbrückt die Zeit von der Herstellung oder Ernte bis zum Verbrauch durch fachgerechte Lagerung.
Waren- und Serviceaufgaben	◆ Manipulation (Veredelung): Der EH unterstützt Reifeprozesse durch Lagerung und sortiert nach Güterklassen z.B. Eier, Obst ◆ Sortimentsbildung: Der EH sucht aus den vielfältigen Waren in- und ausländische Produkte aus, die den Kunden am ehesten entsprechen. ◆ Umweltschutzaufgabe: Der Einzelhandel achtet auf Umwelt und Gesundheitsmöglichkeit und bietet Entsorgungen an. ◆ Finanzierungsfunktion: Durch Verkauf auf Kredit und großzügige Zahlungsziele erleichtert der Einzelhandel den Kunden den Kauf teurer Waren, somit kann der Kunde später zahlen ◆ Markterschließung: Der EH sorgt durch Werbung dafür, dass neue Produkte bekannt werden. ◆ Beratung: In persönlichen Gesprächen berät der EH als Fachmann in der Verwendung, Handhabe und Pflege ◆ Serviceleistungen: Durch Dienstleistungen betreut der EH seine Kunden vor, während und nach dem Kauf. Änderungsschneiderei, Möbel-Aufbau

2. Beschreiben Sie die wesentlichen Betriebsformen des stationären Einzelhandels. Geben Sie für jede Betriebsform ein Beispiel aus Ihrer Region an.

Betriebsform	Sortiment	Betriebsgröße/Verkaufsform
Fachgeschäft		
Kaufhaus		
Fachmarkt		
Supermarkt		
Warenhaus		
Verbrauchermarkt		
Discounter		
Convenience Store		

3. Erläutern Sie die genannten Betriebsformen des nicht stationären Einzelhandels.

- Onlineshop: ____________________
- Teleshop: ____________________

4. Suchen Sie nach Gründen, warum der Direktverkauf der Fahrradhersteller (siehe Situation im Lehrbuch auf Seite 21) den Fahrradeinzelhändlern Sorgen bereitet.

Dem EH entgehen dadurch Geschäfte d.h. Umsatz wird gewinnchancen. Der EH befürchtet, dass er das Geschäft mit den Hauptprodukten verliert und dass er am Ende nur noch Ersatz- und Reparaturteile verkauft. Als "Lückenbüßer" ist er auf Dauer aber nicht lebensfähig.

5. Erklären Sie die genannten Begriffe:

- Shop in Shop: Innerhalb einer Verkaufsfläche werden Teile der Fläche an betriebsfremde Betreiber verpachtet (Schuhgeschäft im real). Der Kunde bemerkt nicht, dass er sich in einem anderen Geschäft aufhält.
- Factory-Outlet-Center: Markenhersteller (Gucci, Prada) verkaufen eigene Erzeugnisse zu niedrigen Preisen an preis- und markenbewusste Kunden. Verkauft werden vorwiegend Waren 2. Wahl, Retouren, Rückläufe und Auslaufware.
- Partiediscounter: Ein Euro Laden. Somit Restpostengeschäfte die überschüssige Aktions- oder Konkurswaren zu Schnäppchenpreisen in SB anbieten.

6. Fahrräder werden in Warenhäusern (z. B. Kaufhof), Fahrradfachgeschäften und manchmal auch in Discountgeschäften (z. B. Aldi) angeboten. In welcher dieser Betriebsformen des Einzelhandels würden Sie ein Mountainbike kaufen? Begründen Sie Ihre Kaufentscheidung.

7. Nennen Sie stichwortartig drei Vorteile und drei Nachteile der Selbstbedienung.

Vorteile: Einsparung von Personalkosten, Spontankäufe, höherer Umsatz

Nachteile: Zusatzverkäufe entfallen, ungeeignet bei beratungsintensiver Ware, bei evtl. Nachfragen kein Ansprechpartner.

8. Die Forum Warenhaus KG informiert ihre Kunden regelmäßig über die Umwelteigenschaften ihrer Waren.

Auszug aus dem aktuellen Prospekt:

Gegen die Müllberge – helfen Sie der Umwelt zuliebe!

Ariel Futur
1,5 kg • Nachfüllpack
25 % Altplastikanteil und 90 % weniger Verpackungsmaterial als der 3-kg-Karton für herkömmliche Waschmittel

Lenor
jetz problemlos umfüllen mit dem Nachfüllkarton, der Rohstoffverbrauch und Abfall verringert

Verpackungen aus Styropor®
… sind umweltschonend, weil der Recycling-Kreislauf geschlossen ist

Danke
Danke wird zu 100 % aus bereits mehrmals wiederverwendetem Altpapier hergestellt

Punica
6 x 1,0 l (Mehrweg) Punica in der 1-l-Mehrwegflasche „Mehr Frucht. Weniger Durst. Weniger Müll.“

Apollinaris
Mehrweg-Glasflaschen werden bis zu 50-Mal wiederverwendet

Skip
Ausgezeichnet mit dem Blauen Engel, weil weniger gewässerbelastend im Baukastensystem

Vizir Ultra
Nachfüllpack
spart 90 % Abfall gegenüber dem Karton

a) Äußern Sie Ihre Meinung zu dieser Vorgehensweise.

b) Zeigen Sie an weiteren Beispielen aus dem Sortiment Ihres Ausbildungsbetriebs, wie der Einzelhandel zum Umweltschutz beitragen kann.

Wissen trainieren

9. Oft wird behauptet, der Einzelhandel sei unnütz, da er die Waren unnötig verteuere. Sammeln Sie Argumente, die diese Behauptung widerlegen.

TIPP: *Führen Sie hierzu eine Kartenabfrage durch (siehe Buchplusweb). Ordnen Sie Ihren Beiträgen anschließend Oberbegriffe zu.*

Buch PlusWeb

10. Beschreiben Sie die Sortimentspyramide am Beispiel von Elektrowaren.

11. Unterscheiden Sie am Beispiel von Elektrowaren zwischen breitem und flachem sowie schmalem und tiefem Sortiment.

12. Beschreiben Sie das Sortiment, die Verkaufsform und die Betriebsform Ihres Ausbildungsbetriebs.

13. Unterscheiden Sie die Betriebsformen
a) Fachgeschäft und Kaufhaus,
b) Gemischtwarengeschäft und Warenhaus,
c) Fachmarkt und Warenhaus,
d) Verbrauchermarkt und Supermarkt.

Wissen anwenden

14. Beschreiben Sie Vor- und Nachteile der Betriebsformen des

a) stationären Einzelhandels (mit Ladengeschäft),

b) nicht stationären Einzelhandels (ohne Ladengeschäft).

15. Im Jahre 1980 besaßen kleine und mittlere Fachgeschäfte des Einzelhandels einen Marktanteil von 55 %. Im Jahre 2010 ist dieser Marktanteil auf 25 % geschrumpft. Diskutieren Sie über diese Entwicklung aus der Sicht der Verbraucher, Ladeninhaber und der betroffenen Arbeitnehmer.

16. a) Welche Informationen entnehmen Sie dem Schaubild „Wandel im Einzelhandel"?

b) Welche Betriebsformen werden an Bedeutung verlieren bzw. an Bedeutung gewinnen?

c) Worin sehen Sie die Ursachen für diese Entwicklung?

d) Welche Folgen hat diese Entwicklung für die Einzelhändler bzw. für die Kunden des Einzelhandels?

e) Nehmen Sie Stellung zu dieser Entwicklung im Einzelhandel.

3 Unternehmensleitbild und Unternehmensziele

Wissen erarbeiten

1. **Erklären Sie den Begriff Unternehmensleitbild. Geben Sie die Aufgaben eines Unternehmensleitbilds an und nennen Sie Beispiele.**

Unternehmensleitbild
Begriff
In einem Unternehmungsleitbild werden der ______________________ des Unternehmens und seine ______________ ______________ festgehalten. Damit sind die obersten Unternehmensziele dokumentiert.

Aufgaben
◆ ______________________ für Führungskräfte und Mitarbeiter, ◆ Erreichung eines ______________________ unter allen Mitarbeitern, ◆ Einheitliches ______________________ nach außen (Corporate Identity), ◆ Bekenntnis zur ______________ ______________ des Unternehmens (Corporate Social Responsibility).

Beispiele: Sätze aus einem Unternehmensleitbild

- Wir wollen unternehmerischen Erfolg.
- ______________________
- ______________________
- ______________________
- ______________________
- ______________________
- ______________________
- ______________________
- ______________________
- ______________________

2. Erklären Sie den Begriff Unternehmensziel. Geben Sie die Aufgaben von Unternehmenszielen an und nennen Sie Beispiele.

Unternehmensziele
Begriff
Unternehmungsziele beschreiben ______________________ über den ______________________ ______________________ des Unternehmens, der durch ______________________ erreicht werden soll.
Aufgaben
◆ ______________________ in Form von ______________________ (Steuerung), ◆ ______________________ für alle Mitarbeiter (Motivation), ◆ ______________________ für die Zielerreichung (Bewertung), ◆ Möglichkeiten zum ______________________ (Kontrolle), ◆ einen ______________________, der ihren Handlungsspielraum begrenzt (Selektion).

Beispiele: Zieldreieck der Nachhaltigkeit

Ökonomische Ziele

- ______________________
- ______________________
- ______________________
- ______________________
- ______________________

Oberziel:
Existenz
sichern

Ökologische Ziele

- ______________________
- ______________________
- ______________________
- ______________________
- ______________________

Soziale Ziele

- ______________________
- ______________________
- ______________________
- ______________________
- ______________________

3. Erklären Sie die Ausprägungen des ökonomischen Prinzips und geben Sie jeweils ein Beispiel aus Ihrem Alltag.

- Maximalprinzip: ______________________

- Minimalprinzip: ______________________

4. Formulieren Sie drei betriebliche Ziele und vergleichen Sie diese.

- ______________________
- ______________________
- ______________________

5. Ein wichtiges ökonomisches Sachziel ist die Kundenzufriedenheit. Wie reagieren Sie in folgenden Situationen?

- Der Kunde möchte sich in Ruhe ohne seine Kinder im Laden umschauen.
- Der Kunde hat Fragen zu einem Artikel.
- Der Kunde hat ein Geburtstagsgeschenk gefunden.
- Der Kunde kann den gekauften Artikel nicht transportieren.

6. Betrachten Sie das Schaubild im Lehrbuch auf Seite 33. Was tun die Unternehmen dafür, dass ihre Mitarbeiter Familie und Beruf miteinander vereinbaren können?

7. Erklären Sie den Begriff **externe Kosten** allgemein und an Beispielen.

8. Welche Faktoren muss das **Umweltmanagement** bei jeder Entscheidung beachten?

9. Erklären Sie den Begriff **Nachhaltigkeit**.

Wissen trainieren

10. Betrachten Sie die Darstellung im Lehrbuch auf Seite 30. Welche Idee steckt dahinter, wenn Unternehmen ihren Mitarbeitern ein einheitliches Outfit geben?

11. Begründen Sie, dass sich die Familienfreundlichkeit für ein Unternehmen auf lange Sicht auszahlt.

12. Ökonomische, soziale und ökologische Ziele können in Konkurrenz zueinander stehen. Geben Sie Beispiele für solche Zielkonflikte.

13. Beurteilen Sie Ihren Ausbildungsbetrieb und sein Sortiment unter dem Gesichtspunkt der Nachhaltigkeit. Besteht Ihrer Meinung nach Handlungsbedarf?

Wissen anwenden

14. a) Stellen Sie das Leitbild Ihres Ausbildungsbetriebes vor. Vergleichen Sie die Leitbilder verschiedener Ausbildungsbetriebe. Erstellen Sie hierzu eine Wandzeitung.

b) Untersuchen Sie Leitbilder bekannter Unternehmen des Einzelhandels.

15. Mithilfe eines „Kummerkastens“ am Ausgang des Ladens können Kunden ganz anonym reklamieren und Anregungen einwerfen. Im Kummerkasten finden sich diese Kundennotizen:

Nr.	beobachtete Signale
1.	Ihr Kundenparkplatz ist ständig mit Ihren eigenen Lieferfahrzeugen besetzt.
2.	Fahrrad-Computer fehlen.
3.	Wir fanden kein kompetentes Verkaufspersonal.
4.	Ihr Verkäufer konnte keinen Kaffee anbieten, weil der Kaffeeautomat streikte.
5.	Ihr Verkäufer musste ständig Rücksprache halten, weil er nichts verbindlich zusagen konnte.
6.	Sie könnten Ihre Räder wieder einmal vom Staub befreien.
7.	Wegweiser zu den Abteilungen fehlen.
8.	Wir kamen uns wie lästige Bittsteller vor.
9.	Designer-Helme: Fehlanzeige.
10.	Ihr Personal sollte mal einen Benimm-Kurs machen.
11.	Reparaturen interessieren Sie nicht. Ist das Ihr Kundenservice?
12.	Unsere Ware stand wohl stundenlang im Regen? Die Verpackung war völlig durchweicht.
13.	Bei Barverkäufen ist ständig eine Schlange an der Kasse.
14.	Ihre Außenanlagen machen einen heruntergekommenen Eindruck.
15.	Ihre Lieferzeiten für Klein- und Ersatzteile sind viel zu lang.
16.	Die Arbeitsmäntel Ihrer Mitarbeiter sind ständig verschmutzt und schmuddelig.
17.	Ihre Sonderangebote sind teurer als beim örtlichen Einzelhandel.
18.	Es braucht viel zu lange, bis Sie Neuheiten in Ihr Sortiment aufnehmen.
19.	Von zehn Fahrradlampen sind im Regelfall zwei nicht funktionsfähig.
20.	Unsere Reklamation wurde wochenlang nicht bearbeitet.
21.	Bei berechtigten Reklamationen kann in Ihrem Betrieb niemand eine Entscheidung fällen.
22.	Ihre Lieferzeiten sind zu lange, wenn eine größere Menge geordert wird.
23.	Ratenkäufe sind für Sie ein Fremdwort.
24.	Ihre Mountainbikes sind spitze.

a) Ordnen Sie jeder Kundennotiz das entsprechende Unternehmensziel zu, das erreicht bzw. nicht erreicht wurde.

b) Werten Sie die Kundennotizen aus, indem Sie jede Kundennotiz einem der Ursachenbereiche Service, Personal, Ware, Preise zuordnen.

c) Schlagen Sie einige Maßnahmen vor, die die Trial GmbH ergreifen sollte.
TIPP: *Führen Sie hierzu ein Brainstorming (siehe BuchPlusWeb des Lehrbuchs Best.-Nr. 30201) durch.*

4 Betriebsorganisation und Arbeitsabläufe

Wissen erarbeiten

1. **Erklären Sie die Aufgaben der Aufbauorganisation.**

Die Aufbauorganisation
◆ gliedert das Unternehmen in funktionsfähige ______________________________,
◆ regelt die dauerhaften ______________________ dieser ______________________,
◆ schafft ein System von ______________________ – und ______________________.

2. **Unterscheiden Sie die funktions- von der objektorientierten Aufbauorganisation am Beispiel eines Unternehmens mit folgenden Teileinheiten: Einkauf, Lebensmittel, Verkauf, Verwaltung, Elektrowaren und Textilwaren.**

Funktionsorientierte Aufbauorganisation

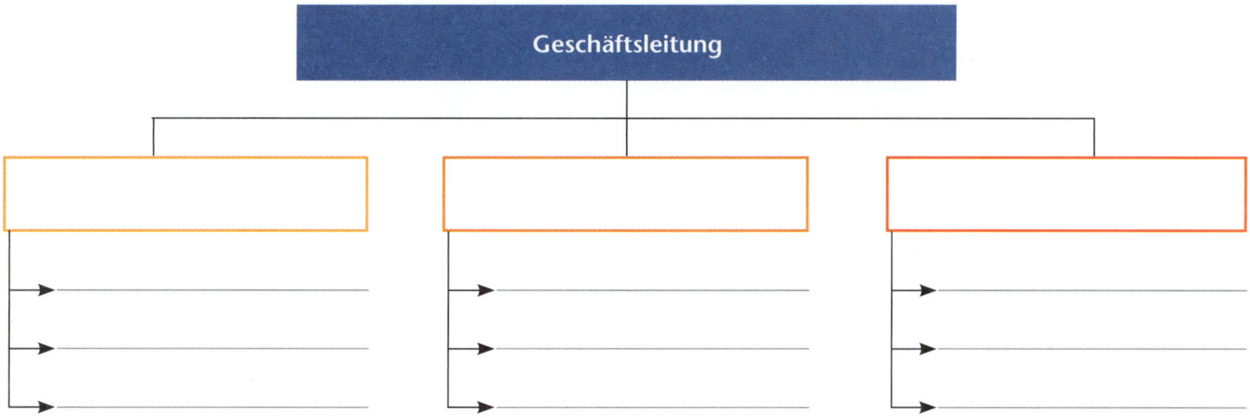

Vorteile: ____

Nachteile: ____

Objektorientierte Aufbauorganisation

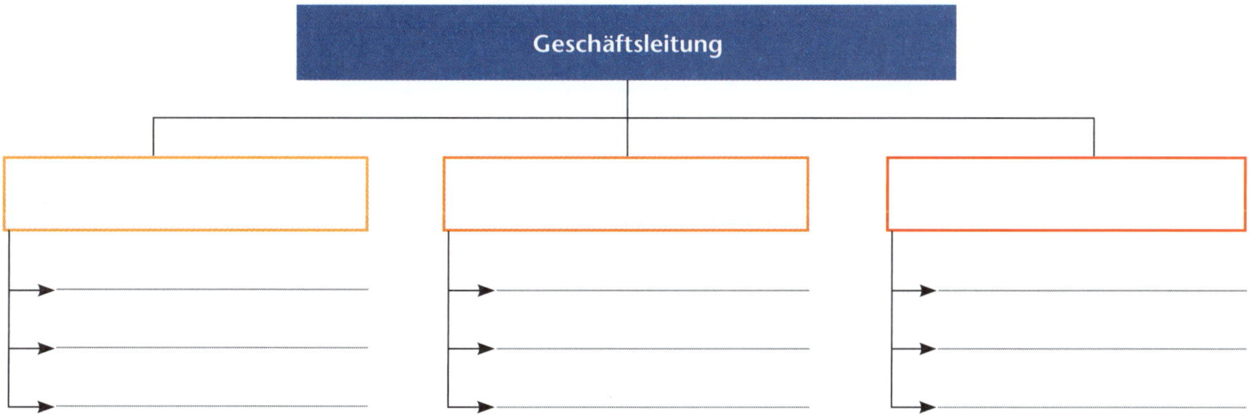

Vorteile: ____

Nachteile: ____

3. Ordnen Sie die Begriffe Hierarchie, Instanz, Meldeweg, Befehlsweg, Dienstweg in die Leerstellen ein.

- ____________________ = Stelle, die einer anderen Stelle Anweisungen erteilen darf
- ____________________ = Über- und Unterordnungsverhältnisse in einer Organisation
- ____________________ = vertikale Linie im Organigramm
- ____________________ = vertikale Linie von oben nach unten (verbindlich)
- ____________________ = vertikale Linie von unten nach oben (informativ)

4. Bezeichnen Sie die dargestellten Weisungssysteme und beschreiben Sie deren Merkmale und Vor- und Nachteile.

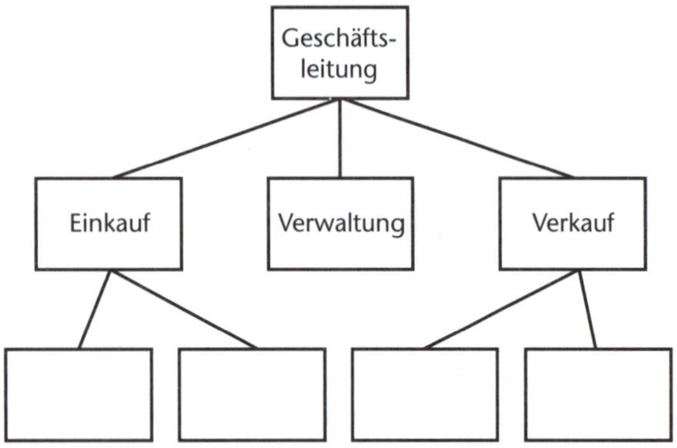

Merkmale:

Jede Stelle bekommt nur *von einer einzigen Stelle Anweisungen* (Grundsatz der einheitlichen Auftragserteilung).

Es gibt *nur vertikale Verbindungen* (Befehls- und Meldewege). Gleichrangige Stellen können nur über die vorgesetzte Stelle kommunizieren.

Vorteile: ____________________

Nachteile: ____________________

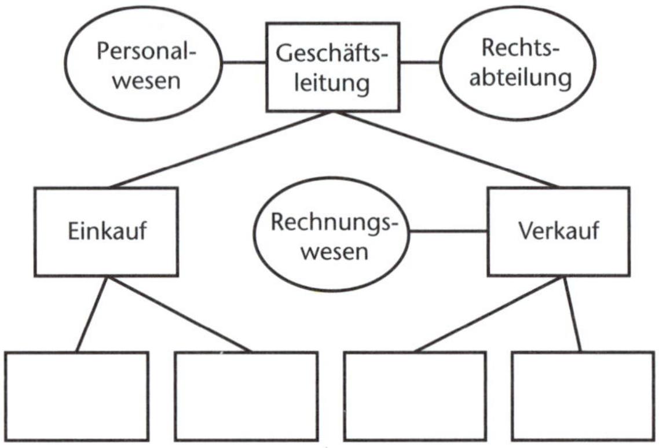

Merkmale: ____________________

Vorteile: ____________________

Nachteile: ____________________

5. Erläutern Sie Aufgaben und Ziele der Ablauforganisation.

Aufgaben
◆ Die Ablauforganisation fügt logisch ______ ______ zu einem Vorgang zusammen,
◆ ordnet die Teilaufgaben ______ und ______,
◆ sorgt für eine ______ Aufgabenerfüllung.

Ziele
◆ ______ ______ der Waren und der Informationen,
◆ ______ ______ der Arbeitskräfte und Arbeitsmittel,
◆ möglichst ______ ______ für die Arbeitskräfte.

6. Entwerfen Sie eine Arbeitsanweisung für das Kassierpersonal.

Arbeitsschritt-Nr.	Erläuterung
______	______
______	______
______	______
______	______
______	______
______	______
______	______
______	______
______	______
______	______
______	______
______	______

7. Entwerfen Sie eine **Stellenbeschreibung** für eine Erstverkäuferin/einen Erstverkäufer in der Elektroabteilung eines Warenhauses.

Stellenbeschreibung Hauptabteilung: Abteilung: Sachgebiet:	Nr. ________ Verkauf Elektrowaren Unterhaltungselektronik
Bezeichnung der Stelle	________________
Zeichnungsvollmacht	Der/die Stelleninhaber/-in unterzeichnet mit ________________.
Einordnung der Stelle	Der/die Stelleninhaber/-in ist unterstellt der ________________ Der/die Stelleninhaber/-in ist überstellt der ________________.
Vertretungsregelung	Der/die Stelleninhaber/-in wird vertreten durch ________________. Der/die Stelleninhaber/-in vertritt ________________.
Zielsetzung	________________
Aufgaben der Stelle	Der/die Stelleninhaber/-in führt aus bzw. entscheidet über ________________ ________________ ________________ ________________.
Anforderungen an den/die Stelleninhaber/-in	Der/die Stelleninhaber/-in hat folgende Ausbildung, Kenntnisse: ________________ ________________. Der/die Stelleninhaber/-in hat folgende Persönlichkeitsmerkmale: ________________ ________________.

Wissen trainieren

8. Erklären Sie den Begriff **Organisation**.

9.

Organigramm der Büromöbelhandlung Kurt Weller KG

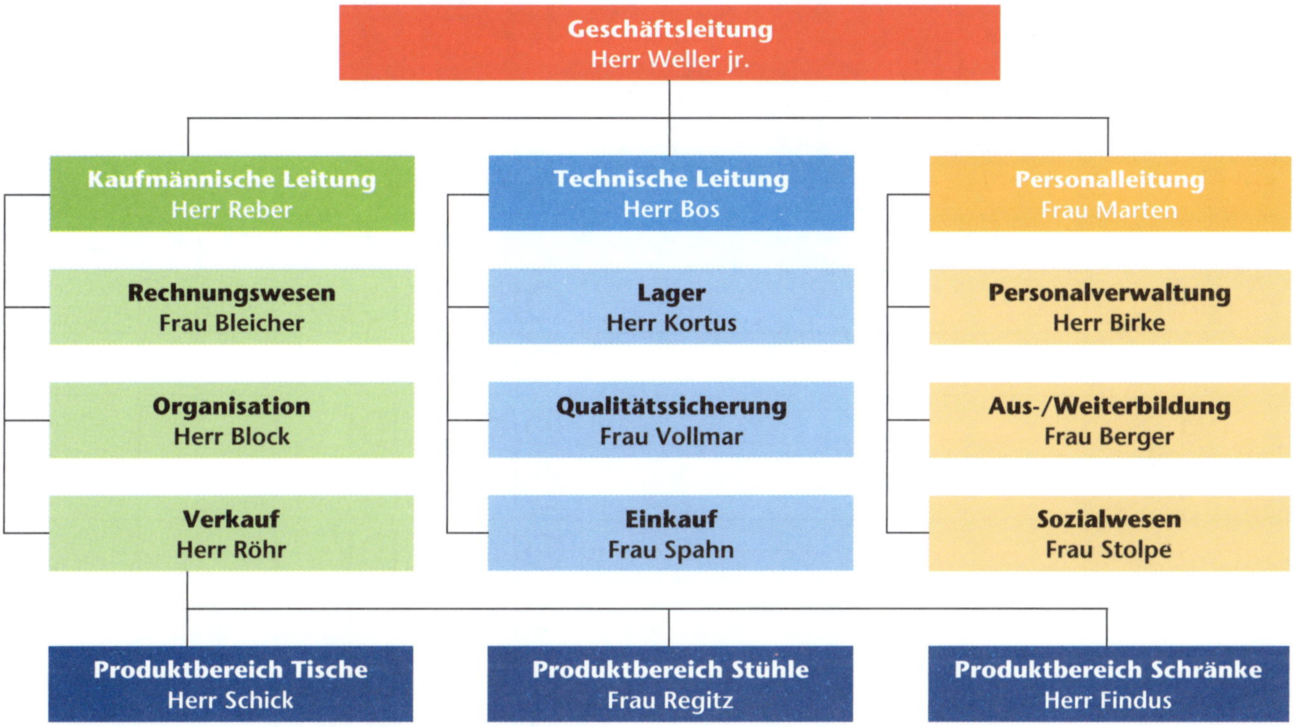

a) Nach welchem Prinzip ist die Kurt Weller KG aufgebaut?

b) Wer kann bei der Kurt Weller KG Entscheidungen treffen, die für alle Mitarbeiter verbindlich sind? Für wen ist eine von Herrn Reber getroffene Entscheidung bindend?

c) Beschreiben Sie den Melde- bzw. Befehlsweg, wenn Herr Röhr (Verkauf) von Herrn Kortus (Lager) eine Fehlmengenliste benötigt.

d) Begründen Sie, welches Weisungssystem bei der Kurt Weller KG vorliegt.

e) Machen Sie Vorschläge, welche Stellen bzw. Abteilungen sich als Stäbe eignen würden. Nehmen Sie eine Umorganisation nach dem Stabliniensystem vor.

f) Aufgrund des rasanten Wachstums in letzter Zeit erweist sich die vorhandene Aufbauorganisation immer mehr als Hemmschuh für die weitere Entwicklung. Herr Block (Organisation) schlägt vor, die Kurt Weller KG nach dem Objektprinzip umzuorganisieren. Als Weisungssystem soll ein Stabliniensystem eingeführt werden. Nehmen Sie die entsprechende Umorganisation vor. Erstellen Sie dazu ein neues Organigramm.

10. Besorgen Sie das Organigramm Ihres Ausbildungsbetriebes und die Organisationsstrukturen mehrerer bekannter Großunternehmen. Erstellen Sie daraus eine Wandzeitung. Stellen Sie fest, welches Prinzip der Aufbauorganisation und welches Weisungssystem vorliegen. Vergleichen Sie die Organigramme und begründen Sie die Unterschiede.

11. a) Analysieren Sie den Istzustand des Vorgangs „Bearbeitung einer Eingangsrechnung" im Lehrbuch auf Seite 42, in dem Sie für die Verrichtungsarten Bearbeitung, Transport, Kontrolle, Verzögerung und Ablage die Istzeit in Minuten und Prozent berechnen.

b) Decken Sie Schwachstellen auf und machen Sie Verbesserungsvorschläge.

c) Erstellen Sie ein Flussdiagramm (siehe unten) für den Sollzustand. Berechnen Sie für die Verrichtungsarten die Sollzeit in Minuten und Prozent und vergleichen Sie mit a).

Fluss-/Arbeitsablaufdiagramm				
Arbeitsablauf:	Ist-Aufnahme	Soll-Vorschlag	Datum: Abteilung:	
Lfd. Nr.	**Stufen des Arbeitsablaufs**	**Symbole**	**Weg m**	**Zeit Min.**
1		○ ⇨ □ D ▽		
2		○ ⇨ □ D ▽		
3		○ ⇨ □ D ▽		
4		○ ⇨ □ D ▽		
5		○ ⇨ □ D ▽		
6		○ ⇨ □ D ▽		
7		○ ⇨ □ D ▽		
8		○ ⇨ □ D ▽		
9		○ ⇨ □ D ▽		
10		○ ⇨ □ D ▽		
11		○ ⇨ □ D ▽		
12		○ ⇨ □ D ▽		
13		○ ⇨ □ D ▽		
14		○ ⇨ □ D ▽		
15		○ ⇨ □ D ▽		
16		○ ⇨ □ D ▽		
17		○ ⇨ □ D ▽		
18		○ ⇨ □ D ▽		

Verrichtungsart	Bearbeitung ○	Transport ⇨	Kontrolle □	Verzögerung D	Ablage ▽	Summe
Minuten						
Prozent						

5 Rechtliche Grundlagen der Berufsausbildung

Wissen erarbeiten

1. Ordnen Sie die aufgeführten Begriffe den Verzweigungen der Hauptäste des Mind-Maps zu:

Betrieb, Berufsschule, Ausbildungsordnung, Urlaub, Bestehen der Abschlussprüfung, Weisungsbefolgung, Höchstarbeitszeit (8 Std. pro Tag/40 Std. pro Woche), Anrechnung von Berufsschulzeiten, Freistellung zur Berufsschule, Ausbildung, wichtigem Grund (fristlos), Mindesturlaub, Beschäftigungsverbote, Fürsorge, Vergütung, Zeugnis, Bemühung, Stillschweigen, Berufsschulbesuch, Lehrplan, Wechsel/Aufgabe der Ausbildung (vier Wochen Kündigungsfrist), Sorgfalt, Geltungsbereich (Alter: 15–17 Jahre), Gesundheitsschutz

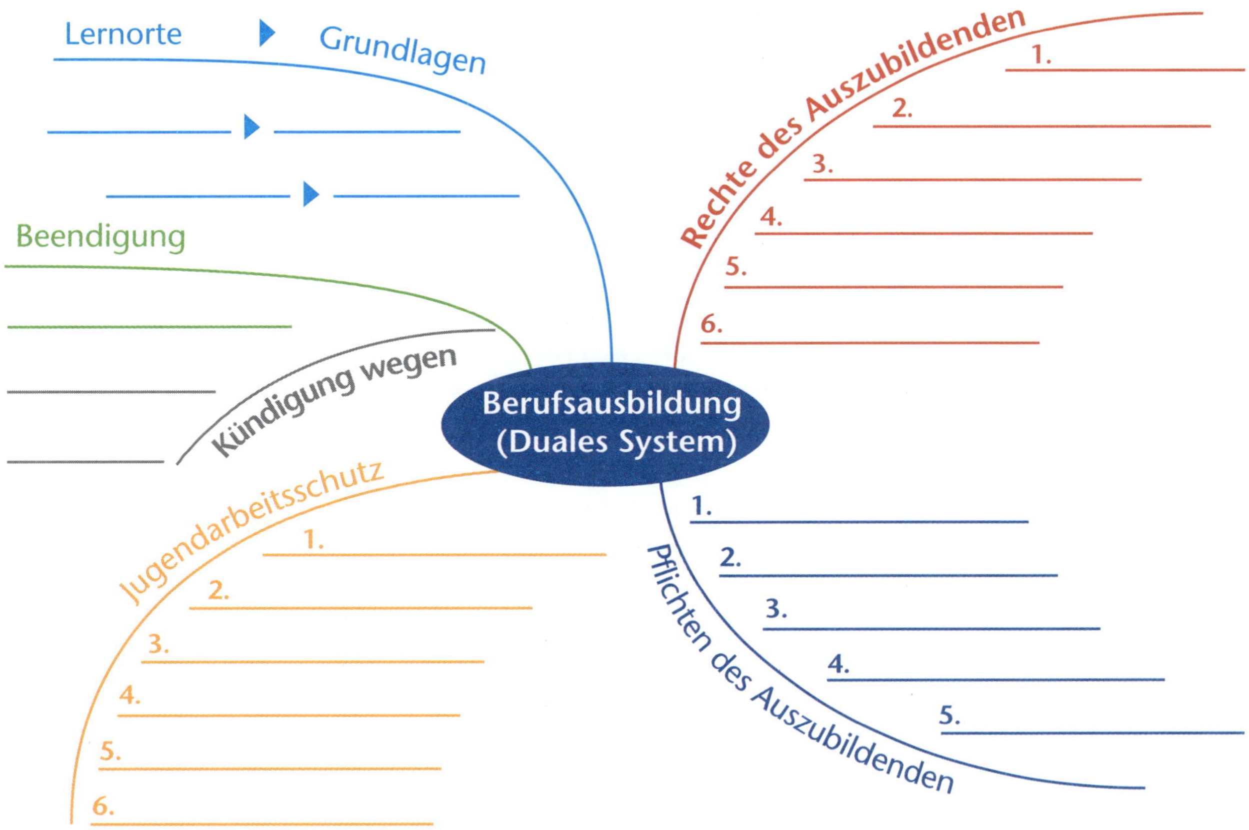

2. Im Dualen System wirken die Lernorte Betrieb und Berufsschule zusammen. Welche Aufgaben übernimmt der Lernort Betrieb, welche Aufgaben die Berufsschule?

Aufgaben des Betriebs	Aufgaben der Berufsschule

3. Welche neun **Mindestangaben** muss die Niederschrift des Berufsausbildungsvertrags nach § 11 BBiG enthalten?

1.	______
2.	______
3.	______
4.	______
5.	______
6.	______
7.	______
8.	______
9.	______

4. Nach BBiG § 20 beträgt die **Probezeit** mindestens ______ Monat und darf höchstens ______ Monate betragen.

5. Ein **einfaches Zeugnis** enthält Angaben über ______, ______ und ______ der Berufsausbildung sowie über die erworbenen Fertigkeiten, Kenntnisse und Fähigkeiten des Auszubildenden. Dieser kann ein **qualifiziertes Zeugnis** verlangen, das darüber hinaus Angaben über ______ und ______ enthält.

6. Das JArbSchG gilt für jugendliche Arbeitnehmer und Auszubildende. Jugendlich ist, wer ______ Jahre, aber noch nicht ______ Jahre alt ist.

7. Regelungen des JArbSchG zur **Arbeitszeit**:

◆ Arbeitstage pro Woche:	höchstens	______	Tage
◆ Arbeitszeit pro Tag:	höchstens	______	Stunden
◆ Arbeitszeit pro Woche:	höchstens	______	Stunden
◆ Schichtzeit pro Tag:	höchstens	______	Stunden
◆ Arbeitsbeginn:	frühestens	______	Uhr morgens
◆ Arbeitsende:	spätestens	______	Uhr abends

Wenn an einzelnen Werktagen die Arbeitsstunden unter ______ Stunden beträgt, dann können Jugendliche an den übrigen Werktagen derselben Woche bis zu ______ Stunden beschäftigt werden.

8. **Bei Jugendlichen werden Berufsschultage mit mehr als _______ Unterrichtsstunden mit _________ Stunden auf die Arbeitszeit angerechnet. Das gilt jedoch nur einmal pro Woche. Die übrigen Berufsschulzeiten zählen einschließlich Pausen und Wegezeiten von der Schule zum Ausbildungsbetrieb zur Arbeitszeit.**

Beispiel:

Berufsschulzeit	Anrechnung auf Arbeitszeit
Montag: 6 Unterrichtsstunden	______________________ Stunden
Mittwoch: 5 Unterrichtsstunden von 7.50–12.05 Uhr, Wegezeit zum Ausbildungsbetrieb: 30 Minuten	______________________ Stunden

Merke: Ein Berufsschultag mit neun Unterrichtsstunden wird bei Jugendlichen mit neun Stunden auf die wöchentliche Arbeitszeit angerechnet. Erwachsene Auszubildende bekommen nur ihre Normalarbeitszeit (z. B. acht Stunden) angerechnet.

Merke

9. **Mindesturlaub** **für jugendliche bzw. erwachsene Auszubildende:**

◆ am 01.01. noch nicht 16 Jahre alt:	mindestens _____________ Werktage
◆ am 01.01. noch nicht 17 Jahre alt:	mindestens _____________ Werktage
◆ am 01.01. noch nicht 18 Jahre alt:	mindestens _____________ Werktage
◆ am 01.01. über 18 Jahre alt:	mindestens _____________ Werktage

Wissen trainieren

10. **Schreiben Sie die aufgeführten Begriffe auf ein Kärtchen und erklären Sie diese auf der Rückseite des Kärtchens:**

Duales Ausbildungssystem, Ausbildungsordnung (Inhalt), Ausbildungsvertrag (Form), Kündigungsgründe des Auszubildenden, Kündigungsgründe des Ausbildenden, zuständige Stellen, Weiterbeschäftigung, Unabdingbarkeit des BBiG, Schichtzeit, Arbeitszeit, Beschäftigungsverbote (nach JArbSchG), Freistellung, Ruhepause (nach JArbSchG).

11. **Beurteilen Sie die Fälle anhand des BBiG:**
    a) **Die Auszubildende Sabrina Völkel soll regelmäßig die Kinder des Betriebsinhabers beaufsichtigen; Mario Töpfer muss gelegentlich Frühstück für seine Kollegen holen.**
    b) **Als Sabrina Völkel Artikel wiederholt falsch auszeichnet, wird sie von der Abteilungsleiterin vor den anderen Mitarbeitern mit sehr beleidigenden Äußerungen beschimpft.**
    c) **Mario entdeckt sein Interesse an der Datenverarbeitung. Er möchte deshalb seine Berufsausbildung als Kaufmann im Einzelhandel aufgeben und eine Ausbildung als Informatikkaufmann beginnen.**

d) Der Firmeninhaber Arthur Fritz und der Auszubildende Mario Töpfer stellen erst nach Ablauf der Probezeit fest, dass sie nicht miteinander auskommen.

e) Als der Auszubildende Mario Töpfer vom Chef zurechtgewiesen wird, antwortet er mit dem Götz-von-Berlichingen-Zitat.

12. Beurteilen Sie die Fälle anhand des JArbSchG:

a) Anna ist 15 Jahre alt. Sie möchte an ihrem 16. Geburtstag mit ihrer Freundin eine Reise nach Gran Canaria unternehmen. Ihre Eltern wollen ihr nur einen Zuschuss für diese Reise geben. Das restliche Geld will Anna in den Sommerferien verdienen. Eine Bäckerei in der Nähe der Schule sucht gerade eine Aushilfe für fünf Wochen zu folgenden Konditionen: Stundenlohn 8,00 EUR, Arbeitszeit: Montag bis Samstag jeweils vier Stunden.

b) Fall wie a), mit dem Unterschied, dass Anna erst 14 Jahre alt ist.

c) Der 16-jährige Sven ist in einem Supermarkt als Auszubildender tätig. Er muss samstags arbeiten.

d) Ein 16-jähriger Auszubildender arbeitet täglich neun Stunden.

e) Die Auszubildende Nadine hat am Montagvormittag von 7.50 Uhr bis 13.55 Uhr Unterricht in der Berufsschule. Am Nachmittag muss Nadine im Betrieb arbeiten.

f) Ein Auszubildender will mit seinen Eltern in Urlaub fahren. Er ist seit zwei Monaten in Ausbildung. Das Urlaubsgesuch wird abgelehnt.

g) Jens, 15 Jahre alt, beginnt am 1. Juli in einem Bekleidungsfachgeschäft seine Ausbildung. Im laufenden Jahr werden ihm 14 Tage Urlaub gewährt.

h) Die Auszubildenden eines Warenhauses müssen an ihrem Berufsschultag von 7.30 Uhr bis 8.30 Uhr arbeiten. Der Berufsschulunterricht beginnt um 9.00 Uhr.

i) Die 18-jährige Auszubildende Nancy arbeitet (einschließlich Berufsschulbesuch) montags bis freitags täglich sieben Stunden und samstags sechs Stunden.

j) Ein 17-jähriger Auszubildender hat bis 20.00 Uhr gearbeitet. Am nächsten Tag muss er um 7.30 Uhr wieder mit der Arbeit beginnen.

k) Um sich ein Moped kaufen zu können, arbeitet der 16-jährige Auszubildende Otto an seinem freien Samstag mit Zustimmung seiner Eltern als Handlanger im Auslieferungslager eines Möbelhauses.

Wissen anwenden

13. Nach einem Urteil des Bundesarbeitsgerichts beinhaltet die Freistellung des Auszubildenden für den Berufsschulunterricht auch die Pausen in der Schule sowie die Wegezeit zwischen Berufsschule und Betrieb (Az.: 5 AZR 413/99). Die Anrechnung erfolgt jedoch nicht auf die betriebsübliche, sondern auf die gesetzliche Höchstarbeitszeit, auch wenn ausbildungsvertraglich oder tarifvertraglich kürzere Ausbildungszeiten vereinbart sind. Diese beträgt bei volljährigen Auszubildenden 48 Wochenstunden, bei jugendlichen Auszubildenden 40 Wochenstunden.
Der Auszubildende Leon Berger hat am ersten Berufsschultag acht Unterrichtsstunden und am zweiten Berufsschultag von 8.40–11.25 Uhr Unterricht. Seine Wegezeit von der Berufsschule zum Ausbildungsbetrieb beträgt 15 Minuten. Wie viele Stunden Ausbildungszeit muss Leon nach Anrechnung der Berufsschulzeit noch ableisten, wenn er Jugendlicher nach JArbSchG bzw. volljährig wäre?

6 Tarifvertrag – Garant des sozialen Friedens

Wissen erarbeiten

Interessenkonflikt zwischen Arbeitgeber und Arbeitnehmer

1. Beschreiben Sie die Argumente der Arbeitnehmer und Arbeitgeber bei Tarifverhandlungen.

Argumente der Arbeitnehmer	Argumente der Arbeitgeber

2. Wie kommen die Vertreter der Arbeitnehmer und Arbeitgeberseite zu einer Einigung? Ordnen Sie die folgenden Ablaufschritte in unten stehendes Schema ein:

Streik, Schlichtungsverfahren, Start der Verhandlungen, Urabstimmung (mindestens 25 % stimmen zu), Urabstimmung (mindestens 75 % stimmen zu), Erklärung des Scheiterns, Ablehnung des Schlichterspruchs, Abwehraussperrung, neues Verhandlungsergebnis, neue Verhandlungen

Ablaufschema für Tarifverhandlungen mit Kampfmaßnahmen

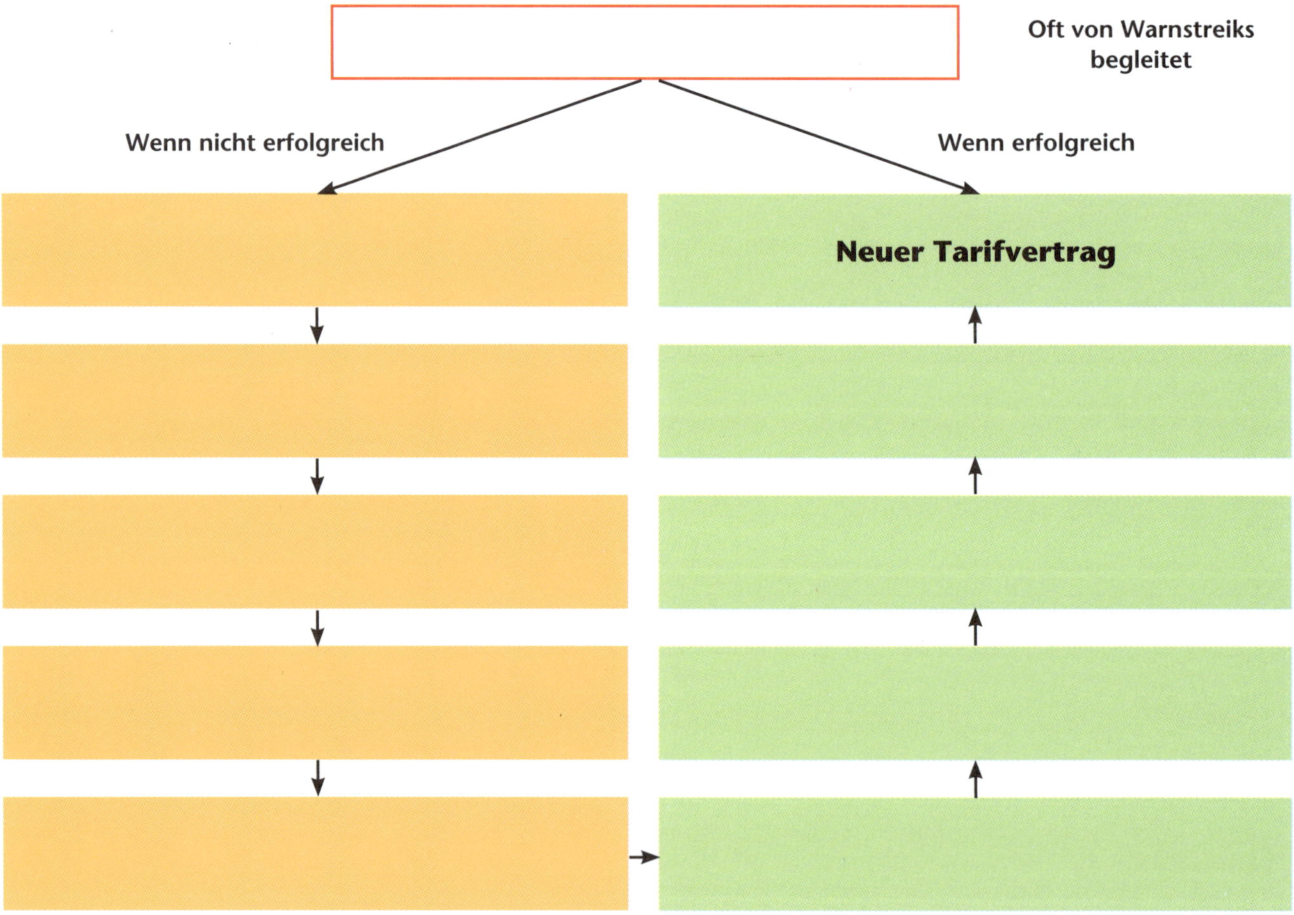

3. Weshalb ist Gülcan Bilke (siehe Situation im Lehrbuch auf Seite 52) gegen einen Streik? Warum gefällt ihr die Aussperrung nicht?

4. Unterscheiden Sie die Tarifvertragsarten nach den Merkmalen:

Merkmal	Tarifvertragsarten
Tarifvertragsparteien	◆ ______ ◆ ______
Vertragsinhalt	◆ ______ ◆ ______
Tarifgebiet	◆ ______ ◆ ______ ◆ ______

5. Erläutern Sie die **sozialen Funktionen** des Tarifvertrags.

______
______
______
______
______
______

6. Erklären Sie den Begriff **Tarifvertrag.** Welche Formvorschrift ist zu beachten?

______
______
______
______
______

7. Nennen Sie die drei Voraussetzungen eines rechtmäßigen Streiks.

______
______
______
______
______

8. Erklären Sie die folgenden Begriffe des Tarifrechts:

- Tarifautonomie: ______________________________
  ____
- Allgemeinverbindlicherklärung: ______________________________
  ____
- Öffnungsklausel: ______________________________
  ____
- Schlichtung: ______________________________
  ____
- Aussperrung: ______________________________
  ____

Wissen trainieren

9. Schildern Sie den Ablauf von
a) friedlichen Tarifverhandlungen,
b) Tarifverhandlungen mit Kampfmaßnahmen.
TIPP: *Präsentieren Sie Ihre Ergebnisse mithilfe einer Plakatwand.*

Buch PlusWeb

10. Diskutieren Sie über Vor- und Nachteile des Flächentarifvertrags (Diskussionsregeln siehe Buchplusweb).

11. Erläutern Sie mögliche Folgen eines Arbeitskampfes aus der Sicht der
a) Arbeitnehmer,
b) Arbeitgeber,
b) Öffentlichkeit.

Wissen anwenden

12. Führen Sie eine Tarifverhandlung als Rollenspiel durch.

Vorschläge für Rollenkarten:

Mitglied der Gewerkschaftsdelegation

1. Begründen Sie Ihre Forderungen nach Gehaltserhöhung und Arbeitsplatzgarantie.
2. Weisen Sie Gegenargumente und Gegenvorschläge der Arbeitgeberseite zurück.
3. Weisen Sie den Kompromissvorschlag des Schlichters zurück.

Mitglied der Arbeitgeberdelegation

1. Stellen Sie die Wirtschaftslage aus Sicht der Unternehmer dar und weisen Sie die Forderungen der Gewerkschaft zurück.
2. Unterbreiten Sie der Gewerkschaft einen Gegenvorschlag.
3. Lehnen Sie den Kompromissvorschlag des Schlichters ab.
4. Argumentieren Sie (innerhalb der Arbeitgeberdelegation) für die Aussperrung.

Schlichter

1. Wägen Sie die Argumente der Gewerkschaft und der Arbeitgeber gegeneinander ab.
2. Versuchen Sie, bei den Verhandlungspartnern mehr Verständnis für die Gegenseite herbeizuführen.
3. Schlagen Sie einen Kompromiss vor, der zwischen den Vorstellungen von Gewerkschaft und Arbeitgeberseite liegt.

Gewerkschaftsmitglieder (Klassenverband)

1. Begründen Sie Ihre Forderung nach Gehaltserhöhung und Arbeitsplatzgarantie.
2. Verfolgen Sie aufmerksam die Verhandlungen.
3. Stimmen Sie bei der Urabstimmung für den Streik.

Beobachter

1. Verfolgen Sie aufmerksam die Verhandlungen der Delegationen.
2. Notieren Sie die Argumente beider Seiten.
3. Beurteilen Sie, wie die Klassenkameraden ihre Rollen gespielt haben.
4. Sagen Sie dazu Ihre Meinung in der Diskussion.

7 Mitbestimmung der Arbeitnehmer

Wissen erarbeiten

1. **Jeder Arbeitsperson stehen Individualrechte zu, wenn betriebliche Maßnahmen ihre Person bzw. ihren Arbeitsplatz betreffen. Ergänzen Sie den Lückentext:**

- Recht auf ______________________, z. B. bei Veränderungen des Tätigkeitsbereichs hinsichtlich Aufgabe, Verantwortung und Einordnung in den Arbeitsablauf, Unfall- und Gesundheitsgefahren und deren Verhütung, der Planung von technischen Anlagen und Arbeitsverfahren,
- Recht auf ______________________, z. B. bei Fragen des Arbeitsentgelts, der Leistungsbeurteilung und der Personalentwicklung,
- Recht auf ____,
- Recht auf ____.

2. Erläutern Sie die abgestuften **Kollektivrechte des Betriebsrats.**

Echte Mitbestimmungsrechte	**Soziale Angelegenheiten**, z. B.:
Widerspruchs- bzw. Zustimmungsrechte	**Personelle Angelegenheiten**, z. B.:
Beratungs- und Anhörungsrechte	**Wirtschaftliche Angelegenheiten**, z. B.:
Informationsrechte	**Wirtschaftliche Angelegenheiten**, z. B.:

3. Nennen Sie einige **Aufgaben des Betriebsrats** nach § 80 BetrVG.

4. **Welcher Personenkreis besitzt das aktive bzw. passive Wahlrecht für den Betriebsrat bzw. die Jugend- und Auszubildendenvertretung (JAV)? Wie lange ist die Amtszeit des Betriebsrats bzw. der JAV?**

Betriebsrat	◆ Die **Amtszeit** des Betriebsrats beträgt ____________ Jahre. ◆ **Wahlberechtigt** sind alle Arbeitnehmer, die das ________ Lebensjahr vollendet haben (der Betrieb muss jedoch mindestens ________ wahlberechtigte Arbeitnehmer beschäftigen). ◆ **Wählbar** sind alle ______________________________, die __________ Monate dem Betrieb angehören.
JAV	◆ Die Amtszeit der JAV beträgt ____________ Jahre. ◆ **Wahlberechtigt** sind alle __________________________ Arbeitnehmer oder Auszubildenden, die das ________ Lebensjahr noch nicht vollendet haben (der Betrieb muss mindestens ________ wahlberechtigte jugendliche Arbeitnehmer bzw. Auszubildende beschäftigen). ◆ **Wählbar** sind alle ______________________________ des Betriebs, die das ____________ Lebensjahr noch nicht vollendet haben.

5. Nennen Sie drei **Aufgaben der JAV** nach § 70 BetrVG.

◆ ____

◆ ____

◆ ____

Wissen trainieren

6. **Im Forum Warenhaus hat der Betriebsrat zur Betriebsversammlung eingeladen.**
   a) **Welchen Zweck hat diese Betriebsversammlung?**
   b) **Wie oft findet sie statt?**
   c) **Betriebsratswahlen stehen bevor. Wer ist wahlberechtigt? Begründen Sie, ob aktives und eventuell passives Wahlrecht vorliegt.**

1. Monteur Fritz Haußer, 21 Jahre, vier Monate im Betrieb
2. Schlosser Achmed Yglür, 19 Jahre, ein Jahr im Betrieb
3. Angestellte Claudia Herb, 36 Jahre, elf Jahre im Betrieb
4. Auszubildende Renate Schuster, 17 Jahre, 16 Monate im Betrieb

7. Bei welchen der Vorfälle a) bis n) hat der Betriebsrat
   (1) ein echtes Mitbestimmungsrecht,
   (2) nur ein Mitwirkungsrecht?

   a) Zweck der Betriebsversammlung
   b) Beschaffung neuer Schreibtische zur Verbesserung der Arbeit an Bildschirmarbeitsplätzen
   c) Kauf eines Nachbargrundstücks zwecks Vergrößerung der Ladenfläche
   d) Einführung von Arbeitszeitkonten für die gesamte Belegschaft
   e) Anordnung eines verkaufsoffenen Sonntags anlässlich eines Firmenjubiläums
   f) Einstellung eines neuen Mitarbeiters
   g) Entlassung eines Mitarbeiters wegen häufiger Fehlzeiten
   h) Anordnung von Überstunden wegen Inventurarbeiten
   i) Verhängung eines Rauchverbots am Arbeitsplatz
   j) Auflösung des zentralen Schreibbüros und Entlassung der betroffenen Mitarbeiter
   k) Einführung des Prämienlohns für alle Mitarbeiter in der Reparaturwerkstatt
   l) Gründung eines Filialbetriebs
   m) Aufstellung des Personalbedarfsplans für das nächste Jahr
   n) Einführung eines betrieblichen Vorschlagswesens

8. Welche der in Aufgabe 7 genannten Vorfälle könnten zum Gegenstand einer Betriebsvereinbarung gemacht werden?

9. Stellen Sie eine Betriebsvereinbarung (das kann auch die Betriebsordnung sein) aus Ihrem Ausbildungsbetrieb vor. Vergleichen Sie ggf. verschiedene Betriebsvereinbarungen zum selben Regelungsbereich (z. B. Nichtraucherschutz, Arbeitszeit, Ladenöffnung) und diskutieren Sie über die Unterschiede.

10. Auszug aus einer Zeitungsmeldung:

> Auf Gewerkschaftsseite wird das Betriebsverfassungsgesetz im Zeitalter von Globalisierung zunehmend als stumpfes Schwert empfunden. Durch die Aufspaltung von Betrieben, die wachsende Zahl von Leiharbeitnehmern und Beschäftigten bei Fremdfirmen verloren immer mehr Mitarbeiter den Schutz des Betriebsrats. Auch angesichts der Rationalisierung in den Betrieben seien neue Mitbestimmungsrechte erforderlich. Arbeitgebervertreter meinen, dass die Betriebsräte ihre unternehmerische Entscheidungsfreiheit in nicht mehr hinnehmbarer Weise eingeschränkt haben.

   a) Warum wird das Schwert der betrieblichen Mitbestimmung langsam stumpf?
   b) Weshalb nützt die Mitbestimmung sowohl Arbeitgebern als auch Arbeitnehmern?
   c) Welcher Personenkreis zählt nach § 5 BetrVG zu den Arbeitnehmern?

8 Sozialversicherung und private Vorsorge

Wissen erarbeiten

1. Nennen Sie für die Zweige der Sozialversicherung den Beitragssatz, die monatliche Beitragsbemessungsgrenze (BBG), den Versicherungsträger und drei wesentliche Leistungen.

Gesetzliche Rentenversicherung Beitragssatz: ________ BBG: ________	Versicherungsträger: ________ Wesentliche Leistungen: ◆ ________ ◆ ________ ◆ ________
Gesetzliche Arbeitslosenversicherung Beitragssatz: ________ BBG: ________	Versicherungsträger: ________ Wesentliche Leistungen: ◆ ________ ◆ ________ ◆ ________
Gesetzliche Krankenversicherung Beitragssatz: ________ BBG: ________	Versicherungsträger: ________ Wesentliche Leistungen: ◆ ________ ◆ ________ ◆ ________
Gesetzliche Pflegeversicherung Beitragssatz: ________ BBG: ________	Versicherungsträger: ________ Wesentliche Leistungen: ◆ ________ ◆ ________ ◆ ________
Gesetzliche Unfallversicherung Durchschnittlicher Beitragssatz: ________ ________	Versicherungsträger: ________ Wesentliche Leistungen: ◆ ________ ◆ ________ ◆ ________

2. Beschreiben Sie einige **Probleme des sozialen Sicherungssystems.**

3. Erläutern Sie die Elemente des **Dreischichten-Modells** der privaten Altersvorsorge.

Erste Schicht	Basisversorgung:
Zweite Schicht	Zusatzversorgung:
Dritte Schicht	Ergänzende private Vorsorge:

4. Unterscheiden Sie die fünf Durchführungswege der **betrieblichen Altersvorsorge.**

Interne Anlageformen	◆ ◆ ◆
Externe Anlageformen	◆ ◆ ◆

5. Unterscheiden Sie die Rürup-Rente (Basisrente) von der Riester-Rente.

Rürup-Rente Basisrente	
Riester-Rente	

Wissen trainieren

6. Schreiben Sie jeden der genannten Begriffe auf die Kopfzeile eines DIN-A-6-Kärtchens:

Solidargemeinschaft, Generationenvertrag, Beitragsbemessungsgrenze, Versicherungspflichtgrenze (Jahresarbeitsentgeltgrenze), Eck- bzw. Standardrentner, Nachhaltigkeitsfaktor, Schutzklausel, Nachholfaktor, Arbeitslosigkeit (SGB III § 119), erwerbsfähige Hilfebedürftige, Pflegebedürftigkeit, Pflegestufen, Arbeitsunfall, Prävention, Versorgungslücke, zertifizierter Altersvorsorgevertrag, Berufsunfähigkeit, Erwerbsunfähigkeit

Sortieren Sie die Begriffskärtchen nach den Kriterien „weiß ich" oder „weiß ich nicht".

Bilden Sie Kleingruppen mit höchstens drei Mitgliedern. Erklären Sie sich gegenseitig die „Weiß ich nicht"-Kärtchen. Schlagen Sie dabei die ungeklärten Begriffe im Schulbuch nach oder nehmen Sie Kontakt zu einer anderen Kleingruppe auf.

7. Welcher Sozialversicherungszweig ist zuständig? Welche Leistungen kommen infrage?
- **a) Eva Kunz bringt ihr Kind zur Vorsorgeuntersuchung (U4).**
- **b) Bernd Kost will etwas gegen seine Drogenabhängigkeit tun.**
- **c) Fritz Birkel verunglückt auf dem Weg zu seinem Arbeitsplatz und zieht sich ein Halswirbeltrauma zu. Er ist acht Wochen krankgeschrieben.**
- **d) Frau Bader heiratet und kündigt kurz darauf ihre Arbeitsstelle.**
- **e) Der leitende Angestellte Alex Fröhlich ist der Meinung, dass er nicht mehr der Sozialversicherungspflicht unterliegt. Sein Bruttogehalt beträgt monatlich 4 500,00 EUR.**
- **f) Frau Winter pflegt unentgeltlich ihre schwer kranke Mutter. Sie hilft ihrer Mutter regelmäßig beim Aufstehen und begleitet sie auf die Toilette. Eines Tages rutscht Frau Winter aus, als sie ihrer Mutter aus dem Bett helfen will, und bricht sich dabei die Hand.**
- **g) Ernst Kögel erleidet einen Skiunfall und ist acht Wachen arbeitsunfähig.**
- **h) Wegen schlechter Auftragslage seines Betriebes erhält der Ausfahrer Martin Zeeb die Kündigung.**

8. Nehmen Sie zu dem Urteil des Bundessozialgerichts Stellung:

Versicherung auf dem Arbeitsweg

Wer für mindestens zwei Stunden seinen Arbeitsweg unterbricht, ist unfallversichert. Wer nur kürzere Zeit für seine Besorgungen braucht, verliert auf dem Umweg die Ansprüche. Mit dieser Grundsatzentscheidung vereinfachte das Bundessozialgericht den Versicherungsschutz auf dem Weg zwischen Wohnung und Arbeitsstätte (Az.: B 2 U 40/97 R). Dabei ging es um die häufig vorkommenden Fälle einer Unterbrechung des Hin- oder Rückweges etwa durch einen Arztbesuch oder schnelles Einkaufen vor oder nach der Arbeit. Versichert sind dagegen Beschäftigte, die nicht zu Hause übernachten. Ist die Unterbrechung kürzer als zwei Stunden, gilt der Versicherungsschutz nur auf dem direkten Weg zwischen Arbeitsplatz und Wohnung. Auf dem Umweg beispielsweise zum Supermarkt oder zum Besuch eines Grabes auf dem Friedhof ist der Beschäftigte nicht versichert.

Quelle: vgl. http://www.judicialis.de/Bundessozialgericht_B-2-U-40-97-R_Urteil_05.05.1998.html, abgerufen am 20.11.2011

9. a) Interpretieren Sie das Schaubild „Die Probleme der Rentenversicherung" im Lehrbuch auf Seite 68.

b) Wodurch gerät der Generationenvertrag zunehmend in Gefahr? Welche Lösungsvorschläge werden diskutiert? Sammeln Sie aktuelle Zeitungsartikel zum Thema „Rentenproblem " und stellen Sie Lösungsvorschläge zusammen.

10. Presseschlagzeilen zu Vorschlägen zur Senkung des Krankenkassenbeitrags:

Behandlungsstopp für Alte

Es ist gerecht, bestimmte teure medizinische Leistungen ab einer bestimmten Altersgrenze nicht mehr vorzusehen, sondern sich dann auf eine Behandlung akuter Schmerzen zu beschränken. So sollten 85-Jährige keine künstlichen Hüftgelenke mehr eingepflanzt werden. Gesundheitsökonomen fordern einen Operationsstopp für Menschen über 75 Jahre.

Ehepartner im Visier

Die beitragsfreie Mitversicherung von Ehepartnern, die weder Kinder aufziehen noch Angehörige pflegen, sollte abgeschafft werden.

Wer gesund lebt, muss belohnt werden

Wer selten zum Arzt geht, sich körperlich und geistig fit hält oder sparsam mit Medikamenten umgeht, sollte mit Beitragsrückerstattungen belohnt werden.

Freizeitunfälle aus dem Leistungskatalog streichen

Versicherte sollten verpflichtet werden, sich gegen Unfälle im Haushalt, Verkehr und Sport zu versichern.

a) Diskutieren Sie über die oben genannten Vorschläge zur Kostensenkung im Gesundheitswesen.

b) Weshalb sind Einsparungen im Gesundheitswesen ein zweischneidiges Schwert?

11. a) Betrachten Sie das Schaubild „Versorgungslücke und Einkommen" im Lehrbuch auf Seite 68. Weshalb steigt die Versorgungslücke mit steigendem Einkommen?

b) Stellen Sie die Höhe der Versorgungslücke für verschiedene monatliche Nettoeinkommen fest (in Prozent und in Euro).

c) Weshalb kann die Riester-Rente allein die Versorgungslücke nicht decken. Machen Sie Vorschläge, wie Sie Ihre Versorgungslücke decken könnten.

12. Erläutern Sie die staatliche Förderung der Riester-Rente. Vollziehen Sie hierzu das Berechnungsschema im Lehrbuch auf Seite 70 nach. Berechnen Sie die maximale staatliche Förderung für Ihr eigenes Einkommen.

13. Holger Schneider, 26 Jahre alt, hatte einen guten Job. 2 500,00 EUR brutto verdiente er im Monat – bis zu seinem schweren Skiunfall. Bleibende Gesundheitsschäden machen es ihm unmöglich, seinen bisherigen Beruf weiter auszuüben.
   a) Welche Art der Erwerbsminderung liegt bei Holger Schneider vor?
   b) Erläutern Sie die Absicherung durch die gesetzliche Rentenversicherung im Falle der privat ver schuldeten (1) Berufsunfähigkeit bzw. (2) Erwerbsunfähigkeit.
   c) Beschreiben Sie die Absicherung im Falle einer beruflich verursachten Berufs- bzw. Erwerbsunfähigkeit.
   d) Wie hoch ist die Versorgungslücke bei einer (1) Berufsunfähigkeit bzw. (2) Erwerbsunfähigkeit?
   e) Nennen Sie einige Ursachen für eine dauerhafte Erwerbsminderung.
   f) Unterscheiden Sie zwischen Pauschal- und Staffelregel bei einer privaten Berufsunfähigkeitsversicherung (BUV).
   g) Erstellen Sie eine Checkliste für den Abschluss einer privaten BUV.

Verkaufsgespräche kundenorientiert führen

Lernfeld 2

1 Kundenorientierung: Erwartungen der Kunden erfüllen

Wissen erarbeiten

1. **Kundenorientierung:**

a) Was verstehen Sie unter **Kundenorientierung**?

____

____

b) Was bewirkt Kundenorientierung?

____

____

c) *„Kundenorientierung ist für ein Geschäft ein wichtiges Ziel und der Schlüssel zum Erfolg!"*
Nehmen Sie zu dieser Aussage Stellung.

____

____

____

____

____

2. a) Ergänzen Sie in der Tabelle wichtige Leistungen des Einzelhandels, die der Kunde in den betreffenden Einzelhandelsgeschäften erwartet.

Einzelhandelsgeschäfte/ mögliche Betriebsformen	Leistungen des Einzelhandels, welche Kunden erwarten
Warenhaus	
Verbrauchermarkt	
Supermarkt	
Fachgeschäft	

b) Zählen Sie Leistungen des Einzelhandels auf, die in Ihrem Geschäft im Vordergrund stehen.

c) Welche Kundengruppen/-typen sind in Ihrem Geschäft stark vertreten?

3. Was gehört zur gepflegten äußeren Erscheinung einer Verkäuferin?

4. **Im Umgang mit Menschen gilt der Satz: *„Jeder Mensch strebt danach, belohnt und nicht bestraft zu werden!“* Auf welche Weise können Sie Kunden durch gute Umgangsformen „belohnen“?**

Wissen trainieren

5. **Kunden beurteilen mit einem Fragebogen die Leistungen des Geschäfts:**

IHR URTEIL IST UNS WICHTIG

Sehr geehrte Kunde,

wir bemühen uns jeden Tag, für Sie da zu sein. Aber das ist oft nicht genug. Bitte helfen Sie uns.

Ob Kritik oder Kompliment, ob Anregung oder Beanstandung, Ihre Meinung interessiert uns.

Bitte nutzen Sie dazu diese Karte, die uns weiterhilft, Gutes zu verbessern und Negatives auszuräumen.

Denn wir möchten, dass Sie sich bei uns jeden Tag rundum wohl fühlen.

Vielen Dank. Die Geschäftsleitung

Bitte ankreuzen	sehr gut	gut	teilweise	gar nicht
Werden Sie freundlich und kompetent bedient und beraten?	❑	❑	❑	❑
Trifft unsere Auswahl Ihren Geschmack?	❑	❑	❑	❑
Stimmt die Qualität?	❑	❑	❑	❑
Stimmt der Preis?	❑	❑	❑	❑
Gefällt Ihnen die Atmosphäre?	❑	❑	❑	❑

Was meinen Sie, sollten wir verbessern? ____________________

a) ***„Ihr Urteil ist wichtig!“* Weshalb ist dies für Einzelhandelsgeschäfte von Bedeutung?**
b) **Einzelhandelsgeschäfte erbringen verschiedene Leistungen. Welche werden hier angesprochen?**

6. a) **Weshalb achten Verkäufer auf eine gepflegte äußere Erscheinung?**
b) **Berichten Sie mündlich: Wie sollte diese in der Kosmetik-, in der Lebensmittelabteilung und im Baumarkt aussehen?**

7. **Welche Worte des Kunden lassen auf einen hohen Gebrauchswert, hohen Geltungswert oder günstigen Preis schließen?**
a) ***„Ich suche eine strapazierfähige, pflegeleichte Hose.“***
b) ***„Das Geburtstagsgeschenk soll schon was darstellen.“***
c) ***„Haben Sie nichts Eleganteres?“***
d) ***„Ich möchte gerne eine funktionelle Skiunterwäsche.“***
e) **Erklären Sie die wichtigen Begriffe aus dem Bereich Warenverkauf: (1) Gebrauchswert und (2) Geltungswert.**

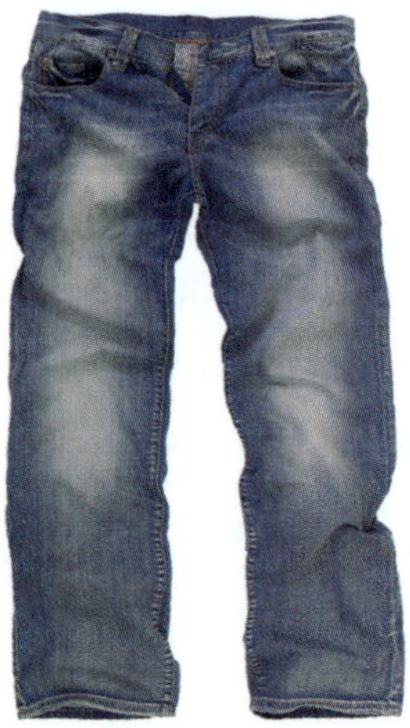

Wissen anwenden

8. a) Führen Sie in kleinen Gruppen an Ihrem Schulort, z. B. in der Fußgängerzone, eine Kundenbefragung zum Thema Kundenorientierung durch. Bringen Sie in Erfahrung, wie wichtig Kunden die Punkte (1) im Fachgeschäft und im (2) Verbrauchermarkt sind:

- eine freundliche Bedienung
- Fachwissen/Sortimentskenntnisse
- individuelle Beratung
- Auswahl
- günstige Preise
- umweltfreundliche Produkte
- guter Service

b) Veranschaulichen Sie die Ergebnisse (siehe Projektpräsentation unter BuchPlusWeb) und tragen Sie diese der Klasse vor.

c) Vergleichen Sie die Ergebnisse der Gruppe und kommen Sie zu einem Gesamtergebnis.

2 Das Warenwissen als Grundlage fachkundiger Beratung

Wissen erarbeiten

Artikel: Eurochron Funkwecker

Der superleise Funkwecker mit Silentic-System ist absolut lautlos.

Er ist ausgestattet mit einem symapthischen zeitweilig aussetzenden und in der Lautstärke ansteigenden Wecksignal mit Weckwiederholung.

Außerdem EL-Beleuchtung, die sich beim Wecken zuschaltet, automatische Zeiteinstellung und Umstellung von Sommer- auf Winterzeit, weltweite Zeitzoneneinstellung, Batteriebetrieb, modernes Design, pflegeleichtes Kunststoffgehäuse, Abmessungen ca. 9,0 x 9,8 x 4,7 cm.

Made in Germany

1. Erstellen Sie zu dem Funkwecker eine Übersicht der Produktmerkmale.

Merkmale	Beispiel

2. Leiten Sie aus den Produktmerkmalen des Funkweckers in Aufgabe 1 Vorteile (V) und Nutzen für den Kunden (N) – z. B. auch in wörtlicher Rede ab – ab. Hier zwei Beispiele:

Produktmerkmale	Vorteile/Kundennutzen
Hersteller: Eurochron	V: Hersteller mit langjähriger Erfahrung N: *„Dieser Hersteller bietet Ihnen durch seine langjährige Erfahrung ein Höchstmaß an Qualität und praktischen Nutzen."*
Form: handliche Größe	V: gut mitzunehmen N: *„Aufgrund seiner handliche Größe können Sie den Wecker auf Reisen mitnehmen. Er passt in jedes Handgepäck."*

Produktmerkmale	Vorteile/Kundennutzen, z. B. in wörtlicher Rede
	V: N:
	V: N:
	V: N:
	V: N:
	V: N:

3. Wo können Sie sich Produktkenntnisse aneignen?

innerbetrieblich	außerbetrieblich

4. Welche Vorteile bringen gute Warenkenntnisse im Verkaufsgespräch?

Wissen trainieren

5. Je nach Interessenlage stellen Kunden unterschiedliche Anforderungen an die Ware. Welche würden Sie bei folgenden Artikeln stellen?
a) Moped/Motorrad b) Küchenmaschine c) Roggenbrot d) Digitalkamera e) Rindfleisch

6. Nennen Sie fünf typische Artikel Ihrer Branche und beschreiben Sie deren Gebrauchs-/Geltungswert.

7. Zeigen Sie an fünf Beispielen, welche Eigenschaften eines Produkts sich aus Rohstoffen/Herstellungsangaben ableiten lassen.

8. Welche Bedeutung haben Herstellernamen als Argumentationshilfe im Verkaufsgespräch?

Wissen anwenden

9. Erstellen Sie zu unterschiedlichen Produkten aus Ihrem Sortiment Warenbeschreibungen.
TIPP: *Verwenden Sie dazu einen Warenbeschreibungsbogen (vgl. Lernfeld 2, Kapitel 2.3).*

10. Wählen Sie zusammen mit Ihrem Ausbildungsleiter ein beschriebenes Produkt aus und stellen Sie dieses Ihren Mitschülern im Unterricht vor.

3 Kommunikation: Die Sprache ist mehr als ein Mittel der Verständigung

Wissen erarbeiten

1. **Erläutern Sie den Begriff Kommunikation.**

____

____

____

2. **Hier ist ein Beratungsgespräch verkürzt dargestellt.**

(1) Verkäufer: *„Dieses Handy ist ein wunderschönes Geburtstagsgeschenk. Mit Leuten, die man gerne hat, telefoniert man oft und gerne ..."*

(2) Kundin: *„Was kostet bei dem von Ihnen vorgeschlagenen Tarif die Gesprächsminute?"*

(3) Verkäufer: *„29 Cent in der Minute."*

(4) Kundin: *„Ich sagte Ihnen doch vor wenigen Minuten, mehr als 10 Cents pro Minute ... Sie haben mir nicht richtig zugehört. Das ärgert mich, dass Sie mir nie richtig zuhören."*

a) **Ermitteln Sie die Kommunikationsebene bei**

(1) ______________ (2) ______________

(3) ______________ (4) ______________

b) **Versuchen Sie, dem Konflikt mit einer gesprächsfördernden Aussage aus dem Weg zu gehen.**

____

____

____

____

____

c) **Machen Sie eine Aussage auf der Sachebene zu einem Foto-Handy.**

____

____

____

____

3. Nennen Sie vier verschiedene Gesprächsförderer und vier Gesprächsstörer mit je einem Beispiel.

Gesprächsförderer und jeweils ein Beispiel	Gesprächsstörer und jeweils ein Beispiel
◆	◆
◆	◆
◆	◆
◆	◆

4. In der Hifi-Abteilung stellt ein junger Kunde die Frage: *„Läuft dieser MP3-Player störungsfrei, auch beim Gehen?"*

Mögliche Antworten des Verkäufers:

(1) *„Dieser MP3-Player läuft störungsfrei, das müssen Sie mir glauben!"*

(2) *„Dieser MP3-Player ist erschütterungsunempfindlich. Sie können bei jeder Bewegung und Tätigkeit Ihre Musik genießen. Bitte testen Sie selbst den imposanten Sound beim Gehen."*

(3) *„Sie sind schon der Dritte, der mit so einem Einwand kommt."*

(4) *„Dies ist ein rein technisches Problem!"*

a) Bei welchen Verkäufer-Antworten liegen Gesprächsstörer vor: ____________________

b) Hilft die Antwort (4) dem Kunden weiter? ____________________

c) Welche Antwort ist die beste? Nr. ______

d) Auf welche Weise überzeugt der Verkäufer? ____________________

5. **Nennen Sie Bausteine der kundenorientierten Sprache und bilden Sie Beispiele in wörtlicher Rede.**

Wissen trainieren

6. **a) Weshalb ist der „Sie-Stil“ im Verkaufsgespräch besser als der „Ich-Stil“?**

b) Formulieren Sie die Aussagen positiv, anregend und im Sie-Stil:

(1) *„Ich zeige jetzt ein Kleid, das sich für die Reise gut eignet. Es ist leicht …“*
(2) *„Ich habe hier ein spannendes Buch.“*
(3) *„Der DVD-Player ist 50-fach programmierbar.“*
(4) *„Da habe ich ein Sonderangebot …“*

7. **a) Welche Folgen ergeben sich wahrscheinlich, wenn die Kommunikation mit Kunden gestört ist?**
b) Welches Ziel möchte eine erfolgreiche Kommunikation im Verkaufsgespräch erreichen?

8. **Ermitteln Sie anhand der Äußerungen die Art des Gesprächsstörers oder -förderers:**
a) *„Sie müssen doch selbst wissen, was Sie wollen!“*
b) *„Schade, dass Sie keine Ahnung haben, was wir im Sortiment führen!“*
c) *„Bitte beachten Sie die Sparschaltung. Sie sparen dadurch …“*

9. **Wie reagiert wahrscheinlich der Kunde, wenn Sie**
a) „Killerphrasen“ verwenden,
b) aufmerksam zuhören,
c) Denkanstöße geben?

10. **Kunde: *„Ich bin mir jetzt ganz unschlüssig, welches Handy ich nehmen soll!“***
Verkäufer: *„Welche Rolle spielt bei Ihnen die Höhe der Gebühren?“*
Kunde: *„Als selbstständiger Vertreter bin ich preisbewusst!“*
a) Nimmt der Verkäufer dem Kunden hier die Entscheidung ab?
b) Welcher Vorteil liegt vor, wenn der Kunde selbst die Entscheidung trifft?
c) Nennen Sie zum obigen Situationsbeispiel noch eine weitere, gleichartige Formulierung, die den Kunden zum Nachdenken bringt.

11. **a) Formulieren Sie die Aussage in einer positiven Weise:**
„Sie müssen Ihre Haut vor schädlichen Einwirkungen, Bakterien und Pilzen schützen.“
b) Welche positiven Aussagen enthält der kurze Text?
„Die Präparate reinigen und pflegen besonders mild, sind ausgezeichnet hautverträglich und wirken beruhigend!“

12. **Üben Sie die Vorteilsformulierung an Artikeln Ihres Sortiments und präsentieren Sie diese – wenn möglich – an Artikeln, die Sie zum Unterricht mitbringen.**

Wissen anwenden

Spiele zur Förderung des Sprachverhaltens

13. Führen Sie die motivierende, einfache sprachliche Übungen durch (diese können das Sprachverhalten/die Ideenfindung fördern):

a) Der Spielleiter nennt einen Begriff, der einzelne Spieler soll innerhalb von zehn Sekunden einen weiteren passenden Begriff oder ein Tätigkeitswort finden.

Beispiele:
Zum Begriff „Urlaub" passt z. B. Sonne, Strand, Bikini, Faulenzen …
Weitere Begriffsvorgaben: Chef, Disco, Party, Jogginganzug, Zeugnis, Auto, Vater

b) Der Spielleiter beginnt, die einzelnen Spieler setzen das Thema fort. *„Beim Verkaufen grüße ich den Kunden mit freundlichen Worten."* Fortsetzung der Verkaufshandlung durch den nächsten Spieler.

c) Der Spielleiter beginnt, eine Geschichte zu erzählen. Jeder Spieler fügt einen sinnvolen, passenden Satz hinzu.

Beispiel:
Peter, 18 Jahre alt, kam gestern schon wieder zu spät in die Arbeit. (Nächster Spieler:) Der Chef …

14. Sprechen Sie den Satz laut: *„Ich sagte nicht, er habe das Geld gestohlen."*
Bedeutung: Dabei handelt es sich um eine schlichte Aussage.
Betonen Sie beim weiteren Lesen die großgeschriebenen Wörter. Durch die unterschiedliche Betonung ändert sich die Bedeutung der Aussage. Ergänzen Sie schriftlich die inhaltliche Bedeutung:

a) „ICH sagte nicht, er habe das Geld gestohlen."

Bedeutung: ______________________________

b) „Ich SAGTE nicht, er habe das Geld gestohlen."

Bedeutung: ______________________________

c) „Ich sagte NICHT, er habe das Geld gestohlen."

Bedeutung: ______________________________

d) „Ich sagte nicht, ER habe das Geld gestohlen."

Bedeutung: ______________________________

e) „Ich sagte nicht, er habe DAS Geld gestohlen."

Bedeutung: ______________________________

f) „Ich sagte nicht, er habe das GELD gestohlen."

Bedeutung: ______________________________

g) „Ich sagte nicht, er habe das Geld GESTOHLEN."

Bedeutung: ______________________________

15. Entwickeln Sie einen strukturierten Beobachtungsbogen zur Beurteilung eines Rollenspiels, der es Ihnen erlaubt, durch Punktvergabe bzw. Ankreuzen zu einer Bewertung zu gelangen.

16. Nehmen Sie ein Produkt aus Ihrem Verkaufssortiment.
Produkt: ______________________________
Formulieren Sie vier Fragen, die Sie Ihrem Kunden bei der Bedarfsermittlung stellen können.

____

____

____

____

17. a) Führen Sie die nicht sprachlichen Übungen durch (diese Übungen sollen eine angstfreie Atmosphäre schaffen und die Spielfähigkeit erhöhen):

- Alter Mann geht spazieren und setzt sich auf eine Bank neben ein hübsches Mädchen
- Ein junger Man steigt in sein Auto, das nicht anspringen will
- Vergebliches Suchen nach Fehlern unter der Motorhaube
- Sich wohlgefällig im Spiegel betrachten
- Interessierte, zweifelnde, ablehnende Gesichtsausdrücke eines Kunden darstellen
- Dem Kunden signalisieren, dass man seiner Aussage nur bedingt zustimmt
- Eine Mutter „spricht" mit ihrem drei Monate alten Sohn, der im Kinderwagen liegt, sie macht dabei allerlei Bewegungen

b) Finden Sie weitere nicht sprachliche Übungen.

18. Rollenspiel

a) Führen Sie das Rollenspiel durch: Branche Sporteinzelhandel; Ware Funktionskleidung.

Kunde:
Sie treiben seit kurzer Zeit intensiv Sport. Sie wollen sich entsprechende Kleidung zulegen, die sowohl für das Radfahren als auch Jogging geeignet ist. Sie benötigen Kleidung sowohl für den Sommer als auch für den Herbst. Sie legen Wert auf hohe Qualität und ein modisches Outfit. Der Preis spielt eine untergeordnete Rolle. Bisher hatten Sie immer Baumwollkleidung gekauft.

Verkäufer:
Sie sind Mitarbeiter eines Sportfachgeschäftes. In der Regel wird Ihr Geschäft von anspruchsvollen sportlichen Kunden besucht, die Wert auf fachmännische Beratung legen. Ein(e) Kundin/Kunde interessiert sich für Sportbekleidung. Nehmen Sie die Begrüßung des Kunden vor. Sprechen Sie den Kunden situationsgerecht an und ermitteln Sie den genauen Kaufwunsch und das Motiv bzw. die Motive des Kunden. Führen Sie das Gespräch durch geeignete Fragestellungen. Wenden Sie waren- und kundenbezogene Argumentationstechniken an.

b) Beurteilen Sie anhand eines Kriterienkatalogs das Verkaufsgespräch.

19. Formulieren Sie selbst - auf einem separaten Blatt - ein Rollenspiel mit Vorgaben für den Verkäufer und den Kunden. Verwenden Sie Produkte aus Ihrem Sortiment.

4 Kommunikation durch Körpersprache: Mitteilungen des Körpers

Wissen erarbeiten

1. a) Was sagt der Blick in Bild a)? ______________________________

   b) Was verrät die Mimik in Bild b)? ______________________________

   c) Machen Sie eine Aussage zur Gestik in Bild c). ______________________________

   d) Worauf lässt die Körperhaltung in Bild d) schließen? ______________________________

2. a) Was verstehen Sie unter nonverbaler Kommunikation? ______________________________

   b) Welche Bedeutung hat diese für Sie im Verkaufsgespräch? ______________________________

3. Ordnen Sie die Ausdrucksbewegungen den wahrscheinlichen/möglichen Bedeutungen zu:

Nicken, Stirnfalten, Kopf hin und her bewegen, Kopf schütteln, Oberkörper vorbeugen, Distanz vergrößern, weit geöffnete Augen, wandernder Blick, Schultern heben und senken, Kopf abwenden, häufiges Berühren des Produkts, Kinn mit der Hand anfassen

Interesse, Offenheit, positive Einstellung	Zweifel, Unentschlossenheit, Unsicherheit	Desinteresse, Unzufriedenheit, negative Einstellung

Wissen trainieren

4. Auf welche unterschiedlichen Ausdrucksbewegungen beziehen sich körpersprachliche Signale? Nennen Sie jeweils ein Beispiel.

5. Welche Vorteile haben Verkäufer, die körpersprachliche Signale beobachten und diese in der jeweiligen Situation richtig deuten?

6. a) Was besagt die Aussage: Der Körper lügt nicht?
b) Wie erklärt sich dies?

7. Nachstehende Tabelle zeigt drei verschiedene Verkaufssituationen und die dazugehörigen Signale:

Verkaufssituation	beobachtete Signale
1) Verkäufer fragt den Kunden nach seinen Vorstellungen, erhält aber keine Antwort	Der Kunde legt den ausgestreckten Zeigefinger an den Lippenrand und scheint ins Unendliche zu schauen.
2) Verkäufer zeigt und führt einen Artikel vor	Kunde kommt näher, zeigt weit geöffnete Augen
3) Ältere Kundin verlangt einen Artikel, der nicht mehr hergestellt wird. Sie sagen: *„Den gibt es seit zehn Jahren nicht mehr!"*	Kundin sackt etwas in sich zusammen, die Schultern fallen leicht nach vorne

a) Deuten Sie diese Signale.
b) Wie würden Sie als Verkäufer/-in darauf reagieren?

Wissen anwenden

9. Rollenspiel: Sie spielen wortlos eine Handlung, die sich an der Realität orientiert, z. B.:

- Einen anmaßenden Kunden darstellen
- Eine große Enttäuschung hinnehmen müssen
- Sich wohlgefällig im Spiegel betrachten
- Ein bezauberndes Parfüm riechen
- Aus der Ferne freundlich einen Kunden begrüßen

5 Fragetechnik: Gezielte Fragen bringen das Verkaufsgespräch weiter

Wissen erarbeiten

1. Situation im Elektronik-Fachmarkt (auszugsweise):

Kunde: *„Ich suche einen Drucker."*

Verkäufer: *„Gerne, darin sind wir gut sortiert. Könnten Sie mir vielleicht Auskunft über den gewünschten Einsatzbereich geben?"*

Käufer: *„Als Student schreibe ich viele Texte, Seminararbeiten, Referate, Diplomarbeit usw."*

Verkäufer: *„Sollen auch farbige Drucke möglich sein?"*

Kunde: *„Klar, ohne Farbe geht bei solchen Arbeiten nichts!"*

Verkäufer: *„Meinen Sie nicht auch, dass ein leistungsfähiger Drucker wie dieser der Marke X Ihren Wünschen gerecht wird?"*

Käufer: *„Ich habe mich im Internet bereits vorinformiert und meine auch, dass dieser meinen Ansprüchen genügt."*

Verkäufer: *„Sagt Ihnen also dieser der Marke X besser zu als der von Y?"*

Ermitteln Sie die verschiedenen Fragearten in den Zeilen.

2 ______________________ 7 ______________________

9 ______________________ 13 ______________________

2.

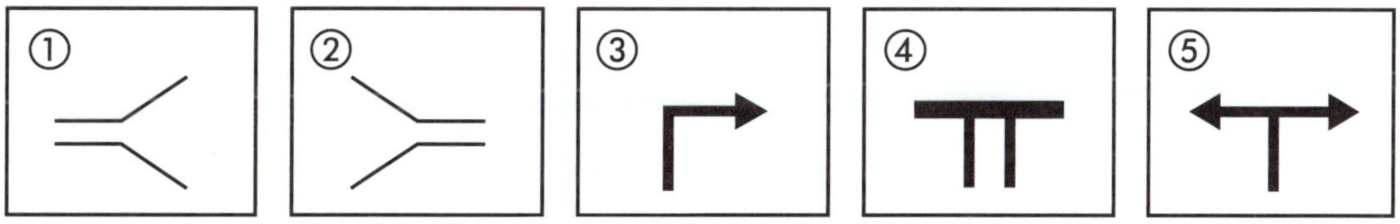

Hier sind die Fragetypen symbolhaft in den Kästchen ① bis ⑤ dargestellt. Bezeichnen Sie diese jeweils und beschreiben Sie kurz die Absicht des Fragestellers.

① ____

____

② ____

____

③ ____

____

④ ____

____

⑤ ____

____

Wissen trainieren

3. Bilden Sie zu jeder Frageart ein Beispiel, das zu Ihrer betrieblichen Situation bzw. zum betrieblichen Sortiment passt.

   a) Offene Frage
   b) Geschlossene Frage
   c) Alternativfrage
   d) Positive Suggestivfrage
   e) Negative Suggestivfrage

4. Nennen Sie vier Vorteile, die mit der richtigen Anwendung von Fragen verbunden sind.

5. Ermitteln Sie die jeweilige Frageform:

   a) *„Sieht doch interessant aus, dieser Bikini?"*
   b) *„Sonst brauchen Sie nichts?"*
   c) *„Die aufladbaren Batterien?"*
   d) *„Was halten Sie von dieser Handtasche aus Nappaleder?"*
   e) *„Trinken Sie lieber Rhein- oder Moselwein?"*

6. Versuchen Sie, anhand der Fragen die entsprechenden Absichten des Fragestellers herauszufinden.

   a) *„Was soll Ihre Kamera können?"*
   b) *„Möchten Sie lieber eine ausbaufähige Spiegelreflexkamera oder eine einfache Kamera, um nette Erinnerungen festzuhalten?"*
   c) *„Meinen Sie nicht auch, dass Sie von der ausbaufähigen Spiegelreflexkamera mehr haben?"*
   d) *„Soll ich Ihnen nochmals zeigen, wie man den Chip einlegt?"*

7. a) Nennen Sie zwei negative und zwei positive Suggestivfragen/Aussagen aus Ihrem Alltag.
   b) Zählen Sie mindestens fünf Wörter auf, die eine Aussage oder eine Frage positiv suggestiv machen.

Wissen anwenden

8. In der Drogerieabteilung eines Warenhauses befasst sich eine junge Kundin seit einiger Zeit mit mehreren Kosmetikköfferchen. Als sich die Kundin suchend umschaut, kommt eine Verkäuferin hinzu, die weitere Modelle zeigt und erklärt. Das lederne Kosmetikköfferchen gefällt der Kundin sehr gut, ist aber teuer. So viel will sie offenbar nicht ausgeben. Ein in der Aufmachung ähnliches aus Kunstleder hat ebenfalls ihr Interesse geweckt.

a) Worin sehen Sie das Hauptproblem der Kundin?

b) Versuchen Sie, die Kundin suggestiv – unter Berücksichtigung dieses Hauptinteresses – zu beeinflussen (wörtliche Rede).

c) Bilden Sie drei Formulierungen einer positiven Suggestion zu Artikeln Ihres Sortiments.

9. Formulieren Sie zu den Situationen die entsprechenden Fragen, die das Verkaufsgespräch weiterbringen.

a) Ein Kunde verlangt Malerfarbe.

b) Ein Verkäufer möchte wissen, ob der Kunde zu den gekauften Schuhen das entsprechende Pflegemittel besitzt.

c) Nach ausführlichen Warenvorführungen verschiedener MP3-Player will ein Verkäufer zum Abschluss kommen.

6 Kontaktaufnahme mit Kunden

Wissen erarbeiten

1. Erlebnis- und Versorgungskäufer erfordern unterschiedliche Kontaktaufnahmen.

a) Ergänzen Sie die Tabelle:

Merkmale		
Typische Produkte, z. B.		
Häufig anzutreffende Verkaufsform		
Typische Betriebsform, z. B.		
Ziel der Kontaktaufnahme		

b) Geben Sie Beispiele für Kontaktaufnahme in den Situationen:

(1) Kontaktaufnahme im Beratungsgespräch/Bedienung:

(2) Kontaktaufnahme bei Vorwahl:

(3) Kontaktaufnahme bei Selbstbedienung, wenn der Kunde an der Kasse zahlen möchte:

2. **Situation Vorwahl: Sie nehmen Kontakt mit einer Kundin auf, die schon zum zweiten Mal eine hübsche Bluse an sich hält.**
   Verkäuferin: *„ Da haben Sie ein Modell im neuen Schnitt in der Hand, das farblich gut zu Ihnen passt."*
   Kundin: *„Vielen Dank, ich möchte mich nur mal umschauen."*

   Wie verhalten Sie sich (wörtliche Rede)?

3. **Sie verkaufen in der sehr ansprechend gestalteten Beauty-Abteilung in Bedienung und Vorwahl Parfüms, Lippenstift, Haarpflegemittel u. Ä.**

   Wodurch wird der erste Eindruck bestimmt, der über Sympathie oder Antipathie entscheidet?

4. **Was beachten Sie bei der Begrüßung?**

Wissen trainieren

5. **Erläutern Sie die Aussage: Die Kontaktaufnahme mit Kunden ist situationsbedingt.**

6. **Wie erfolgt die Kontaktaufnahme**
   a) im Beratungskauf,
   b) bei Vorwahl,
   c) beim Aushändigungskauf,
   d) wenn sich der Kunde „nur mal umschauen" will,
   e) bei Selbstbedienung?

7. **Machen Sie Aussagen zum Kontakt im Bedienungs- und Beratungsgeschäft, wenn der Kunde zu Ihnen kommt:**
   a) zum Augenkontakt
   b) zum Gesichtsausdruck
   c) zum Gesprächsabstand
   d) zum Zuhören

8. Der Verkäufer Maier in der Abteilung für Haushaltsgeräte wird ans Telefon gerufen; eine Kundin wünscht Auskunft über einen Infrarot-Herd.

a) Welche der Begrüßungen halten Sie für angemessen (bitte mit Begründung)?

- *„Hier Maier, wer dort?"*
- *„Guten Tag, was wollen Sie von mir?"*
- *„Grüß Gott, Maier, Haushaltsgeräteabteilung, was kann ich für Sie tun?"*
- *„Maier, können Sie in fünf Minuten nochmals anrufen, denn ich habe gerade Wichtiges zu erledigen!"*

b) Verkäufer Maier hat den Namen der Stammkundin am Telefon nicht richtig verstanden. Durch welche Formulierung würden Sie ihren Namen erfragen?

9. Nehmen Sie zu den Äußerungen Stellung:

a) *„Ein Verkäufer muss immer lächeln."* **b) *„Beim Zuhören ist man passiv."***

10. Überlegen Sie, wann und wie Sie in den Situationen einen Kunden ansprechen:

a) Eine Kundin hält sich seit etwa zwei Minuten in der Abteilung für Damenoberbekleidung auf, nimmt einige Blusen aus dem Verkaufsständer und hält diese prüfend an sich hin.

b) Ein Kunde, der soeben zum Geschäft hereingekommen ist, sucht nach einem Verkäufer.

11. Ein Kunde schaut sich seit einiger Zeit Digitalkameras an. Ein Verkäufer, der dies beobachtet hat, kommt hinzu, grüßt freundlich und spricht den Kunden an. Beurteilen Sie die Kontaktaufnahme, bitte mit Begründung.

a) *„Suchen Sie etwas Bestimmtes?"*

b) *„Kann ich Ihnen behilflich sein?"*

c) *„Wollen Sie eine Kamera?"*

d) *„Darf ich Ihnen unverbindlich unsere vielseitigen neuen Kameras vorführen?"*

12. Worin unterscheiden sich kunden- und warenbezogene Kontaktaufnahme?

13. Kunde: *„Ich möchte mich nur mal umsehen!"*

a) Welche Befürchtungen eines Kunden stecken hinter solchen Äußerungen?

b) Nennen Sie Formulierungen, die geeignet sind, solchen Befürchtungen entgegenzutreten.

c) Wie beurteilen Sie es, wenn sich der Verkäufer ohne saure Miene mit den Worten zurückzieht: *„Wenn Sie irgendwelche Fragen haben, stehe ich Ihnen gerne zur Verfügung! Weitere Modelle finden Sie hier …"*

Wissen anwenden

14. Rollenspiel: Eine Kundin beschäftigt sich seit längerer Zeit mit Artikeln Ihres Sortiments, die in Vorwahl angeboten werden.

Rolle Verkäuferin:

- Sie sprechen die Kundin situationsgerecht an.
- Sie wollen nicht aufdringlich sein.
- Sie möchten der Kundin weiterhelfen.

Rolle Kundin:

Sie legen nur dann Wert auf Bedienung und Beratung, wenn die Verkäuferin nützliche Informationen bringt bzw. Sie einen Rat brauchen.

Beobachtungsmerkmale:

- Wird die Kundin situationsgerecht angesprochen?
- Worauf bezieht sich das Gesagte?
- Hilft die gegebene Information der Kundin weiter?

7 Kaufmotive geben Auskunft über die Nutzenerwartungen des Kunden

Wissen erarbeiten

1. **Ermitteln Sie aus einigen Kunden- und Werbeaussagen die entsprechenden Kaufmotive.**

Kunden- und Werbeaussagen	Kaufmotive
a) „Geiz ist geil."	
b) „So ein wertvoller Ring wäre ein exklusives Geschenk."	
c) „Eine Erlebnisreise der besonderen Art für Sie"	
d) „Mit dem modisch-funktionellen Joggingdress gesund und fit bleiben"	
e) „Wir bieten Lebensmittel, Mittel zum Leben."	
f) „Sie können sich bequem zurücklehnen, wir sorgen für Sie …"	
g) „Drei Jahre Garantie für die Reparatur, keiner bietet Ihnen mehr!"	

2. **Was versteht man unter einem Kaufmotiv?**

3. **Welche praktische Bedeutung haben erkennbare Kaufmotive für Verkäufer?**

4. a) **„Kopf oder Bauch." Welche Art von Kaufmotivation sind mit diesen Begriffen gemeint?**

Kopf: ______________________

Bauch: ______________________

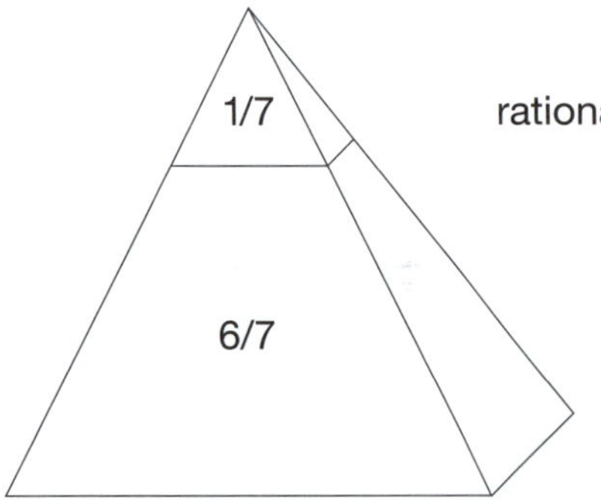

Kopf oder Bauch?

Es gibt Gründe für einen Kauf, die jedermann einleuchten. Sie sind nachvollziehbar, weil sie auf sachlichen Überlegungen beruhen. Neben diesen sogenannten rationalen Kaufmotiven gibt es aber auch gefühlsmäßige, emotionale. Verblüffend ist allerdings die Tatsache, dass eine Kaufentscheidung nur zu einem Achtel von den emotionalen Motiven bestimmt wird. Wer den Wünschen seiner Kunden also möglichst weit entgegenkommen will, sollte in seiner Argumentation schwerpunktmäßig auf das Gefühl abzielen. Das Dumme dabei ist nur, dass kein Mensch offen über seine unterschwelligen Beweggründe sprechen wird.

b) **Ordnen Sie zu:**

Kaufmotiv	gefühlsbetont	verstandesbetont
– Ansehen, Geltung, schönes Aussehen	○	○
– Sparsamkeit, geringe Kosten, Ertrag	○	○
– Mode, Nachahmung	○	○
– Spieltrieb	○	○
– Neugierde, Entdeckung	○	○
– Sicherheit, Zuverlässigkeit	○	○

c) **Welche Tatsache ist bei Kaufentscheidungen verblüffend?**

____

____

d) **Was folgt daraus für das tägliche Verkaufsgespräch?**

____

____

5. **Formulieren Sie nach folgendem Muster jeweils zwei Kundenwünsche, welche die aufgeführten Kaufmotive a), b) und c) erkennen lassen. Nehmen Sie, soweit dies möglich ist, Artikel Ihres Sortiments.**

Sparsamkeit: z. B. *„Ich suche einen preiswerten Leichtmantel"; „Führen Sie ...?; „Finde ich...?"; „Gibt es ...?"*

a) **Bequemlichkeit:**

____

____

b) Sicherheit, Zuverlässigkeit:

____

____

c) Ansehen, Geltung:

____

____

Wissen trainieren

6. a) Im Schuhgeschäft sind Kundenäußerungen zu hören. Welche Kaufmotive liegen jeweils vor?

- *„Ich suche ein Paar elegante Schuhe zu diesem Mantel."*
- *„Führen Sie bequeme Schuhe, in denen ich tanzen kann?"*
- *„In einem Zeitungsinserat haben Sie preiswerte Einzelpaare angeboten, können Sie mir ...?"*
- *„Haben Sie Bergschuhe, die die nötige Trittsicherheit gewährleisten?"*

b) Ein Motivforscher schreibt: *„Junge Frauen tragen am stärksten zum Umsatz der Schuhgeschäfte bei. Beim Kauf stehen Stil und Schönheit der Schuhe im Vordergrund. Schuhe sollen dem Bein schmeicheln, in Farbe und Stil zur Bekleidung passen und gleichzeitig der Mode entsprechen. Junge Frauen kaufen oft auf Kosten der Bequemlichkeit."* Welche Kaufmotive werden im Text angesprochen?

7. Ein junges Paar sucht im Baumarkt für ihr Wohnzimmer einen unempfindlichen Teppichboden, den sie selber verlegen wollen.

a) Welche Motive sind aus dieser Situation erkennbar?

b) Versuchen Sie, sich in diese Situation hineinzuversetzen, und nehmen Sie im Verkaufsgespräch auf die gefundenen Motive Bezug.

Wissen anwenden

8. Kleines Projekt: Sammeln Sie Werbeinserate einer Tageszeitung, einer Zeitschrift oder von Wurfsendungen. Ermitteln Sie bei zehn verschiedenen Produkten unterschiedliche Nutzerwartungen/Kaufmotive.

9. Welche Kaufmotive herrschen vor bei

a) Versorgungskauf,

b) Erlebniskäufen mit Waren gehobenen Bedarfs und bei Luxusartikeln?

10. Zählen Sie zu wertvollen Produkten, die Ihr Geschäft führt, wichtige Nutzenerwartungen auf.

11. Welche Bedeutung haben Nutzenerwartungen des Kunden für Sie als Verkäufer?

8 Bedarfsermittlung bei beratungsintensiver Ware

Wissen erarbeiten

1. Beschreiben Sie die Merkmale der direkten und indirekten Bedarfsermittlung.

Merkmale	Direkte Bedarfsermittlung	Indirekte Bedarfsermittlung
Begriff/Erläuterung		
Beispiel in wörtlicher Rede		
Vorteil der Methode		

2. Geben Sie ein Beispiel für

a) eine Aussage, welche die Erwartungen des Kunden dämpft:

b) einen verkaufsfördernden Vertrauensauslöser:

3. Zwei junge Leute, Alter etwa 20 Jahre, kommen in das Reisebüro mit der Absicht, sich beraten zu lassen.

Beraterin: *„Bitte nehmen Sie doch Platz! Was kann ich für Sie tun?"*
Kunden: *„Wir möchten im September miteinander in den Urlaub."*
Beraterin: *„Haben Sie schon eine bestimmte Vorstellung oder ein Ziel?"*
Kunden: *„Nein, deswegen kommen wir ja!"*
Beraterin: *„Möchten Sie vielleicht nach Mallorca?"*
Kunden: *„Da waren wir letztes Jahr."*
Beraterin: *„Vielleicht nach Griechenland, um die Jahreszeit ist es dort sehr schön warm. Wenn Sie dann baden möchten, empfehle ich Ihnen ..."*
Kunden: *„Baden?"* (Die beiden schauen sich fragend an, die Beraterin bemerkt den ratlosen Gesichtsausdruck.)
Beraterin: *„Vielleicht in die Türkei, diese Reisen sind sehr günstig ..."*
Kunden: *„Damit können wir uns nicht anfreunden."*
Beraterin: *„Darf ich Ihnen ein paar Kataloge mitgeben, damit Sie selbst Ideen sammeln können? Ich würde mich freuen, wenn Sie bei uns buchen."*

a) Beurteilen Sie die Kontaktaufnahme. ______________________

____

b) Was halten Sie von dieser Bedarfsermittlung? Begründen Sie Ihre Meinung. __________

____

____

c) Stellen Sie fünf Fragen in wörtlicher Rede, mit denen Sie besser die Wünsche/den Bedarf ermitteln.

- ____
  ____
- ____
  ____
- ____
  ____
- ____
  ____
- ____
  ____

d) Weshalb käme die Beraterin mit offenen Fragen schneller ans Ziel als mit geschlossenen?

____

____

____

Wissen trainieren

4. a) **Geben Sie an, welche der Kundenwünsche und -erwartungen für einen Aushändigungs- bzw. Beratungsverkauf typisch sind:**
   - *„Bitte dunkle Baumwollsocken für Schuhgröße 42."*
   - *„Ich interessiere mich für eine sportliche Jacke!"*
   - *„Ich habe da ein Problem mit dem Computer, könnten Sie …?"*
   - *„Wo finde ich die Getränke-Sonderangebote?"*
   - *„Ich interessiere mich für ein anspruchsvolles Buch als Geschenk!"*

   b) **Auf welche Weise kann aus einem Aushändigungsverkauf ein Beratungsverkauf werden?**

5. **Eine Kundin:** ***„Ich suche eine Bluse in Größe 40!"***
   Der Verkäufer:
   - *„Welche Farbe soll's denn sein?"*
   - *„Haben Sie an etwas Bestimmtes gedacht?"*
   - *„Zu was möchten Sie die Bluse tragen?"*
   - *„Aus welchem Material soll sie sein?"*

   a) **Welche Frage halten Sie für die beste? Bitte begründen Sie Ihre Wahl.**
   b) **Welche Fragen engen die Auswahl ein oder legen Kunden und Verkäufer fest (und sind deshalb weniger geeignet)?**

6. **Alle offenen Fragen, die im Beratungsgespräch darauf abzielen, den Bedarf des Kunden zu ermitteln, bringen das Verkaufsgespräch weiter. Formulieren Sie solche Fragen in folgenden Situationen:**

   a) **In der Feinkostabteilung:** ***„Bitte zehn Flaschen Spitzenweine!"***
   b) **Im Sportgeschäft:** ***„Ich suche für mich ein Paar Skier!"***
   c) **Im Baumarkt:** ***„Können Sie mir Wohnzimmerlampen zeigen?"***

7. **Ein Kunde verlangt in der Heimwerkerabteilung eine Bohrmaschine. Formulieren Sie offene Fragen, mit denen der Bedarf des Kunden am besten ermittelt werden kann.**

8. a) **Stellen Sie die Vor- und Nachteile der direkten und indirekten Bedarfsermittlung zusammen.**
   b) **Begründen Sie, welche Methode Ihnen sympathischer erscheint.**

9. ***„Ein Kunde, der eine Digitalkamera kaufen will, muss doch genau den Kameratyp nennen können, der für ihn der richtige ist!"***

   a) **Was halten Sie von dieser Meinung?**
   b) **Welche Chance ergibt sich für den Verkäufer, wenn Kunden beratungsintensive Produkte kaufen wollen, diese aber noch nicht genau kennen?**

Wissen anwenden

10. Rollenspiel: Eine 15-Jährige will sich in der Videospieleabteilung, die in Vorwahl geführt ist, ein Spiel kaufen.

Rolle Verkäuferin:
- Sie machen eine vertrauensauslösende Aussage.
- Sie wenden offene Fragen zur Bedarfsermittlung an.

Rolle Kundin:
- Auf Fragen der Verkäuferin geben Sie Auskunft, welche Arten von Spielen Sie bevorzugen.
- Sie lassen sich verschiedene Spiele zeigen.

Beobachtungsmerkmale:
- Art und Wirkung der vertrauensauslösenden Aussage der Verkäuferin
- Sind die Fragen zur Bedarfsermittlung so gestellt, dass die Antworten der Kundin Auskunft über den wirklichen Bedarf geben?

9 Warenvorlage: Gut gezeigt ist halb verkauft

Wissen erarbeiten

1. Sie haben sich in Ihrem letzten betrieblichen Seminar mit dem Thema „Warenvorlage" mit dem Zeigen, Vorführen und Argumentieren bei Schuhen ausführlich beschäftigt.

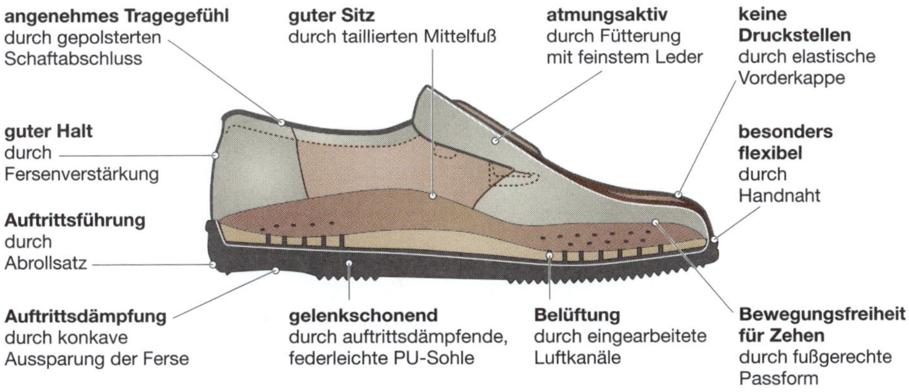

a) **Welche Produkteigenschaften/Vorteile lassen sich**

(1) **ohne Anprobieren** anschaulich zeigen? ____________________

(2) **durch Anprobe** überzeugend beweisen? ____________________

b) **Zum Erlebniskauf gehört, die Sinne des Kunden anzusprechen. Welche Sinne sprechen Sie beim Zeigen bzw. Anprobieren der Schuhe an?** ____________________

____

2. Nennen Sie drei Ziele, die Sie mit einer gekonnten Warenvorführung verfolgen.

- ____________________
- ____________________

3. Welche Informationen müssen einem Verkäufer beim Beratungsverkauf vorliegen, damit er geeignete Produkte vorlegen kann?

____

____

____

4. In welcher Preislage legen Sie die Produkte vor? Begründen Sie. ______________________

____

____

____

5. Wie viele Artikel zeigen Sie? Erläutern Sie. ______________________

____

____

6. Welche Vorteile bringt eine gekonnte Warenvorführung dem

Kunden?	Verkäufer?	Geschäft?

Wissen trainieren

7. Ein Kunde interessiert sich für diese sportliche Sport- und Freizeitjacke. Der Verkäufer kann im Beratungsgespräch viel zeigen und viel dazu sagen.

a) **Welche Texte enthalten Produktinformationen und sind überwiegend warenbezogen, welche sprechen von Vorteilen für Kunden und sind überwiegend kundenbezogen? (Jeweils mit anderer Farbe markieren.)**
b) **Zeigen Sie dem Kunden drei verschiedene, jahreszeitlich bedingte Einsatzmöglichkeiten (wörtliche Rede).**
c) **Welche weiteren wichtigen Vorzüge könnten besonders gezeigt und erläutert werden? Verwenden Sie dabei positive Aussagen.**

Wissen anwenden

8. Kleines Projekt: Wählen Sie ein Produkt Ihres Geschäfts aus, das sich für eine Warenvorführung gut eignet und viele interessante Details bietet.

a) Erstellen Sie hierzu eine Warenvorführung (siehe Lernfeld 2, Kapitel 2.3).

b) Führen Sie dieses Produkt Ihrer Klasse vor.

10 Verkaufsargumente: Entscheidungshilfen für den Kunden

Wissen erarbeiten

große Höhe macht aufrechtes Stehen und Ausziehen im Stehen möglich

vie Platz für mehrere Personen und für viel Gepäck

wasserdichtes Überdach aus Polyester

versiegelte Nähte; dadurch verstärkt und wasserdicht

Überdach mit vorbezogenem Vorbau; ermöglicht zusätzlichen Platz für Gepäck und Kochen

zwei große Fenster mit Moskitonetz-Einsätzen und Sturmbespannungen bringen Sicherheit

wasserdichter Nylon-Boden, seitlich hochgezogen; Oberflächenwasser kann nicht eindringen

Innenzelt aus Rip-Stopp- Polyamid; sorgt für gute Innenbelüftung

günstiger Preis

Lieferumfang: 1 Außenzelt, 1 Innenzelt, Gestänge, Spannleinen, Packsack, Alu-Nägel

1. a) **Aus welchen verschiedenen Bereichen lassen sich Verkaufsargumente ableiten? Ergänzen Sie die Tabelle und fügen Sie ein Beispiel aus der obigen Abbildung ein.**

b) Erklären Sie die genannten Begriffe:

- Argumente: ______
- Argumentationstechnik: ______
- warenbezogene Verkaufsargumente: ______

  ______ = Produktinformation
- kundenbezogene Verkaufsargumente: ______

c) Suchen Sie im Text drei weitere Beispiele für

warenbezogene Verkaufsargumente = Produktinformationen	kundenbezogene Verkaufsargumente = Vorteil/Nutzen für den Kunden
große Zelthöhe	aufrechtes Stehen/Ausziehen im Stehen möglich

d) Warum wenden erfolgreiche Verkäufer im Beratungsverkauf verstärkt kundenbezogene Verkaufsargumente an?

______

2. Formulieren Sie zu einem Luxusprodukt Ihres Geschäfts jeweils ein waren- und kundenbezogenes Verkaufsargument.

Produkt: ______

- warenbezogenes Verkaufsargument: ______
- kundenbezogenes Verkaufsargument: ______
- umweltbezogenes Verkaufsargument: ______

3. Die Argumentationstechnik verbindet drei wichtige Merkmale/Schritte zu einem Ganzen.

a) Tragen Sie die Merkmale ein.

	+		+	

b) Führen Sie am Beispiel eines Handys die Argumentation durch; beachten Sie die einzelnen Schritte.

(1) ……………………

(2) ……………………

(3) ……………………

c) Sie bauen planvoll Ihre Argumentation auf. Wie können Sie feststellen, ob Sie den Kunden überzeugen können?

……………………

4. Dieser Prospektauszug enthält warenbezogene und kundenbezogene Argumente:

(4) ***Warum gerade dieser Rand?***
Damit nicht gekleckert wird beim Speisenumfüllen und Ausgießen

(3) ***Warum so große Griffe?***
Damit man den Topf immer fest, sicher und bequem im Griff hat – beim Tragen, Rühren, Speisenumfüllen, Spülen und Wegräumen

(1) ***Warum der flache Deckel?***
Der Steckdeckel ist zum einen für großes Fassungsvermögen, zum anderen für wasserarmes Garen

(2) ***Warum der dicke Boden?***
Damit nichts anbrennt, wasser- und fettarm gegart werden kann und Energie gespart wird

Nehmen Sie ihn in die Hand und prüfen Sie alles ganz genau.

a) **Welche Bedeutung haben die Fragen, die mit „warum" beginnen?**

____

____

b) **Wandeln Sie vier Fragen in Vorteilsformulierungen um, wenden Sie dabei den Sie-Stil an?**

(1) ____

____

(2) ____

____

(3) ____

____

(4) ____

____

5. **Auf welche Weise gelingt es Ihnen, Kundenprobleme im Verkauf zu lösen?**

____

____

____

Wissen trainieren

6. a) **In welcher Situation wünschen Kunden eine individuelle Beratung?**
   b) **Bei welcher Art von Waren wird verstärkt Beratung verlangt?**
   c) **Unterscheiden Sie: Argumente/Argumentation.**

7. **Welche der Verkaufsargumente sind waren-, kunden-bzw. umweltbezogen?**
   In der Drogerieabteilung:
   - *„Diese Sonnenbrille wirkt bei Ihnen ausgesprochen schick."*
   - *„Die Gläser sind aus Acryl."*
   - *„Eine solche Spiegelbrille ist stets ein interessanter Blickfang."*
   - *„Perfekten Schutz bieten Ihnen diese sonnenausgleichenden, sich schnell dem Licht anpassenden Gläser."*

8. **Eine Kundin interessiert sich für ein gutes gebrauchtes Auto.**
   Der Verkäufer zeigt ihr mehrere infrage kommende Pkw.
   „Dieser Wagen hier hat 70 000 km, kommt aus erster Hand und ist erst drei Jahre alt. Wir bieten Ihnen für drei Jahre volle Garantie auf Motor und Karosserie. Bitte überzeugen Sie sich selbst durch eine Probefahrt von dem angenehmen Fahrverhalten und dass alles in Ordnung ist. Über günstige Finanzierungsmöglichkeiten für Sie können wir uns nach der Probefahrt unterhalten."
   a) **Welche warenbezogenen Verkaufsargumente wurden genannt?**
   b) ***„Wir bieten Ihnen für drei Jahre volle Garantie für Motor und Karosserie."***
   Was soll durch dieses kundenbezogene Verkaufsargument erreicht werden?
   c) **Worin zeigt sich, dass der Verkäufer die Argumentationstechnik beherrscht?**

9. Formulieren Sie kundenbezogene Verkaufsargumente entsprechend Beispiel a).

a) Diese Sonnenschutzcreme besitzt Lichtschutzfaktor 50. *„Diese Sonnenschutzcreme schützt Sie auch bei intensiver Sonnenstrahlung durch den stärksten Lichtschutzfaktor."*

b) Diese Kühltruhe ist doppelt mit Hartschaum isoliert.

c) Der Herd besitzt eine Automatik-Kochplatte.

d) Der elektrische Haartrockner hat in der ersten Stufe 500, in der zweiten Stufe 1 000 Watt.

e) Die äußere Seite dieses Schlafsacks besteht aus imprägniertem Nylon, die Innenseite aus Baumwolle.

f) Die Hautcreme enthält wertvolle biologische Öle und Kräuterextrakte.

10. a) Auf welche Weise können Sie den Nutzen (Vorteil) zeigen und den Kunden so aktivieren, dass er überzeugt ist?

- Der Schwingschleifer läuft ruhig, ohne Staub aufzuwirbeln.
- Videotext im Fernsehen bringt viele Informationen.

b) Überlegen Sie, wie Sie bei häufig verkauften Artikeln Ihres Sortiments in ähnlicher Weise vorgehen können.

c) Wie stellen Sie fest, ob sich der Kunde bereits von den Vorteilen des Produkts überzeugt hat?

11. a) Welche Aussagen eines Verkäufers enthalten Behauptungen, welche Begründungen?

- *„Hemden des Herstellers A sind gut."*
- *„Diese Schuhe sind besonders modisch, weil sie vom italienischen Hersteller X stammen, der sich auf modische Schuhe spezialisiert hat."*
- *„Unser Baumarkt bietet einen umfangreichen Service."*
- *„Mit diesem Auto können Sie sparsam fahren."*

b) Formulieren Sie zu den Aussagen, die Behauptungen enthalten, entsprechende Begründungen.

Wissen anwenden

12. Formulieren Sie aus den Produkteigenschaften des Schnurlostelefons Vorteile und kundenbezogene Verkaufsargumente (in Vorteils- und Sie-Form).

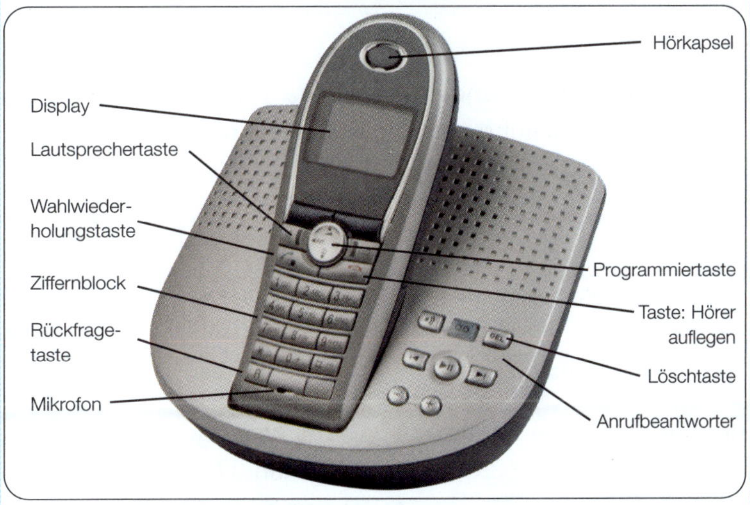

Wissen anwenden

Produkteigenschaften	Vorteil	Kundenbezogenes Verkaufsargument (in Vorteils- und Sie-Formulierung)
Schnurloses Telefon		
Aussehen		
LCD-Display		
Paging-Funktion		
10 Kurzwahlziele		
Wahlwiederholungstaste		

13. Rollenspiel: Ein junger Mann betrachtet sehr interessiert und neugierig in der Elektroabteilung, die in Vorwahl geführt wird, aufgestellte Radiowecker.

Rolle Verkäuferin:
- Sie fragen, ob der Kunde einen Radiowecker besitzt und verschiedene kennenlernen möchte.
- Sie beraten den Kunden, aktivieren ihn, zeigen die Ware und führen diese vor.

Rolle Kunde:
- Sie sagen, dass Sie sich für Radiowecker interessieren.
- Sie lassen sich welche zeigen und wollen Vorteile und Bedienung kennenlernen.

Beobachtungsmerkmale:
- Welche warenbezogenen Verkaufsargumente/Produktinformationen werden genannt?
- Werden Nutzenerwartungen des Kunden angesprochen?
- Wird das Produkt anschaulich vorgeführt?
- Konnte der Kunde überzeugt werden?

11 Preisgespräche überzeugend führen

Wissen erarbeiten

1. Welche grundsätzlichen Überlegungen stellen Kunden an, um zu einer Preiseinschätzung, z. B. teuer/angemessen/preisgünstig, zu kommen?

2. a) Das abgebildete Sandwich will auf die „Sandwich-Methode" hinweisen. Erläutern Sie diese.

b) Geben Sie hierzu ein Beispiel.

c) Was beachten Sie bei der Preisnennung.

3. Wir können Kunden unangenehme Preisschocks ersparen. Hier vier wichtige Methoden:

Vergleichs-, Verharmlosungs-, Zerlegungsmethode und die optische Verkleinerung

a) Ermitteln Sie anhand der Verkaufsäußerungen die entsprechende Methode und tragen Sie diese ein.

(1) *„Dieser hervorragende Elektrorasierer hat eine durchschnittliche Lebensdauer von 10 Jahren, die Rasur kostet täglich nicht einmal 3 Cent."*

(2) *„Das Grundmodell dieses Pkw kostet 18 899,00 EUR, bei Komfortausstattung kommen noch 1 120,00 EUR hinzu, das Radio kostet 750,00 EUR, der Mehrpreis für den stärkeren Motor ist 590,00 EUR …"*

(3) *„Wenn Ihnen dieses preiswertere Farbfernsehgerät doch besser zusagt, dann sparen Sie 100,00 EUR gegenüber diesem teureren."*

(4) *„Diese eleganten Schuhe kosten nur 10,00 EUR mehr als dieses Paar hier."*

b) Übertragen Sie obige Beispiele auf Produkte Ihres Sortiments (wörtliche Rede).

(1)

(2)

(3)

(4)

Wissen trainieren

4. a) Wie entsteht bei Kunden die Vorstellung, dass ein Produkt teuer bzw. preiswert ist?
b) Welche geeigneteren Adjektive verwenden Sie statt „teuer" und „billig"?

5. a) Warum ist es nicht sinnvoll, zu Beginn des Verkaufsgesprächs den Preis zu nennen?
b) Angenommen, ein Kunde fragt sofort nach preisgünstigen Produkten. Wann würden Sie den Preis nennen?
c) Warum ist es vorteilhaft, den Preis am Schluss der Argumentation zu nennen?

6. Ein Kunde sucht einen Rasenmäher.
Verkäufer: *„Möchten Sie einen Rasenmäher zu 100,00 EUR, zu 150,00 EUR oder zu 200,00 EUR?"*
a) Wie beurteilen Sie diese Frage?
b) Wie wären Sie vorgegangen?

7. *„Das ist aber teuer!"* Wie wirkt diese Äußerung eines Verkäufers auf den Kunden?

8. Viele Kunden können sich einen Artikel zu einem bestimmten Preis nicht leisten. Beurteilen Sie die Verhaltensweisen eines Verkäufers:
a) Mit den Schultern zucken und sagen: *„Gute Ware hat ihren Preis."*
b) *„Ich kann Ihnen natürlich auch was Billigeres zeigen, was Ihnen aber dann bestimmt nicht gefällt."*

c) Den Wert des Produkts verdeutlichen durch entsprechende Warenvorführung und Verkaufsargumente
d) Preiswerte Ware, die genauso ihren Zweck erfüllt, mit entsprechenden Argumenten vorführen

9. ***„Was wollen Sie etwa ausgeben?", „Was darf es etwa kosten?", „An welche Preislage denken Sie?"***
Welche Nachteile ergeben sich durch solche Fragen (Ausnahme: Geschenkkauf)?

10. Kunde: *„Warum kostet dieser DVD-Player so viel?"*
Verkäufer: *„Das ist ja auch die beste Qualität!"*
Begründen Sie den Preisunterschied mit entsprechenden Argumenten.

Wissen anwenden

11. a) Welche Möglichkeiten gibt es, preisbewussten Kunden günstige Angebote zu unterbreiten?
b) Wie erklären Sie sich, dass eine Kundin z. B. für einen exklusiven Pelzmantel Tausende von Euro ausgibt und den Preis einfach hinnimmt, beim Kauf von Grundnahrungsmitteln aber nach den preiswerten Angeboten Ausschau hält? – Welche Erwartungen von Kunden in Bezug auf den Preis lassen sich häufiger bei langlebigen Gebrauchsgütern beobachten?
c) Ein Kunde sagt: *„Ich lege Wert auf gute Qualität."* Wie stellen Sie sich im Preisgespräch darauf ein?

12. Trainieren Sie im **Rollenspiel** Preisgespräche mit der Sandwich- und der Vergleichsmethode bei Produkten Ihres Sortiments.

12 Kundendienst – Serviceleistungen

Wissen erarbeiten

Kundenbindung durch Kundendienst – der Service ist eine Wachstumsreserve

Der Service muss als ertragsstarkes Standbein eines Händlerbetriebes verstanden werden, als „Profit-Center Kundendienst". Untersuchungen quer durch die Branchen haben ergeben, dass die Kunden für guten Service einen angemessenen Preis zu zahlen bereit sind.

„Unsere Kollegen verkaufen Träume – wir ernten die Alpträume", lautet eine häufig gestöhnte Klage von Servicemitarbeitern. Sie aber sind es, die sich mit technischen Defekten und enttäuschten Kunden herumschlagen müssen. Sie sind es, die mit Einfühlung und Geschick dem Kunden und seinem defekten Gerät begegnen müssen. Gute Kenntnisse des Gewährleistungsrechts und der eigenen Reparaturbedingungen und vor allem die lebendige Bereitschaft, jeden Kunden und jede Kundin individuell zufriedenzustellen, sind die beruflichen Voraussetzungen von Mitarbeitern im After-Sales-Sektor. Behauptung im Markt und Wachstum sind vor allem über den Service zu erzielen. Die Produkte unterscheiden sich hinsichtlich der Qualität und Preise kaum. Deshalb wird die Kompetenz der Firma im Service und in der Betreuung des Kunden immer mehr zum Unterscheidungsmerkmal bei der Kaufentscheidung. Im Service stecken die Reserven für Wachstum und Ergebnisverbesserung. Wer heute in den eigenen Service investiert, Mitarbeiter im Kommunikationsverhalten fortbildet, sinnvolle EDV-Anwendungen installiert, Kundenfreundlichkeit zum Prinzip erhebt und ein seriöses Service-Marketing betreibt, könnte morgen schon die Nase vorn haben. Der Kundendienst sollte die Visitenkarten der Firma sein.

1. a) Welche Vorteile haben Serviceleistungen für den Kunden?

b) Warum werden Serviceleistungen für die Einzelhandelsgeschäfte immer wichtiger?

c) Welche Anforderungen werden an die Mitarbeiter im Servicebereich gestellt?

2. Die Unternehmen des Einzelhandels bieten je nach Betriebsform mehr oder weniger Serviceleistungen an. Ordnen Sie die Betriebsformen dem Serviceangebot zu:

Discountgeschäft, Fachgeschäft, Warenhaus, Supermarkt, Fachmarkt, Kaufhaus, Spezialgeschäft

Serviceangebot	Betriebsform
hoch	
mittel	
niedrig	

Wissen trainieren

3. Ermitteln Sie, welche Serviceleistungen in Ihrem Geschäft angeboten werden:
a) allgemein b) in Verbindung mit dem Kauf eines Produkts c) bei der Bezahlung

4. Welche Möglichkeiten kennen Sie, Kunden auf Ihre Serviceleistungen aufmerksam zu machen?

5. Welche Vorteile bringen Serviceleistungen
a) dem Kunden, b) dem Geschäft?

6. a) **Welche Angaben benötigen Sie, um eine gekaufte Ware mit dem firmeneigenen Lkw zustellen zu können?**
   b) **Beschreiben Sie, wie die Zustellung gekaufter Ware durch firmeneigene Fahrzeuge in Ihrem Geschäft abläuft.**

7. **Eine Kundin bittet Sie, einen gekauften Artikel als Geschenk zu verpacken. Worauf achten Sie?**

8. **Welche Hilfen können Sie anbieten, wenn jemand ein Produkt verlangt, das im Augenblick nicht vorrätig ist?**

9. **Ein Kunde kann sich im Geschäft noch nicht zum Kauf entschließen.**
   a) **Mit welchen Worten können Sie dem Kunden eine Auswahl anbieten?**
   b) **Warum ist es sinnvoll, die Auswahlsendung auf wenige Stücke, einen kurzen Zeitraum und auf persönlich bekannte Kunden zu begrenzen?**
   c) **Wie verhalten Sie sich, wenn der Kunde nach erfolgter Auswahl beschädigte Ware zurückgibt?**

10. **Worin unterscheidet sich die Garantie von der Kulanz?**

11. **Eine Kundin bringt eine defekte Küchenmaschine zur Reparatur.**
   a) **Wie reagieren Sie auf den Wunsch der Kundin?**
   b) **Wie können Sie feststellen, ob ein Anspruch auf Garantie besteht?**
   c) **Was sagen Sie der Kundin, wenn die Garantiezeit abgelaufen ist?**
   d) **Was unternehmen Sie, wenn die Ware nach der Reparatur vom Kunden nicht mehr abgeholt wird?**

Wissen anwenden

12. Untersuchen Sie, welche Serviceleistungen angeboten werden beim Kauf

in	von
◆ Lebensmitteldiscountern/Supermärkten	◆ langlebigen Gebrauchsgütern
◆ Warenhäusern/Kaufhäusern	◆ kurzlebigen Gebrauchsgütern
◆ Fachgeschäften/Spezialgeschäften	◆ Verbrauchsgütern

13. Fragen Sie Kunden, welche Serviceleistungen sie in den jeweiligen Einzelhandelsgeschäften bzw. beim Kauf der genannten Güter erwarten.

14. Werten Sie Ihre Erfahrungen aus und erarbeiten Sie Servicekonzepte für Ihr Geschäft, mit denen die Kundenerwartungen noch besser erfüllt werden können.

13 Kundeneinwände: lästige Kaufwiderstände oder nützliche Wegweiser?

Wissen erarbeiten

1. Wogegen richten sich die Einwände?

(1) *„Können Sie als junger Mensch mich überhaupt richtig beraten?"*

(2) *„Made in Hongkong, aber bitte nicht bei Fernsehern!"*

(3) *„Ihre Parkplätze sind immer, wenn ich komme, belegt!"*

(4) *„Was, so teuer?! Die Konkurrenz verkauft den gleichen Artikel viel billiger!"*

2. a) Bezeichnen Sie die symbolhaft dargestellten Einwandmethoden.
b) Geben Sie jeweils eine Kurzbeschreibung zu jeder Methode.

	a) b)
	a) b)
	a) b)
	a) b)

3. Sie können die Kaufstimmung Ihres Kunden trotz Einwänden negativ oder positiv beeinflussen. Geben Sie Beispiele:

negativ	positiv

4. In der Uhrenabteilung eines Warenhauses:

Verkäufer: *„Dieser Funkwecker hat eine Analog- und eine Digitalanzeige. Sommer- und Winterzeit werden automatisch umgestellt; er kostet 29,00 EUR."*
Kunde: *„Eigentlich wollte ich so viel Geld nicht ausgeben."*
Verkäufer: *„Ich bitte Sie, 29,00 EUR ist doch ein kleiner Betrag!"*

a) Wogegen richtet sich der Einwand? ______________________

b) Wie beurteilen Sie die Behandlung des Einwands?

____

____

c) *„Eigentlich wollte ich so viel Geld nicht ausgeben."* Sollte der Verkäufer anschließend nur günstigere Waren anbieten (Begründung)?

____

____

Wissen trainieren

5. a) Warum fürchten sich unerfahrene Verkäufer vor Kundeneinwänden?
b) Nennen Sie häufige Gründe für Kundeneinwände, die in Ihrem Geschäft vorkommen.

6. a) Weshalb sollte man auf Einwände nicht verärgert reagieren?
b) Welche allgemeinen Verhaltensweisen können bei Kundeneinwänden den Verlauf von Verkaufsgesprächen positiv beeinflussen?

7. Wogegen richten sich die Einwände?
a) *„Diese Halskette ist aber sehr teuer!"*
b) *„Vor Ihrem Geschäft kann man ja nicht einmal parken!"*
c) *„Die Farbe Schwarz kommt nicht in frage!"*
d) *„Ihr Kollege kann besser beraten!"*

8. Geben Sie jeweils drei Beispiele für Kundenäußerungen aus Ihrem Geschäft, die auf folgende Arten von Einwänden schließen lassen: Einwände gegen
a) den Preis, **b) das Produkt,**
c) das Geschäft, **d) die Argumentation.**

9. Welche Methode liegt bei der Beantwortung der Einwände vor?

- Kunde: *„Der Jogginganzug hier hat ja ein kleines Loch!"*
  Verkäufer: *„Deshalb haben wir den Artikel reduziert. Der Fehler lässt sich mit Nadel und Faden leicht beheben!"*
- Kunde: *„Dieses Briefpapier in Weiß gefällt mir nicht!"*
  Verkäufer: *„Welche Farbe bevorzugen Sie?"*
- Kunde: *„Die Batterie ist aber teuer!"*
  Verkäufer: *„Im Unterschied zu den preiswerten ist diese besonders leistungsstark und ermöglicht eine lange Betriebszeit!"*
- Kunde: *„So viel wollte ich für die Schuhe nicht ausgeben!"*
  Verkäufer: *„Ich stimme Ihnen zu, dass dies ein stolzer Preis ist. Bitte beachten Sie, dass der ganze Schuh aus echtem Leder besteht!"*

10. Sie stellen fest, dass eine Kundin noch nicht klar erkennbare Einwände hat. Formulieren Sie zu jeder Situation eine Frage, welche den Einwand deutlich macht.

- *„Die Bluse gefällt mir noch nicht so recht!"*
- *„Ich weiß nicht, ob diese Wurstsorte bei meinen Gästen ankommt!"*
- *„Schwierig, das richtige Gerät für meine Zwecke zu finden!"*

11. *„Der Ordner ist ja aus Kunststoff, einer in Pappe würde mir genügen!"* Beantworten Sie diesen Einwand mit der
a) Ja-aber-Methode, **b) Vergleichsmethode.**

Wissen anwenden

12. Rollenspiel: Sie haben einem Kunden in einem ausführlichen Beratungsgespräch Produkte Ihres Sortiments gezeigt. Trotz gut gewählter Argumente ist der Kunde plötzlich über den hohen Preis sehr erstaunt.

Rolle Verkäuferin:
- Sie finden heraus, ob der Kunde nicht so viel Geld ausgeben kann oder will und preiswertere Ware angeboten werden soll.
- Sie zeigen, dass die teureren Produkte wesentlich mehr Vorteile bieten als die preiswerteren, und wenden Einwandtechniken an.

Rolle Kunde:
- Sie äußern Ihre Bedenken hinsichtlich des hohen Preises.
- Sie interessieren sich trotzdem für die teure Ware, wenn Argumente für diese sprechen.
- Gegenüber ähnlichen, preisgünstigeren Artikeln sind Sie aufgeschlossen.

Beobachtungsmerkmale:
- Hat die Verkäuferin den Grund für den Einwand richtig erkannt?
- Verbesserte die Verkäuferin die Kaufstimmung des Kunden oder verschlechterte sie diese?
- Mit welcher Methode wurde der Einwand entkräftet? Hatte die Verkäuferin dabei Erfolg?

14 Bei Kaufbereitschaft auf den Abschluss hinwirken

Wissen erarbeiten

1. Nachdem Sie Ihren Kunden ausführlich im Beratungsverkauf die infrage kommenden Artikel vorgeführt haben, signalisiert er Ihnen zwar kein eindeutiges „Das nehme ich". Aber seine sprachlichen und körperlichen Botschaften deuten auf Kaufbereitschaft. Ergänzen Sie die Tabelle mit jeweils fünf Beispielen.

Beispiele sprachlicher Kaufbereitschaft	Beispiele körpersprachlicher Kaufbereitschaft
◆ ______	◆ ______
◆ ______	◆ ______
◆ ______	◆ ______
◆ ______	◆ ______
◆ ______	◆ ______

2. Ermitteln Sie aus den Verkaufssituationen die entsprechende Abschlusstechnik:

a) *„Bevorzugen Sie umweltgerechtes Papier oder herkömmliches?"* ______

b) *„Dann besitzt dieser Laptop doch alle gewünschten Eigenschaften, die Sie erwarten?"* ______

c) *„Ich empfehle Ihnen diese Waschmaschine; Sie sparen Strom, Wasser und Waschmittel!"* ______

3. a) Welche Techniken können Sie anwenden, um bei Kaufbereitschaft zum Abschluss zu kommen? Nennen und erläutern Sie diese.

Abschlusstechniken	Erläuterung
______	______
	______
	______
______	______
	______
	______
______	______
	______
	______
______	______
	______
	______

b) **Bilden Sie zu einer Abschlusstechnik ein Beispiel.**

4. a) **Welches Ziel sollen „Abschlussverstärker" erreichen?**

   b) **Bilden Sie ein Beispiel für einen Abschlussverstärker für einen**
   (1) dekorativ gestylten Radiowecker,

   (2) beratungsintensiven Artikel Ihres Geschäfts.

Wissen trainieren

5. **Ermitteln Sie die jeweilige Abschlusstechnik anhand der Äußerungen eines Verkäufers:**
   a) ***„Ich empfehle Ihnen diese elektrische Zahnbürste, weil sie ..."***
   b) ***„Wollen Sie lieber diese Kosmetika aus natürlichen Rohstoffen oder aus synthetischen Produkten?"***
   c) ***„Sie sagten, dass Sie Wert auf reine Baumwolle, pflegeleichte Ausrüstung, eleganten Schnitt legen. Diese Bluse hat alle gewünschten Vorzüge."***

6. **Was versteht man unter Abschlusstechniken und Kaufsignalen? Geben Sie jeweils drei Beispiele.**

7. **Warum sollte man Kunden nie überrumpeln oder „überfahren"?**

8. **Was können Sie tun, um die getroffene Kaufentscheidung abzusichern und plötzlichen Zweifeln nach der Kaufentscheidung vorzubeugen?**

9. a) **Was will eine gekonnte Verabschiedung des Kunden durch den Verkäufer erreichen?**
   b) **Geben Sie Beispiele, die zeigen, dass nach der getroffenen Kaufentscheidung der Kontakt zum Kunden nicht abzubrechen braucht, wenn er sich noch in unserem Haus aufhält.**

15 Alternativangebote richtig unterbreiten

Wissen erarbeiten

Der Kunde wünscht: → **Wir bieten als Alternative an:**

Laufschuh – klassisch | **Laufschuh – modern**

1. **Nennen Sie Artikel aus Ihrem Sortiment, die sich besonders gut durch andere ersetzen lassen.**

Artikel	Alternativen
◆ ______	◆ ______
◆ ______	◆ ______
◆ ______	◆ ______

2. **Unter einem Alternativangebot versteht man,**

	richtig	falsch
a) den Kunden Artikel anzubieten, die aus natürlichen Rohstoffen bestehen.	○	○
b) die Kunden zwischen mehreren Artikeln wählen zu lassen.	○	○
c) den Kunden ähnliche, gleichwertige Ware anzubieten, wenn die verlangte nicht vorrätig ist.	○	○
d) den Kunden Artikel vorzulegen, die einander ergänzen.	○	○
e) den Kunden etwas völlig anderes vorzulegen, als diese verlangen.	○	○
f) den Kunden teure Ware zu empfehlen.	○	○
g) statt eines Kleides Rock und Bluse anzubieten.	○	○

3. **Eine Kundin verlangt einen bestimmten Artikel. Welche Wirkung geht von den Verkäuferaussagen aus?**
   a) ***„Wir führen leider nur Artikel der Firma Z."***

   b) ***„Da werden wir uns aber schwertun."***

   c) ***„Ich kann Ihnen zwar etwas Ähnliches anbieten, das kostet aber 380,00 EUR."***

   d) ***„Dieser Artikel wird heute kaum mehr verlangt. Wir haben ihn daher aus dem Sortiment genommen. Vielleicht versuchen Sie's mal mit diesem?"***

4. **Formulieren Sie Aussagen, die geeignet sind, den Kunden für Ihr Alternativangebot zu interessieren.**
   Kunde: *„Führen Sie keine Bohrmaschine von X?"*
   Verkäufer:

   Kunde: *„Diese Kamera ist mir zu teuer."*
   Verkäufer:

   Kunde: *„Ich hätte gerne einen roten Pullover, Größe 38."*
   Verkäufer:

Wissen trainieren

5. **Warum unterbreiten wir dem Kunden Alternativangebote, wenn wir das gewünschte Produkt nicht führen?**

6. **Welche Voraussetzungen muss ein Produkt erfüllen, damit es vom Kunden als echte Alternative empfunden wird?**

7. Kunde: *„Führen Sie Energiespar-Kühlschränke von L?"*
   Verkäufer: *„Leider nein, wir haben nur Kühlschränke von B."*

   Welche Wirkung geht von einer solchen Formulierung aus?

8. **Beurteilen Sie die Aussagen:**
   a) ***„Ja, das haben wir. Es kostet aber 480,00 EUR!"***
   b) ***„Röcke in Ihrer Größe führen wir nicht!"***
   c) ***„Leider nein, möchten Sie vielleicht etwas anderes?"***

9. **Warum ist es besser, dem Kunden Alternativangebote zu zeigen, als ihm lange zu erläutern, welche Artikel statt des verlangten infrage kommen?**

10. **Eine Kundin sieht sich in einem Elektrofachgeschäft bei den Waschmaschinen um. Ein Verkäufer kommt hinzu.**
    Verkäufer: *„Guten Tag. Wie kann ich Ihnen helfen?"*
    Kundin: *„Ich suche eine Waschmaschine von PRIMA."*
    Verkäufer: *„Tut mir leid, diese Marke führen wir nicht."*
    Kundin: *„Schade, da muss ich mich eben woanders umsehen. Auf Wiedersehen."*

    Wie wären Sie als Verkäufer in dieser Situation vorgegangen?

Wissen anwenden

11. **Rollenspiel:** Eine Kundin verlangt einen Artikel, den Sie in der gewünschten Ausführung gerade nicht vorrätig haben.

Rolle Verkäuferin:
Sie bieten der Kundin einen ähnlichen, gleichwertigen Artikel an und versuchen, sie von Ihrem Alternativangebot zu überzeugen.

Rolle Kundin:
Sie benötigen einen Artikel der gewünschten Art, können aber nicht auf eine Sonderbestellung warten. Sie sind ausgesprochen wählerisch und preissensibel.

Beobachtungsmerkmale:
- Waren die Alternativangebote passend?
- Mit welchen Aussagen wurde die Kundin vom Alternativangebot überzeugt?
- Wurden Preisabweichungen ausreichend begründet?

16 Zusatzangebote nicht vergessen

Wissen erarbeiten

1. **Zusatzangebote passen zu einem Hauptartikel, machen diesen einsatzbereit, werten ihn auf oder erhalten seine Einsatz- und Verwendungsmöglichkeiten. Finden Sie Beispiele für notwendige und zusätzliche Zusatzartikel.**

Notwendige Zusatzartikel empfehlen wir immer, z. B.	Nützliche Zusatzartikel erhöhen den Gebrauchs- oder Geltungsnutzen, z. B.
◆	◆
◆	◆
◆	◆
◆	◆

2. **Zusatzangebote werden angenommen, wenn wir sie richtig planen. Ergänzen Sie die Tabelle.**

Wann ist der richtige Zeitpunkt?	
Wie überzeugen wir die Kunden wirkungsvoll?	
Welche Formulierungen sind die besten?	
Welche Fehler sollten wir vermeiden?	

3. **Zusatzangebote unterbreiten heißt**

	richtig	falsch
a) zusätzlich Waren anbieten, die der Kunde nicht braucht.	○	○
b) eine größere Menge anbieten, als der Kunde verlangt.	○	○
c) Waren höherer Preislage vorlegen.	○	○
d) Artikel anbieten, die der Kunde miteinander braucht.	○	○
e) zum Anzug Hemd, Krawatte, Manschettenknöpfe und Socken vorlegen.	○	○

f) den Kunden auf aktuelle Ware, Sonderangebote, Neuheiten aufmerksam machen.	○	○
g) besonders preisgünstige Waren vorlegen.	○	○
h) den Kunden auf Ladenhüter hinweisen.	○	○

4. Welche Aussagen halten Sie für geeignet, um den Kunden vom Nutzen eines Zusatzangebots zu überzeugen? Wie hätten Sie formuliert?

a) im Fotofachgeschäft:
Der Kunde hat sich für eine Kamera entschieden.
Verkäufer: *„Die Bereitschaftstasche wird viel gekauft."*

b) im Schuhfachgeschäft:
Eine Kundin kauft sich sportliche Pumps.
Verkäufer: *„Haben Sie die passende Schuhcreme?"*

c) im Lebensmittelmarkt:
Ein Kunde kauft mehrere Flaschen Wein.
Verkäufer: *„Salzgebäck ist heute im Angebot."*

d) im Schreibwarengeschäft:
Eine Kundin kauft als Geschenk einen Patronen-Füllhalter.
Verkäufer: *„Sie brauchen auch noch Patronen. Außerdem würde ein Etui ganz gut passen."*

Wissen trainieren

5. Beschreiben Sie, welche Vorteile wohlüberlegte und richtig unterbreitete Zusatzangebote dem Kunden, dem Geschäft und dem Verkäufer bringen.

6. Welche Voraussetzungen müssen Artikel erfüllen, damit sie als Zubehör bezeichnet werden können?

7. Wie machen Sie Kunden auf Zusatzartikel aufmerksam?

8. Warum sind Fragen wie *„Sonst noch was?"* oder *„Ist das alles?"* wenig geeignet, Zusatzverkäufe anzubahnen?

Wissen trainieren

9. Ein Kunde kauft eine Kamera. Zeigen Sie, wie Sie ihn auf
a) notwendiges Zubehör, b) nützliches Zubehör
aufmerksam machen können.

10. Beurteilen Sie die Aussage: *„Ich mache keine Zusatzangebote. Damit verärgere ich nur die Kundschaft! Außerdem finde ich Zusatzangebote aufdringlich!"*

11. Wie kann man vermeiden, dass Kunden Zusatzangebote aufdringlich finden?

12. Was halten Sie von der Aussage *„Auf Zusatzartikel braucht man nicht hinzuweisen, die Kunden verlangen sie ohnehin"*?

13. In einem Sportfachgeschäft mit Vorwahl geht eine Kundin auf die Verkäuferin zu.

Verkäuferin: *„Guten Tag. Was kann ich für Sie tun?"*
Kundin: *„Ich suche einen schicken Jogginganzug, Größe 40."*
Verkäuferin: *„Wir führen eine reiche Auswahl an modischen und gleichzeitig funktionellen Jogginganzügen. Bestimmt ist ein geeigneter für Sie dabei."*

Die Verkäuferin zeigt der Kundin drei verschiedene Modelle. Nachdem die Kundin diese anprobiert hat, entscheidet sie sich für einen weiß-blau gestreiften Jogginganzug.

a) Welche Zusatzartikel könnte die Verkäuferin anbieten?
b) Zeigen Sie an einem Beispiel in wörtlicher Rede, wie Sie der Kundin die Zusatzangebote schmackhaft machen können.
c) Begründen Sie, warum ein zu spät, aber auch ein zu früh unterbreitetes Zusatzangebot problematisch ist.
d) Wann wäre im oben genannten Beispiel der richtige Zeitpunkt für ein Zusatzangebot? Begründen Sie Ihre Meinung.

Wissen anwenden

14. Rollenspiel: Ein Kunde hat sich zum Kauf eines Artikels entschlossen, zu dem es zahlreiches notwendiges und nützliches Zubehör gibt.

Rolle Verkäuferin:
Versuchen Sie, den Kunden zum Kauf von Zusatzartikeln zu bewegen.

Rolle Kunde:
Sie sind aufgeschlossen gegenüber den Argumenten der Verkäuferin und erwarten eine umfassende Beratung, die Sie vom Nutzen der angebotenen Zusatzartikel überzeugt.

Beobachtungsmerkmale:
- Wie ist es der Verkäuferin gelungen, beim Kunden Interesse für Zusatzartikel zu wecken?
- War die Warenpräsentation anschaulich?
- Wie hat die Verkäuferin den Kunden aktiviert?
- Wie ist es der Verkäuferin gelungen, den Kunden zu überzeugen?

Lernfeld 3

Kunden im Servicebereich Kasse betreuen

1 Kundenservice an der Kasse

Wissen erarbeiten

1. Weshalb sind Kassiervorschriften notwendig und welche Grundsätze des Kassierens kennen Sie?

2. Ein Kunde legt seine Waren auf das Band. Beschreiben Sie Ihre Vorgehensweise beim Kassieren in der richtigen Reihenfolge.

3. Formulieren Sie drei Beispiele in wörtlicher Rede für Serviceleistungen, die Sie Ihren Kunden an der Kasse anbieten. Legen Sie das Sortiment Ihres Ausbildungsbetriebs zugrunde.

4. Der Kunde hat sich für eine Digitalkamera entschieden. Erstellen Sie in wörtlicher Rede drei Fragen, die Sie dem Kunden auf dem Weg zur Kasse stellen können.

5. **Worin liegen im Hinblick auf die Kundenbindung die Vorteile von Kundenkarten für das Geschäft und die Kunden?**

6. **Wodurch können Kassenfehlbestände auftreten?**

Wissen trainieren

7. **Erklären Sie die wichtigsten Bestandteile des Kassenbons und überprüfen Sie durch Berechnung die Höhe der Mehrwertsteuer.**

Schuhhaus Werdich
Lerchenbergstr. 15, 89160 Dornstadt
Tel.: 07348-9880 429
www.werdich.com, E-Mail: info@werdich.com

Bonnummer: 79
Datum/Uhrzeit: 03.08.20../14:50.55
Steuer-Nr: 9124/118/000028

Herrenschuhe			Verk. 2901
Art.: 139.901.00015 Gr 1			
1	x	55,00 EUR	55,00 EUR
Zahlbetrag:			55,00 EUR
Gegeben:			
		EC-Last	55,00 EUR

Im Betrag enthaltene Mehrwertsteuer

MwSt: 19% 8,78 EUR

Es bediente Sie Frau Polz. Herzlichen Dank für Ihren Einkauf.
Umtausch und Reklamation nur mit Bon.

Wissen anwenden

8. Projekt: Stellen Sie in einem Einkaufszentrum Ihrer Umgebung fest, welche Art des Kassierens vorliegt. Ziehen Sie Rückschlüsse auf die jeweilige Verkaufsform. Welche Tätigkeiten übernimmt jeweils das kassierende Personal? Beobachten Sie, wie die Kunden an der Kasse begrüßt bzw. verabschiedet werden.
Tragen Sie Ihre Ergebnisse vor der Klasse vor.

9. Rollenspiel: Führen Sie ein Rollenspiel mit den genannten Rollen durch:

Rolle Verkäufer:

- Sie haben gerade erfolgreich einem Kunden eine Ware verkauft. (Nehmen Sie eine vorhandene Ware aus dem Klassenzimmer, z. B. Handy, Rucksack, Füller.)
- Gehen Sie mit Ihrem Kunden zur Kasse.
- Versuchen Sie, auf diesem Weg einen Zusatzverkauf vorzunehmen.
- Gewinnen Sie persönliche Informationen über Ihren Kunden.
- Kassieren Sie den Betrag und verabschieden Sie den Kunden.

Rolle Kunde:

- Sie haben sich für eine Ware entschieden (Nehmen Sie eine vorhandene Ware aus dem Klassenzimmer, z. B. Handy, Rucksack, Füller.)
- Sie freuen sich über Ihre neue Errungenschaft und erwarten, dass Sie der Verkäufer auf dem Weg zur Kasse in Ihrem Kaufentschluss verstärkt.

Beobachtungsmerkmale:

- Wurde der Kunde in einem angemessenen Abstand zur Kasse begleitet?
- Auf welche Art und Weise hat der Verkäufer einen Zusatzverkauf vorgenommen?
- Ist es gelungen, persönliche Informationen über den Kunden in Erfahrung zu bringen?
- War die Verabschiedung namentlich?

2 Zahlungsmöglichkeiten der Kunden

Wissen erarbeiten

1. Unterscheiden Sie die Begriffe Zahlungsarten und Zahlungsmittel.

Zahlungsart	Erläuterung	Zahlungsmittel
______	______ ______ ______	Bargeld in Form von Banknoten oder Münzen
______	______ ______ ______	Bargeld und Zahlscheinformular Bargeld und Nachnahmeformular
Bargeldlose Zahlung	______ ______ ______	______ ______ ______

2. Beschreiben Sie einige Vorteile und Nachteile der Barzahlung.

Vorteile: ______

______

______

______

______

Nachteile: ______

______

______

______

______

______

3. **Beschreiben Sie die sechs Bestandteile einer Quittung.**

1	
2	
3	
4	
5	
6	

4. **Gisela Mansdorf, Inhaberin einer Modeboutique in 89073 Ulm, Kornhausplatz 15, kauft am 16. Juni 20.. bei der TRIAL GmbH, Franz-Sigel-Str. 188 in 69111 Heidelberg ein Rennrad Marke TRIAL Ventoux one, um damit ihr Schaufenster zu dekorieren. Stellen Sie für diesen Barverkauf die Quittung aus, wenn der Nettopreis insgesamt 500,00 EUR beträgt.**

Quittung

Netto EUR

\+ %MwSt./EUR

Nr.

Gesamt EUR

EUR in Worten | Cent wie oben

von

für

dankend erhalten.

Ort/Datum

Buchungsvermerke

Stempel/Unterschrift des Empfängers

Zweckform Quittung

5. Im Eingangsbereich Ihres Einzelhandelsgeschäfts finden Sie folgende Logos. Erläutern Sie deren Bedeutung und den Ablauf des Zahlungsvorgangs.

 Bezeichnung der Karte: ____________ ____________	Ablauf des Zahlungsvorgangs an der Kasse:
	Ablauf des Zahlungsvorgangs an der Kasse:
 Bezeichnung der Karte: ____________ ____________	Ablauf des Zahlungsvorgangs an der Kasse:

6. Beschreiben Sie die Bestandteile einer Ausgangsrechnung nach §§ 14 (4), 14 b UStG.

1	
2	
3	
4	
5	
6	
7	
8	
9	
10	

7. Herr Gelo erhält am 21. März 20.. eine Rechnung (Auszug):

Schildlein Puppen KG, Frauenstraße 4, 89073 Ulm

Gelo Spielwaren e. K.
Schlossackerstr. 82
72379 Hechingen

Rechnungs-Nr. **125**

Position	Art-Nr.	Bezeichnung	Menge	Preis	Betrag
01	20347	Puppe „Alexandra“	5	39,00 EUR	195,00 EUR
02	20246	Puppe „Barbara“	3	36,00 EUR	108,00 EUR
03	1000	Verpackungspauschale	1	10,00 EUR	10,00 EUR
			Summe + 19 % Umsatzsteuer		313,00 EUR 59,47 EUR
			Endbetrag		372,47 EUR

Zahlungsbedingung: 3 % Skonto innerhalb 20 Tagen, 30 Tage Ziel
Bankverbindung: Commerzbank, BIC: COBADEFF630, IBAN: DE15630400530241230OO

a) **Welchen Betrag muss die Firma Gelo Spielwaren bezahlen, wenn sie den Betrag am 31. März 20.. überweist?**

Raum für Berechnungen:

b) **Füllen Sie für die Gelo Spielwaren e. K. (Bearbeiter: Loser) das SEPA-Überweisungsformular aus. Die Kontodaten der Gelo Spielwaren e. K. lauten: Sparkasse Zollernalb BIC: SOLADES1BAL, IBAN: DE42653512600024123000.**

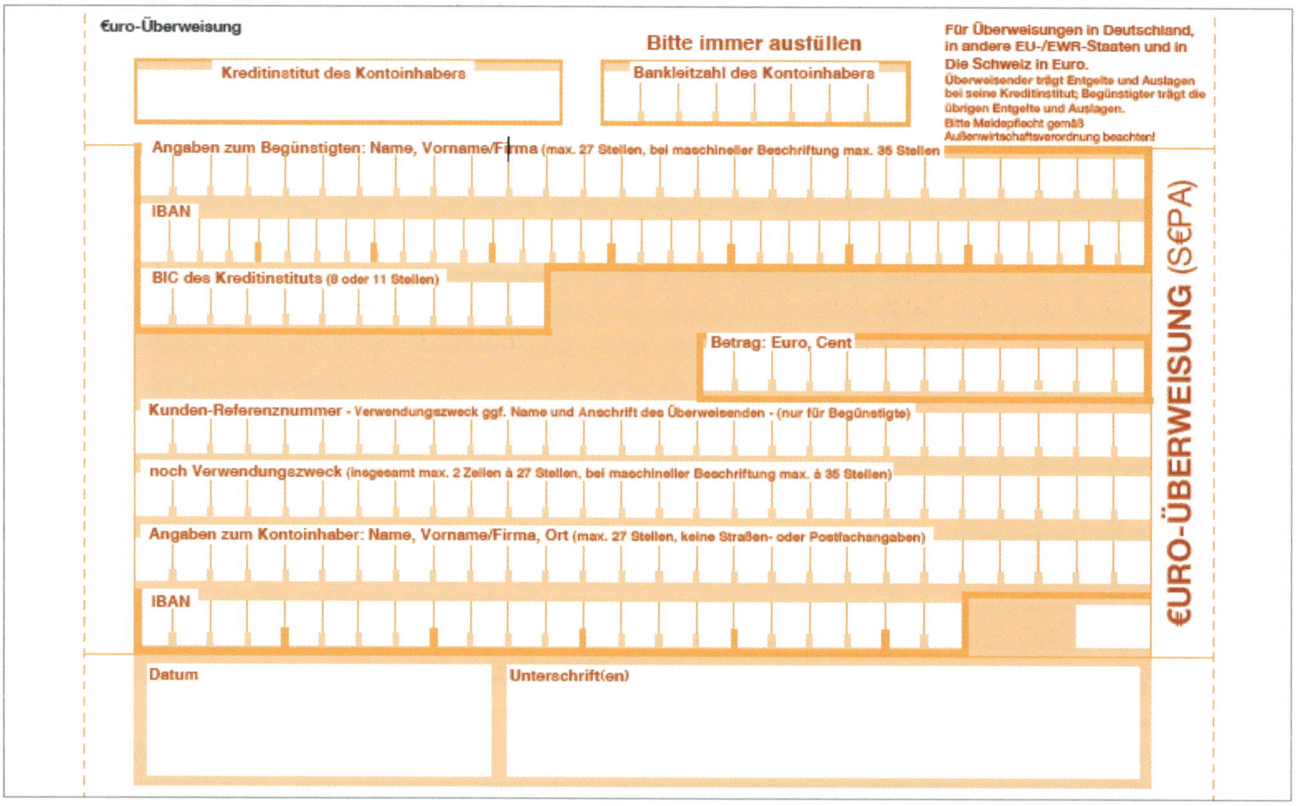

€uro-Überweisung

Bitte immer ausfüllen

Kreditinstitut des Kontoinhabers

Bankleitzahl des Kontoinhabers

Für Überweisungen in Deutschland, in andere EU-/EWR-Staaten und in Die Schweiz in Euro.
Überweisender trägt Entgelte und Auslagen bei seine Kreditinstitut; Begünstigter trägt die übrigen Entgelte und Auslagen.
Bitte Meldepflicht gemäß Außenwirtschaftsverordnung beachten!

Angaben zum Begünstigten: Name, Vorname/Firma (max. 27 Stellen, bei maschineller Beschriftung max. 35 Stellen)

IBAN

BIC des Kreditinstituts (8 oder 11 Stellen)

Betrag: Euro, Cent

Kunden-Referenznummer - Verwendungszweck ggf. Name und Anschrift des Überweisenden - (nur für Begünstigte)

noch Verwendungszweck (insgesamt max. 2 Zeilen à 27 Stellen, bei maschineller Beschriftung max. à 35 Stellen)

Angaben zum Kontoinhaber: Name, Vorname/Firma, Ort (max. 27 Stellen, keine Straßen- oder Postfachangaben)

IBAN

Datum

Unterschrift(en)

€URO-ÜBERWEISUNG (S€PA)

c) **Beschreiben Sie die Bestandteile dieser Banküberweisung.**

Wissen trainieren

8. Schreiben Sie jeden der genannten Begriffe auf die Kopfzeile eines DIN-A 6-Kärtchens:

Zahlungsmittel, Bargeld, Buchgeld, Geldersatz, gesetzliches Zahlungsmittel, Sicherheitsmerkmale bei Euro-Banknoten, technische Hilfsmittel zur Falschgelderkennung, bargeldlose Zahlung (Begriff, Vorteile), Gironetz, Überweisung (Begriff), Überweisungsformular (Bestandteile), Überweisung (Zahlungsweg), SEPA-Standardüberweisung, Debitkarte (Begriff), Debitkarte (Vorteile), Debitkarte (Sorgfalts- und Mitwirkungspflichten des Kunden), Electronic Cash, GeldKarte, Kreditkarte (Abrechnungssysteme), Kreditkarte (Zahlungsweg), Kreditkarte (Vorteile), Fakturierung, Internetbanking (Begriff), Internetbanking (Zahlungsablauf), PIN, iTAN, smsTAN, chipTAN, Internetbanking (Vorteile), POS-Zahlung mit dem Handy (Möglichkeiten)

Sortieren Sie die Begriffskärtchen nach den Kriterien „weiß ich" oder „weiß ich nicht".

Bilden Sie Kleingruppen mit höchstens drei Mitgliedern. Erklären Sie sich gegenseitig die „Weiß ich nicht"-Kärtchen. Schlagen Sie dabei die ungeklärten Begriffe im Schulbuch nach oder nehmen Sie Kontakt zu einer anderen Kleingruppe auf.

Schreiben Sie die Begriffserklärungen auf die Rückseite Ihrer Kärtchen und ordnen Sie die Kärtchen unter der Leitkarte „Bargeld" alphabetisch in Ihren Lernkartei-Behälter ein.

9. Bilden Sie Teams mit jeweils drei Mitgliedern (Stammgruppen). Schreiben Sie jeden Begriff aus Aufgabe 8 auf ein extra Stück Papier und fügen Sie diese Papierkärtchen zu einer sinnvollen Struktur zusammen. Die Struktur kann durch Pfeile, Farben, Symbole, Texte (z. B. Überschriften), Bilder oder weitere Begriffe ergänzt werden.

10. Welche Fehler enthalten die formlos ausgestellten Quittungen?

a)

Für Malerarbeiten von Herrn Henkel
250,00 EUR erhalten

25.11.20.. i. A. Frenzel

b)

Den Betrag der Rechnung habe ich von Herrn Fronk dankend erhalten.

i. V. Meinrad

Wissen anwenden

11. a) Erstellen Sie einen Regelkatalog für ein sicheres Internetbanking. Recherchieren Sie hierzu ggf. im Internet.

b) Unterscheiden Sie in diesem Zusammenhang zwischen dem HBCI-Verfahren und der SSL-Verschlüsselungstechnik.

12. a) Suchen Sie mithilfe einer Suchmaschine die Bedingungen einer Internetbank (Direktbank) und drucken Sie diese aus.

b) Prüfen Sie, ob diese mit den AGB-Vorschriften des BGB übereinstimmen.

3 Rechtliche Grundlagen des Kaufvertrags

Wissen erarbeiten

1. Ergänzen Sie die Tabelle zur **Rechtsfähigkeit**.

Merkmale	Rechtssubjekte	
	Natürliche Personen	Juristische Personen
Begriff	Alle Menschen	Personenvereinigung Vermögungsmasen
Beispiele	Männer Frauen Kinder	AG GmbH
Beginn	Geburt	Vereinsregister
Ende	Tod	Löschung aus Register

2. Ergänzen Sie die Tabelle zur **Geschäftsfähigkeit** natürlicher Personen.

Stufen der Geschäftsfähigkeit	Alter der natürlichen Person	Rechtliche Wirkung von Rechtsgeschäften
Geschäftsunfähigkeit	von der Geburt bis zu 7 unter lebensjahr	Sie können nur durch ihre gesetzlichen Vertreter verhandeln
Beschränkte Geschäftsfähigkeit	7 lebensjahr bis 18	schwebend unwirksam zeter nau stimmung
Unbeschränkte Geschäftsfähigkeit	ab 18 Jahren	Sinnvoll wirksam

3. In welchen Fällen sind Rechtsgeschäfte beschränkt Geschäftsfähiger rechtswirksam? Schlagen Sie im BGB nach.

BGB § 107: ______________________________

____

BGB § 110: ______________________________

____

BGB § 112: ______________________________

____

BGB § 113: ______________________________

____

4. Erläutern Sie Gründe für die Nichtigkeit von Rechtsgeschäften.

Gründe für die Nichtigkeit
BGB §§ 105, 108: ◆ ______________________________ ◆ ______________________________ ◆ ______________________________
BGB §§ 117, 118: ◆ ______________________________ ◆ ______________________________
BGB §§ 134, 138: ◆ ______________________________ ◆ ______________________________

5. Erklären Sie den Begriff Wucher.

____

____

____

6. Erläutern Sie Gründe und Fristen für die Anfechtbarkeit von Rechtsgeschäften.

Anfechtungsgrund	Anfechtungsfrist/Verjährung
BGB §§ 119, 120: ◆ _____ ◆ _____ ◆ _____ ◆ _____	
BGB § 123: ◆ _____ ◆ _____	

7. Erläutern Sie Verpflichtungs- und Erfüllungsgeschäft am Beispiel des Kaufvertrags.

1. Schritt **Verpflichtungs-geschäft** ⇩	Durch den Kaufvertrag gehen Käufer und Verkäufer Verpflichtungen ein. **Pflichten des Verkäufers:** ◆ _____ ◆ _____ **Pflichten des Käufers:** ◆ _____ ◆ _____
2. Schritt **Verfügungsgeschäft (Erfüllungsgeschäft)**	Jetzt erfüllen Verkäufer und Käufer ihre Verpflichtungen. **Verfügungen des Verkäufers:** ◆ _____ ◆ _____ **Verfügungen des Käufers:** ◆ _____ ◆ _____

8. Ergänzen Sie die Lücken durch folgende Wörter:

Annahme, inhaltlich, Willenserklärung, Willenserklärungen, zweiseitiges, Angebot, Angebot, Auftragsbestätigung, Bestellung

Der Kaufvertrag ist ein ______________________ Rechtsgeschäft. Er entsteht durch zwei ______________________, die ______________________ übereinstimmen. Die erste ______________________ heißt Antrag.

Die zweite Willenserklärung heißt ______________________. Geht der Antrag vom Verkäufer aus, dann macht er ein ______________________. Der Kaufvertrag kommt zustande, wenn der Käufer durch eine ______________________ annimmt. Weicht die Bestellung des Käufers inhaltlich vom ______________________ des Verkäufers ab, dann kommt der Kaufvertrag durch eine ______________________ des Verkäufers zustande.

9. Vervollständigen Sie die Tabellen:

Kaufvertragsarten nach der rechtlichen Stellung der Vertragspartner

______________________	Beide Kaufvertragspartner handeln als Privatpersonen bzw. Verbraucher.
Einseitiger Handelskauf	______________________
______________________	Beide Kaufvertragspartner handeln als Unternehmer bzw. Gewerbetreibende.

Kaufvertragsarten nach Art und Beschaffenheit der Ware

______________________	Der Kaufgegenstand ist eine **vertretbare Sache**, die nach Maß, Zahl oder Gewicht bestimmt wird, z. B. Serienprodukte.
Stückkauf	______________________

Kaufvertragsarten nach Liefer- und Zahlungsbedingungen

______________ ______________	Der Käufer darf die Ware innerhalb einer vereinbarten Frist **(Billigungsfrist)** untersuchen. Dem Käufer steht es frei, ob er den Kaufgegenstand nach Ablauf der Billigungsfrist abnimmt oder zurückgibt **(Rückgaberecht)**.
Bestimmungskauf (Spezifikationskauf)	______________ ______________
Kauf auf Abruf	______________ ______________
______________ ______________	Die Zahlung des Kaufpreises erfolgt bei Übergabe der Ware **(Zug-um-Zug-Geschäft)**.
Fixkauf	______________ ______________
______________ ______________	Der Käufer muss den Kaufpreis erst einige Zeit nach der Lieferung der Ware bezahlen.
Kommissionskauf	______________ ______________

Kaufvertragsarten nach dem Erfüllungsort

Platzkauf	______________ ______________
Versendungskauf	______________ ______________
Streckengeschäft	______________ ______________

Wissen trainieren

10. Schreiben Sie jeden der genannten Begriffe auf die Kopfzeile eines DIN-A 6-Kärtchens:

Rechtssubjekt, juristische Person, Rechtsfähigkeit, Geschäftsfähigkeit (Begriff), Geschäftsfähigkeit (Stufen), Betreuer (Aufgaben), Taschengeldgeschäft, Willenserklärung (Begriff), Willenserklärung (Arten), Willenserklärung (Bindungsfrist), Antrag, Annahme, Kaufvertrag (Pflichten), Kaufvertrag (Zustandekommen), Schweigen als Willenserklärung, Bestellungsannahme (rechtlich notwendig), Verpflichtungsgeschäft, Verfügungsgeschäft, Besitz, Eigentum, Eigentumsübertragung (rechtsgeschäftlich), Eigentumsübertragung (bewegliche Sachen), Eigentumsvorbehalt (einfacher), Anfechtung (Begriff), Anfechtungsgründe, Irrtum (rechtserheblich), Motivirrtum, Kalkulationsirrtum, Anfechtungsfristen

Sortieren Sie die Begriffskärtchen nach den Kriterien „weiß ich" oder „weiß ich nicht".

Bilden Sie Kleingruppen mit höchstens drei Mitgliedern. Erklären Sie sich gegenseitig die „Weiß ich nicht"-Kärtchen. Schlagen Sie dabei die ungeklärten Begriffe im Schulbuch nach oder nehmen Sie Kontakt zu einer anderen Kleingruppe auf.

Schreiben Sie die Begriffserklärungen auf die Rückseite Ihrer Kärtchen und ordnen Sie die Kärtchen unter der Leitkarte „Kaufvertrag" alphabetisch in Ihren Lernkartei-Behälter ein.

11. Bilden Sie Teams mit jeweils drei Mitgliedern (Stammgruppen). Schreiben Sie jeden Begriff aus Aufgabe 10 auf ein extra Stück Papier und fügen Sie diese Papierkärtchen zu einer sinnvollen Struktur zusammen. Die Struktur kann durch Pfeile, Farben, Symbole, Texte (z. B. Überschriften), Bilder oder weitere Begriffe ergänzt werden.

12. In welchen Fällen handelt es sich um eine juristische Person?

a) VfB Stuttgart
b) Kaufhof AG
c) Auszubildende Lisa
d) Bundesrepublik Deutschland
e) Stadt Ulm
f) Richter Bernd May

13. Welche Arten von Rechtsgeschäften liegen vor?

a) Anfechtung
b) Schenkungsversprechen
c) Kaufvertrag
d) Leihvertrag
e) Versicherungsvertrag
f) Reisevertrag
d) Leasingvertrag
e) Testament
f) Bestellung

14. a) In welchen Fällen sind Rechtsgeschäfte beschränkt Geschäftsfähiger rechtswirksam?
b) Warum sind unter Umständen auch Erwachsene beschränkt geschäftsfähig bzw. geschäftsunfähig?
c) Wovon hängt die Gültigkeit von Verträgen mit beschränkter Geschäftsfähigkeit ab?
d) Wie würden Sie einen schwebend unwirksamen Vertrag beurteilen, wenn der Minderjährige inzwischen volljährig wird (BGB § 108 [3])?

15. Beurteilen Sie die Fälle und begründen Sie Ihre Ansicht:
a) Die 16-jährige Ursula kauft von ihrem gesparten Taschengeld eine Perücke für 50,00 EUR. Der Vater verlangt, dass sie diese zurückgibt. Der Verkäufer weigert sich, die Perücke zurückzunehmen.

b) Kurt, sechs Jahre alt, hat für seine Mutter eingekauft. Vom Wechselgeld nimmt er 2,00 EUR und kauft fünf Kaugummis. Die aufgerissenen Packungen bringt die Mutter ins Geschäft zurück und will das Geld dafür haben.
c) Der 17-jährige Angestellte Franz kündigt seinen mit Einwilligung des gesetzlichen Vertreters geschlossenen Arbeitsvertrag zum 31. März. Der Vater teilt dem Ausbildungsbetrieb mit, dass er als gesetzlicher Vertreter die Kündigung rückgängig mache.

16. Die 16-jährige Barbara hat von einer Tante zum Geburtstag ein Fahrrad erhalten. Da die Eltern mit der Tante Streit haben, erklären sie: *„Von der lassen wir uns nichts schenken"*, und geben das Fahrrad zurück.

a) Durfte Barbara das Fahrrad annehmen? Nehmen Sie dazu Stellung.
b) Die Tante sagt: *„Geschenkt ist geschenkt"*, und lehnt die Rücknahme ab. Was meinen Sie dazu?
c) Wie wäre die Sachlage, wenn die Tante das Fahrrad mit der Auflage geschenkt hätte, dass Barbara dafür ein Vierteljahr lang jeweils samstags die Grundreinigung der Wohnung übernimmt?
d) Wie wäre die Angelegenheit zu beurteilen, wenn Barbara erst fünf Jahre alt wäre und ein Dreirad bekommen hätte?
e) Der Vater gibt Barbara 500,00 EUR für den Kauf eines Fahrrads. Barbara kauft beim Händler anstelle des Fahrrads ein gebrauchtes Mofa zum gleichen Preis.
   (1) Der Vater verlangt, dass Barbara das Mofa sofort wieder zurückgibt. Der Händler weigert sich. Ist er im Recht?
   (2) Auf der Heimfahrt fährt Barbara gegen einen Baum. Das Mofa hat Totalschaden. Der Vater verlangt vom Händler das Geld zurück, weil er keine Einwilligung gegeben habe. Muss der Händler zahlen?
   (3) Wie würden Sie den Fall sehen, wenn zwischen Kauf und Unfall vier Wochen vergangen wären?

17. Carl (17 Jahre alt) hat eine Ferienarbeit in einer benachbarten Diskothek begonnen. Er arbeitet dort schon eine Woche lang. Seine Eltern sind mit dieser Arbeit nicht einverstanden und verbieten Carl, sein Arbeitsverhältnis fortzusetzen.
a) Kann Carl weiterhin in der Diskothek arbeiten?
b) Angenommen, der Arbeitsvertrag sei unwirksam. Carl hat bereits eine Woche lang gearbeitet. Hat er einen Anspruch auf Vergütung seiner Arbeitsleistung? Der Diskothekenbesitzer ist der Meinung: *„Kein Vertrag, kein Geld!"*

18. Entscheiden Sie, ob in den Fällen ein Vertrag zustande gekommen ist. Wodurch kommen Antrag und Annahme zustande?
a) Herr Braun nimmt wortlos an einem Kiosk eine Zeitung, legt das passende Geldstück hin und geht mit einem Gruß weiter.
b) Frau Groß winkt ihrer Freundin zu, die sie auf dem Gehweg jenseits der Straße entdeckte. Ein vorbeifahrender Taxifahrer sieht dieses Zeichen, hält an und will Frau Groß einsteigen lassen, da sie ihn ja mit dem Winken angehalten habe.
c) Einkäufer Maurer ruft seinen Lieferer Schulz an: *„Schicken Sie mir bis 10.00 Uhr das Gleiche wie gestern."* Schulz antwortet: *„In Ordnung."*
d) Frau Gruber will eine neue Geschäftsverbindung anbahnen und hat mit Telefax beim Weingut „Sonnenhalde" 200 Flaschen Kaiserstühler Weißherbst bestellt. Nach 14 Tagen trifft die Mitteilung mit der Briefpost ein, dass der Wein in den nächsten Tagen geliefert werde.
e) Wie würden Sie im Fall d) urteilen, wenn das Weingut nach zwei Tagen telefonisch die Lieferung ankündigt?

19. Klären Sie für die Fälle (1) bis (7),
   a) von welchem der Vertragspartner (Käufer oder Verkäufer) der Antrag bzw. die Annahme ausgeht,
   b) ob ein Kaufvertrag zustande gekommen ist (Begründung) und
   c) ob die Willenserklärungen zum Verpflichtungs- oder zum Erfüllungsgeschäft gehören:
      (1) Der Käufer bestellt, der Verkäufer liefert daraufhin die Ware.
      (2) Der Verkäufer unterbreitet ein verbindliches Angebot, der Käufer bestellt.
      (3) Der Verkäufer sendet unbestellte Ware zu; der Empfänger nimmt sie in Gebrauch.
      (4) Der Käufer bestellt ohne vorausgegangenes Angebot; der Verkäufer schweigt. Käufer und Verkäufer stehen in ständiger Geschäftsverbindung.
      (5) Der Käufer bestellt ohne vorausgegangenes Angebot; der Verkäufer schweigt. Käufer und Verkäufer hatten bisher keine geschäftlichen Beziehungen.
      (6) Der Verkäufer macht ein freibleibendes Angebot; der Käufer bestellt daraufhin.
      (7) Der Verkäufer macht ein verbindliches Angebot per Fax; der Käufer bestellt nach drei Tagen per Fax.

20. Am 11. November trifft bei der Media-Mode GmbH ein briefliches Angebot der Großhandlung Stricker KG über eine Sonderkollektion Modeschmuck mit dem Zusatz „solange Vorrat reicht" ein. Die Media-Mode GmbH bestellt die Sonderkollektion am 12. November. Die Stricker KG bestätigt den Auftrag am 24. November per Fax. Die Media-Mode GmbH erklärt sich noch am selben Tag telefonisch mit der Lieferung einverstanden. Die Lieferung erfolgt daraufhin am 28. November.

Wann ist der Kaufvertrag zustande gekommen?
   a) Mit dem Eintreffen des Angebots am 11. November
   b) Mit der Bestellung am 12. November
   c) Mit der Auftragsbestätigung per Fax am 24. November
   d) Mit der telefonischen Einverständniserklärung am 24. November
   e) Mit der Lieferung am 28. November
   f) Zu keiner Zeit, da alle Willenserklärungen zu spät erfolgten

21. In welchem Fall ist ein Kaufvertrag zustande gekommen?
   a) Der Käufer bestellt nach Ablauf der im Angebot gesetzten Frist.
   b) Der Käufer bestellt aufgrund einer Anzeige in der Tageszeitung.
   c) Der Käufer bestellt aufgrund eines freibleibenden Angebots.
   d) Der Verkäufer liefert die vom Käufer bestellte Ware.
   e) Der Käufer nimmt das unverbindliche Angebot des Lieferers an.

22. Bestimmen Sie für die Fälle das Datum, an dem das Eigentum auf die HARO GmbH übergeht.
   a) Kurt Hauser (Einkäufer der HARO GmbH) bestellt am 20. April 40 Verbandskästen bei der Jonas Brauer AG. Am 25. April erhält er eine Auftragsbestätigung per E-Mail. Die Verbandskästen werden durch die Brauer AG am 28. April angeliefert. Die Rechnung trifft am 29. April ein. Die Rechnungswesenabteilung der HARO GmbH bezahlt die Rechnung am 5. Mai per Banküberweisung. Die Garantie für die Verbandskästen läuft zwei Jahre nach Eintreffen der Ware ab.
   b) Angenommen, in den Geschäftsbedingungen (sie sind Bestandteil des Kaufvertrags) der Brauer AG steht folgende Klausel: *„Die Ware wird erst Eigentum des Käufers, wenn dieser sie vollständig bezahlt hat."*
   c) Angenommen, auf der Rückseite der Rechnung steht oben genannte Klausel (siehe b). Auf der Auftragsbestätigung der Brauer AG stehen keinerlei Geschäftsbedingungen.
   d) Angenommen, die HARO GmbH hätte die Ware bereits am Bestelltag bezahlt.

23. a) Warum kann eine unter Eigentumsvorbehalt gelieferte Ware weiterverkauft werden?
b) In welchen Fällen ist die Vereinbarung eines Eigentumsvorbehalts anzuraten?
c) Elektromeister Kuhn hat unter Eigentumsvorbehalt gelieferte Lichtkabel im Neubau von Herrn Groß installiert. Als Kuhn nicht zahlt, verlangt sein Lieferer die Herausgabe der Kabel. Vergleichen Sie BGB § 946 und begründen Sie, warum diese Bestimmung auch im geschilderten Fall sinnvoll ist.
d) Weshalb genügt der einfache Eigentumsvorbehalt vielfach bei Lieferungen an den Endverbraucher, nicht dagegen bei Lieferungen an Wiederverkäufer?
e) Wann geht das Eigentum an einer Sache auf den Käufer (Erwerber) über, wenn folgende Geschäftsbedingung vereinbart war: *„... die Ware bleibt unser Eigentum, bis der Käufer sie vollständig bezahlt hat"*?

24. Handelt es sich in folgenden Fällen um gültige, nichtige oder anfechtbare Rechtsgeschäfte?
a) Ein 15-Jähriger kauft einen PC, seine Eltern haben ihm das ausdrücklich verboten.
b) Ein Grundstückskaufvertrag wird per Handschlag abgeschlossen.
c) Ein Elektrohändler verkauft einen gebrauchten Verstärker als fabrikneu.
d) Ein Schüler verkauft auf dem Pausenhof einen echten Revolver.
e) Eine Sechsjährige kauft in einem Supermarkt zehn Tafeln Schokolade.
f) Michael kauft 50 VW-Aktien. Nach zwei Wochen will er den Kauf rückgängig machen, weil der erhoffte Kursgewinn ausgeblieben ist.
g) Bernd bietet Lisa einen PC für 150,00 EUR an. Lisa versteht am Handy 50,00 EUR und kauft den PC. Sie besteht auf dem niedrigeren Preis.
h) Ein Wohnungseigentümer vermietet eine 20-m^2-Wohnung für 2 000,00 EUR.
i) Karl Mangold verkauft seine Ehefrau für 10 000,00 EUR an seinen Freund.
j) Die Selbstständige Gudrun Mack schließt mit ihrem Ehegatten einen Arbeitsvertrag. Sie will sein Gehalt steuerlich geltend machen. Tatsächlich arbeitet ihr Ehemann nicht für sie.
k) Die Bilanzbuchhalterin Brandl verlangt eine Gehaltserhöhung. Ihr Chef lehnt ab. Frau Brandl: *„Dann verrate ich der Konkurrenz, wie hoch unser Gewinn im letzten Monat war."*

25. Lesen Sie die Fälle a) bis l) in Ihrer Stammgruppe durch. Delegieren Sie je einen Abgeordneten (Experten) für vier Fälle. Die jeweiligen Experten treffen sich in Expertengruppen (maximal drei Mitglieder), überprüfen die jeweilige Rechtslage anhand des BGB bzw. des Schulbuchs und vermerken den jeweiligen Anfechtungsgrund mit dem zugehörigen Paragrafen. Die Experten kehren anschließend in ihre Stammgruppen zurück und vermitteln dort ihr Wissen.
Prüfen Sie nach folgendem Schema:
(1) Liegt ein gültiges Rechtsgeschäft vor?
(2) Liegt ein Anfechtungsgrund vor?
(3) Wurde die Anfechtungsfrist eingehalten?
(4) Kann Schadenersatz geltend gemacht werden?

a) Stefan hat sich bei Sportversand Stern Inlineskates bestellt. Auf dem Bestellformular hat er in der Spalte „Anzahl" eine zwei eingetragen in der Annahme, er müsse einen linken und einen rechten Schuh bestellen. Daraufhin bekommt er zwei Paar Inlineskates geliefert.
b) Gerd wollte sich bei Sportversand Stern auch Inlineskates bestellen. Er verschreibt sich bei der Artikelnummer: Statt 223314 schreibt er 223311 und bekommt statt der Skates Knieschoner.

c) Katrin will ihre Freundin Michaela am 2.1. telefonisch bitten, ihre (Katrins) Ellenbogenschoner zu verkaufen. Da Michaela nicht daheim ist, nimmt die Mutter das Telefongespräch entgegen und schreibt ihrer Tochter Michaela eine Nachricht: *„Kaufe für Katrin Ellenbogenschoner."*

d) Holger will einen neuen Trainer für den Club einstellen. Der Bewerber, Herr Häuber, erzählt ihm beim Vorstellungsgespräch am 10.1., dass er den sogenannten Führerschein für Inlineskater des Deutschen Inlineskate-Verbands e. V. habe. Holger hält ihn deswegen von allen Bewerbern für den geeignetsten und stellt ihn ein. Eine Woche später erfährt er, dass Herr Häuber einen solchen Führerschein gar nicht besitzt.

e) Martina ist im Verein für die Werbung neuer Mitglieder zuständig. Da es dem Verein finanziell nicht gut geht, werden dringend neue beitragzahlende Mitglieder gesucht. Martina erreicht, dass Samuel den Mitgliedsantrag unterschreibt, indem sie ihm droht, seinen Eltern zu erzählen, dass er vorgestern die Schule geschwänzt hat. Samuel unterschreibt den Antrag, da er nicht will, dass seine Eltern davon erfahren.

f) Frank kauft von Frau Gomper über eine Zeitungsannonce am 5.12. Inlineskates für 60,00 EUR. Frau Gomper versichert ihm wider besseres Wissen, dass der Preis für die gebrauchten Skates gerechtfertigt sei, da die Skates hochwertige Fiberglas-Rollen hätten, die eine optimale Speed-Technik und ein optimales Bremsverhalten ermöglichten. Als Frank die Skates am 10.1. in den Club mitbringt, lacht sein Freund Heiko ihn aus und erklärt ihm, dass die Rollen aus billigem Plastik seien.

g) Rita kauft im Auftrag der Clubmitglieder einen Trainingsanzug als Geburtstagsgeschenk für Marion. Rita hat den Anzug in Größe 38 gekauft in der Hoffnung, dass er Marion passt. Leider hat sie sich verschätzt, der Anzug ist für Marion viel zu groß.

h) Es fängt zu regnen an. Ayse kauft im nächstbesten Geschäft einen Regenschirm. Als sie den Laden verlässt, hat es aufgehört zu regnen. Sie macht kehrt und will den Regenschirm wieder zurückgeben.

i) Kai Blume verkauft ein Grundstück. Im Verkaufsgespräch behauptet er, dass das Grundstück baureif sei. Nach Abschluss des Kaufvertrags stellt sich heraus, dass das Grundstück nicht bebaut werden darf.

j) Martin Burger (fünf Jahre alt) kauft sich in einem Spielwarenmarkt ein Computerspiel für 29,00 EUR. Das Geld stammt aus seinem Sparschwein. Seine Eltern sind mit dem Kauf nicht einverstanden.

k) Anna König zeichnet eine Ware aus Versehen mit 250,00 EUR aus. Der kalkulierte Verkaufspreis beträgt 520,00 EUR. Der Käufer besteht auf dem niedrigeren Preis.

l) Sabrina Welte verkauft ihr Sportcabrio an Klaus Kuhn gegen Ratenzahlung. Klaus Kuhn kann die Raten nicht aufbringen.

26. a) Lesen Sie die Pressemitteilungen im Lehrbuch auf den Seiten 202 und 203 und äußern Sie Ihre Meinung dazu.

b) Suchen Sie nach aktuellen Gerichtsurteilen zum Thema „Anfechtung eines Kaufvertrags" im Internet und vollziehen Sie die jeweiligen Urteilsbegründungen anhand der einschlägigen Rechtsparagrafen nach.

27. Die Lebensmittelhandlung Sandig e. K. kauft 1 000 Zentner Kartoffeln auf Abruf.

a) Welches Recht steht dem Käufer bei dieser Kaufvertragsart zu?

b) Welche Vorteile hat Sandig bei diesem Kauf?

28. Textilhändlerin Hermine Pösel e. K. kauft bei ihrem Lieferer 1 000 Pullover ein. Es handelt sich um einen Bestimmungskauf (Spezifikationskauf).
a) Welches Recht hat Hermine Pösel sich damit eingeräumt?
b) Welche Vorteile hat der Spezifikationskauf für Käufer und Verkäufer?
c) Führen Sie weitere Beispiele an, bei denen ein Spezifikationskauf sinnvoll ist.

29. Erläutern Sie die Vorteile des Kaufs auf Abruf
a) aus der Sicht des Käufers und
b) aus der Sicht des Verkäufers.

30. Empfehlen Sie, welche Kaufvertragsart gewählt werden sollte. Es können auch mehrere Vertragsarten vorliegen.
a) Obwohl die Modefarben und Muster der kommenden Saison noch nicht feststehen, bestellt ein Mantelfabrikant bereits heute 3 000 m Mantelstoff bei der Tuchfabrik AG, Aachen.
b) Um einen günstigen Mengenrabatt zu erhalten, kauft die Elektrogroßhandlung Tauber e. K. 150 Stück Kühlschränke, kann aber zurzeit lediglich 40 Stück lagern.
c) Eine Großkellerei verschickt an ihre Privatkunden kostenlose Probeflaschen des neuesten Jahrgangs.
d) Der Vertreter der Firma Fisba KG brachte vor einer Woche die neue Mustermappe für Vorhangstoffe. Der Einzelhändler bestellt nach diesem Muster.
e) Teppichhändler Rosenstein legt seinem Substitut Scholz einen Orientteppich für eine Woche in das Wohnzimmer, damit Scholz beurteilen kann, ob der Teppich in das Zimmer passt.
f) Die Autohandlung Stuber KG kauft einen Schreibtisch bei der Büromöbelgroßhandlung Lutz.
g) Familie Ulmer bezieht monatlich 2 kg Kaffee „Feinschmecker" von der Kaffeerösterei GmbH in Bremen. Dieses Mal bestellt sie zusätzlich 250 g der neuen Sorte „Schwarzes Gold".
h) Fabrikant Maier kauft bei der Möbelfabrik Groß GmbH ein Regal für sein Wochenendhaus.
i) Prokurist Hafner kauft von seinem Chef, dem Maschinengroßhändler Veith e. K., ein Obstgrundstück.

4 Besondere Bedingungen beim Verkauf an Verbraucher

Wissen erarbeiten

1. Beim Verkauf an Verbraucher gelten besondere Schutzvorschriften. Bei welchen fünf Tatbeständen bzw. Geschäften gelten diese?

◆ BGB § 474: ______________________________

◆ BGB §§ 305 ff.: ______________________________

◆ BGB §§ 491 ff.: ______________________________

◆ BGB § 312: ______________________________

◆ BGB § 312 b: ______________________________

2. Geben Sie zwei Gründe an, weshalb Verbraucher im Geschäftsverkehr besonders geschützt werden.

◆ ______________________________

◆ ______________________________

3. Ergänzen Sie die Lücken durch die aufgelisteten Begriffe:

Gefahrübergang, zwei, Individualabreden, Schlechtleistung, Vielzahl, Anzeigepflicht, Vorrang, Handelsgesetzbuches, sechs, Verkäufer, Verwender, vorformuliert

Beim Verbrauchsgüterkauf findet der Gefahrübergang bei einem Versendungskauf erst bei ______________ an den Verbraucher statt (BGB § 474 [2]), entfallen die Prüf- und Aufbewahrungspflicht bei ______________, (da die Vorschriften des HGB nicht für Verbraucher gelten); verlängert sich die ______________ bei Mängeln auf ________ Jahre (BGB § 438), trägt der ______________ die Beweislast, wenn der Verbraucher einen Mangel innerhalb von ______________ Monaten anzeigt (BGB § 476).

Allgemeine Geschäftsbedingungen (AGB) liegen vor, wenn der ______________ Vertragsbedingungen für eine ______________ von Verträgen ______________. Extra ausgehandelte Vertragsbedingungen, sogenannte ______________ haben immer ______________ vor den AGB.

4. Ergänzen Sie nachstehende Tabelle.

Voraussetzungen für die Gültigkeit von AGB	◆ ______________ ◆ ______________ ◆ ______________
Auffangklauseln (Allgemeine Schutzrechte)	◆ BGB § 305 c: ______________ ◆ BGB § 305 c: ______________ ◆ BGB § 307: ______________

5. Begründen Sie, ob die AGB-Klauseln gegenüber Verbrauchern gelten:

a) *„Wir gewähren Garantie für längstens sechs Monate."*

____

b) *„Wir bleiben Eigentümer an der Kaufsache, bis der Käufer vollständig bezahlt hat."*

____

c) *„Ist die Ware noch nicht geliefert, dann behalten wir uns Preiserhöhungen bis acht Wochen nach Vertragsschluss vor."*

d) *„Bei Mängeln an der Ware hat der Käufer das Recht auf Nachbesserung oder Nacherfüllung. Weitergehende Rechte sind ausgeschlossen."*

e) *„Jeder Käufer eines PC schließt zugleich einen Wartungsvertrag ab. Ohne Wartungsvertrag wird jegliche Haftung ausgeschlossen."*

f) *„Alle Rechnungen sind sofort ohne Abzug zu bezahlen."*

6. Welche Form und Angaben muss ein Verbraucherdarlehensvertrag enthalten?

Form:

Angaben:

-
-
-
-
-
-

7. Nennen Sie die Vorschriften zum Widerruf eines Verbraucherdarlehensvertrags.

Form:

Widerrufsfrist:

Beginn der Widerrufsfrist:

8. Im Falle des Finanzkaufs hat der Verbraucherdarlehensvertrag die Lieferung einer Sache zum Gegenstand. Der Kaufvertrag ist mit dem Darlehensvertrag verbunden. Erläutern Sie in diesem Zusammenhang die Bedeutung der Wertgrenzen von 40,00 EUR und 200,00 EUR.

40,00 EUR:

____

____

200,00 EUR: ______________________________

____

____

9. Beschreiben Sie zwei Tatbestände über die der Unternehmer den Verbraucher bei Fernabsatzverträgen unterrichten muss.

- ______________________________
- ______________________________

10. Zählen Sie drei Fälle auf, bei denen das Widerrufs- und Rückgaberecht des Verbrauchers bei Fernabsatzverträgen entfällt.

- ______________________________
- ______________________________
- ______________________________

11. In welchen drei Fällen entfällt das Widerrufs- und Rückgaberecht des Verbrauchers bei Haustürgeschäften?

- ______________________________
- ______________________________
- ______________________________

Wissen trainieren

12. Schreiben Sie jeden der Begriffe auf die Kopfzeile eines DIN-A 6-Kärtchens:

einseitiger Handelskauf, Verbrauchsgüterkauf, allgemeine Geschäftsbedingungen (Begriff), Individualabrede, AGB (Voraussetzungen für die Gültigkeit), überraschende Klauseln, unangemessene Benachteiligung, unwirksame Klauseln (ohne Wertungsmöglichkeit), unwirksame Klauseln (mit Wertungsmöglichkeit), Verbraucherdarlehensvertrag, Widerrufsrecht, Widerrufsbelehrung, Rückgaberecht, Haustürgeschäft, Fernabsatzvertrag, Informationspflichten (Fernabsatzvertrag)

Sortieren Sie die Begriffskärtchen nach den Kriterien „weiß ich" oder „weiß ich nicht".

Bilden Sie Kleingruppen mit höchstens drei Mitgliedern. Erklären Sie sich gegenseitig die „Weiß ich nicht"-Kärtchen. Schlagen Sie dabei die ungeklärten Begriffe im Schulbuch nach oder nehmen Sie Kontakt zu einer anderen Kleingruppe auf.

Schreiben Sie die Begriffserklärungen auf die Rückseite Ihrer Kärtchen und ordnen Sie die Kärtchen unter der Leitkarte „Verbraucherschutz" alphabetisch in Ihren Lernkartei-Behälter ein.

13. a) Erklären Sie die wirtschaftliche Bedeutung der AGB für den Unternehmer.
b) Unter welchen Bedingungen sind AGB für Verbraucher bindend?

14. Die Verbraucherin Schulze kauft beim Haushaltsgerätehändler Motz eine Waschmaschine. Die AGB der Firma Motz e. K. werden zugrunde gelegt. Darin steht u. a.:
a) *„Bei angezeigten Mängeln nehmen wir eine Nachbesserung vor. Arbeits- und Materialkosten gehen zu unseren Lasten. Wege- und Transportkosten sind vom Käufer zu tragen."*
b) *„Weitergehende Mängelansprüche sind ausdrücklich ausgeschlossen."*
c) *„Erfolgen Preiserhöhungen acht Wochen nach Vertragsabschluss und ist die Ware noch nicht geliefert, so wird der neue Preis berechnet."*
d) *„Versteckte Mängel sind unverzüglich nach Entdeckung, spätestens nach acht Wochen, anzuzeigen."*
Beurteilen Sie diese AGB anhand des BGB § 309.

15. Wie wären die Fälle 14 a) bis d) zu beurteilen, wenn die AGB gegenüber einem Unternehmer verwendet würden?

16. Beurteilen Sie die Fälle:
a) Autofahrer Flott montiert die vor zwei Tagen gekauften, aber mangelhaften Autoreifen. Die Reifenfirma lehnt jede Haftung ab und verweist auf die Klausel in ihren Lieferbedingungen, wonach Mängelanzeigen innerhalb eines Tages nach Lieferung erfolgen müssen.
b) Frau Mahler lässt sich eine Blitzschutzanlage installieren und ist überrascht, als der Lieferant nach einem Jahr erscheint, um die Anlage zu warten. Jetzt erst stellt sie fest, dass die Lieferbedingungen eine Klausel enthalten, wonach die Firma für die nächsten zehn Jahre gleichzeitig die Wartung übernimmt.
c) Das Ehepaar Schirm kauft sich einen Fernseher, der jedoch nach zwei Tagen schon seinen Geist aufgibt. Als alle Mahnungen und Anrufe nicht fruchten, verweigern die Schirms die Restzahlung. In den Vertragsbedingungen der Lieferfirma steht jedoch: *„Zur vollen oder teilweisen Einbehaltung des Kaufpreises bis zur Mängelbeseitigung ist der Käufer nicht berechtigt."*
d) In einem Fahrzeug-Mietvertrag steht die Klausel *„Der Mieter erkennt mit der Übernahme des Wagens an, dass dieser sich im verkehrssicheren und fahrbereiten Zustand befindet und keinerlei Mängel aufweist"*. **Der Händler beruft sich auf diese Vertragsbedingung, obwohl eindeutig nachweisbar ist, dass der strittige Schaden durch den Vormieter verursacht worden ist.**
e) Auf der Vorderseite der Bestellungsannahme steht im Textteil: *„Zahlbar innerhalb von zehn Tagen mit 3 % Skonto, 30 Tage Ziel."* **Auf der Rückseite ist bei den AGB u. a. vermerkt:** *„Alle Preise sind Nettopreise und sofort ohne Abzug zahlbar."* **Der Käufer hat die AGB anerkannt.**

17. Klären Sie die Rechtslage für die Fälle:
a) Maria Kornhuber nahm an einer Kaffeefahrt teil. Der Veranstalter versprach einen kostenlosen Tagesausflug mit vielen Sehenswürdigkeiten und einem leckeren Mittagessen inklusive. Dann entpuppte sich die Kaffeefahrt als Werbeveranstaltung für alle möglichen Haushaltsartikel. Da sie nicht als Schmarotzerin dastehen wollte, erwarb Maria eine Wolldecke, die als besonderes Schnäppchen angepriesen wurde. Einen Tag später blättert sie in einem Prospekt. Dort wird eine ähnliche Wolldecke für einen erheblich günstigeren Preis angeboten.
b) Katja Müllers Mutter erwarb auf einer Verkaufsparty, die eine Nachbarin abhielt, ein 15-teiliges Kunststoffgeschirr. Der Vater war überhaupt nicht begeistert und meinte, dass sie das Geschirr doch wieder zurückbringen sollte.
c) Bernd Nieberle ist ein begeisterter Internetsurfer. Auf der Webseite eines Onlineshops stößt er auf ein besonders günstiges Angebot. Es handelt sich um ein hochwertiges Mountainbike. Er bestellt das Mountainbike und erhält es, wie versprochen, nach drei Tagen. Zu seiner Enttäuschung fällt die grüne Farbe des Bikes nicht so aus wie am Bildschirm. Bernd ist mit seinem Mountainbike nicht glücklich.

Wissen anwenden

18. Nehmen Sie zu den Tricks bei Haustürverkäufen Stellung. Wie können Sie sich vor diesen Tricks schützen.

Tricks bei Haustürverkäufen

1. Auf Werbematerial wird angekündigt, das bestellte Informationsmaterial würde „vorgelegt“, d. h., ein Vertreter kommt ins Haus.
2. Der Einsender von Werbekarten wird angerufen und gefragt, ob es ihm recht sei, wenn das bestellte Werbematerial von einem Firmenvertreter persönlich vorbeigebracht werde.
3. Ein Vertreter ruft bei Kunden an oder klingelt an der Tür, um einen späteren Besuchstermin zu vereinbaren – um hinterher zu behaupten, er sei bestellt worden.
4. Auch bei Vertragsabschlüssen lassen sich manche schwarzen Schafe unter den Vertretern auf einem Extrablatt von den Kunden unterschreiben, sie seien auf Bestellung gekommen.
5. Weil aber bei Zeitungs- und Zeitschriftenabonnements ein zweiwöchiger Widerruf auch dann möglich ist, wenn der Werber „auf Bestellung“ gekommen ist, gibt es neben diesen neuen Maschen den bewährten Trick, Kaufvertrag und Belehrung über das Rücktrittsrecht mit einem früheren Datum zu versehen. Die Zweiwochenfrist ist dann schon bei Vertragsabschluss abgelaufen.

5 Training kaufmännisches Rechnen

Dreisatz mit geradem Verhältnis

Wissen erarbeiten

Situation im Lehrbuch Seite 214

Sie unterstützen Katrin Weber dabei, auszurechnen, wie teuer die 556 Gramm Fisch ihrer Kundin sind. Der Fisch ist diese Woche mit 59 ct pro 100 Gramm im Angebot.

1. Schritt: Bedingungssatz aufstellen
Der Bedingungssatz enthält die beiden bekannten Größen.

Bedingungssatz:		kosten	

2. Schritt: Fragesatz aufstellen
Der Fragesatz enthält die gesuchte Größe X.

Fragesatz:		kosten	

3. Schritt: Bruchsatz aufstellen

Multiplikation der Werte in der Diagonalen und Division durch den dritten Wert.

Bruchsatz:	x = $\frac{\ \cdot\ }{\ }$ x =

4. Schritt: Antwortsatz

Der Fisch der Kundin kostet ______________.

Wissen trainieren

Übungsaufgaben zum Dreisatz mit geradem Verhältnis

1. Berechnen Sie die verkaufte Menge.

	gegeben		Rechnungsbetrag in EUR
	Menge	Preis EUR	
a)	20 kg	322,80	133,40
b)	280 l	68,30	40,20
c)	8,6 m	32,96	48,90
d)	4,3 m	90,73	23,68
e)	17 l	203,83	113,40
f)	80 l	930,40	123,60

	gegeben		Rechnungsbetrag in EUR
	Menge	Preis EUR	
g)	30 kg	48,30	16,40
h)	28,3 m	430,33	24,60
i)	13,6 kg	20,80	70,16
j)	768,4 kg	10 380,20	11 423,60
k)	60,3 kg	342,66	492,83
l)	260 l	193,67	381,60

2. **Berechnen Sie den gesuchten Preis.**

	gegeben		gesucht EUR für Menge 2
	Menge 1	Preis EUR	
a)	2 000 St	7 300,00	125 St
b)	125 m	878,75	320 m
c)	15 kg	25,05	4 kg
d)	1 000 g	11 210,00	56 g
e)	3,5 Std	74,55	20 min
f)	2 hl	124,00	0,5 l

	gegeben		gesucht EUR für Menge 2
	Menge 1	Preis EUR	
g)	5,25 m	6,30	133,40
h)	17 St	4 986,78	40,20
i)	125 g	262,50	48,90
j)	2 l	2,96	23,68
k)	1,500 km	1 252 500,00	113,40
l)	50 kg	1 150,00	123,60

3. **Ein Lehrer bestellt für seine Schüler 75 USB-Sticks. 100 Stück kosten 1 053,00 EUR. Wie hoch ist die Rechnung?**

4. **Herr Kleinhans möchte in seinem Büro einen neuen Teppich verlegen. Im Baumarkt findet er einen großen Teppichrest von 4 x 10 m, der 300,00 EUR kosten soll. Kurzerhand entschließt sich Kleinhans, diesen Rest zu kaufen und neben dem Büro auch noch den Flur mit einen neuen Teppich auszustatten. Wie teuer ist der Teppich für das Büro, wenn der Raum 16 Quadratmeter groß ist?**

5. **Julia Teuber ist Besitzerin einer Edelboutique in Kassel. Für die Neugestaltung ihrer Schaufenster hat sie in der letzten Woche 26 Meter Dekostoff zum Preis von 214,50 EUR gekauft. Leider reichte der Stoff nicht aus. Deshalb schickt sie heute eine ihrer Auszubildenden los, um weitere 7 Meter des Stoffs zu kaufen. Wie viel Geld benötigt die Auszubildende, um den Stoff zu bezahlen?**

6. **Sie sind Mitarbeiter in einer kleinen Weinhandlung. Ein lokaler Winzer bietet Ihnen 500 Liter seines Weins zum Preis von 1 577,00 EUR an. Da Sie von der Qualität des Weins noch nicht überzeugt sind, einigen sie sich zunächst, nur 80 Liter abzunehmen.**

   a) **Was kosten Sie diese 80 Liter Wein?**
   b) **Wie hoch wäre die Rechnung, wenn sie nach Abverkauf der 80 Liter eine zweite Bestellung über 600 Liter aufgeben würden?**

Dreisatz mit ungeradem Verhältnis

Wissen erarbeiten

Situation im Lehrbuch Seite 217

Seit Katrin Weber ihren Kolleginnen beim Einräumen und Umsortieren der Obst- und Gemüseabteilung hilft, ist die Arbeit schneller erledigt. Wie viel Zeit brauchen sie, wenn die drei Kolleginnen früher 1 $^{1}/_{2}$ Stunden für das Auffüllen und Umsortieren der Obst- und Gemüseabteilung benötigten?

1. Schritt: Bedingungssatz aufstellen

Der Bedingungssatz enthält die beiden bekannten Größen.

Bedingungssatz:		brauchen	

2. Schritt: Fragesatz aufstellen

Der Fragesatz enthält die gesuchte Größe X.

Fragesatz:		brauchen	

Bei der Aufstellung von Bedingungs- und Fragesatz müssen gleiche Einheiten (z.B. EUR, Std.) immer untereinander stehen. Die gesuchte Größe X steht immer rechts.

3. Schritt: Bruchsatz aufstellen

Multiplikation der Werte auf einer Ebene und Division durch den dritten Wert.

Bruchsatz:	x = $\frac{\quad \cdot \quad}{\quad}$ x =

4. Schritt: Antwortsatz

____

____

____

Wissen trainieren

Übungsaufgaben zum Dreisatz mit ungeradem Verhältnis

1. **Eine Heizanlage verbraucht im Durchschnitt täglich 62 Liter Heizöl. Der Heizölvorrat reicht in diesem Fall für 225 Tage. Wie viel Tage reicht der Vorrat bei folgendem Tagesverbrauch?**
   a) 60 Liter b) 75 Liter c) 90 Liter

2. **Sechs Angestellte machen die Inventurarbeiten eines Textilgeschäfts in zwölf Tagen. Wie viele Tage bräuchte man, wenn zwei weitere Angestellte beschäftigt würden?**

3. **Um einen Fußboden zu verlegen, braucht ein Heimwerker 400 quadratische Platten von je 30 Zentimeter Kantenlänge. Wie viele Platten braucht er, wenn nur Platten von 40 Zentimeter Kantenlänge vorrätig sind?**

4. **In einem Einzelhandelsbetrieb arbeiteten bisher 20 Mitarbeiterinnen und Mitarbeiter jeweils 38 Stunden in der Woche. Aufgrund einer Betriebsvereinbarung soll die wöchentliche Arbeitszeit auf 40 Stunden erhöht werden.**
   Das Personalbüro hat noch folgende Informationen:

   - Drei Mitarbeiterinnen und Mitarbeiter wollen das Unternehmen verlassen,
   - fünf Mitarbeiterinnen und Mitarbeiter wollen aus familiären Gründen nur noch 20 Stunden wöchentlich arbeiten,
   - drei Auszubildende werden ins Angestelltenverhältnis übernommen.

   Stellen Sie fest, ob der vorhandene bzw. zukünftige Personalbestand ausreicht, wenn das Arbeitsaufkommen gleich bleibt. Wie könnte ein Mehr- oder Minderbestand ausgeglichen werden?

5. **Jessica Baumann möchte sich einen neuen Kleiderschrank und eine Kommode kaufen. Sie beschließt daher, ihren Zigarettenkonsum auf null herunterzufahren und die wöchentlich ersparten 60,00 EUR auf die hohe Kante zu legen. Nach 28 Wochen hätte sie so das Geld für den Möbelkauf zusammen.**
   Um wie viele Wochen würde sich die Wartezeit bis zum Möbelkauf verkürzen, wenn Jessicas Oma ihr für ihren Zigarettenverzicht wöchentlich noch 20,00 EUR zusätzlich geben würde?

Gemischte Dreisatzaufgaben

1. **Die 53 Einzelhandelsgeschäfte in der Marburger Innenstadt planen einen verkaufsoffenen Sonntag. Dafür wollen sie gemeinsam werben. Die Marketingagentur veranschlagt einen Werbebeitrag von 245,00 EUR pro Einzelhandelsgeschäft. Kurz vor dem verkaufsoffenen Sonntag stellt sich heraus, dass nur 35 Einzelhandelsgeschäfte an der Aktion teilnehmen.**
   Wie viel muss jedes teilnehmende Geschäft nun zahlen, damit die Kosten der Werbung gedeckt sind?

2. **Ein Einzelhandelsgeschäft bestellt bei seinem Großhändler 180 Kilogramm Zucker. Bei der letzten Lieferung kosteten 780 Kilogramm Zucker 327,60 EUR. Wie viel Euro muss der Einzelhändler für den bestellten Zucker bezahlen?**

3. **Das Kaufhaus WEDEKA hatte im Juli Stromkosten für seine Klimaanlage in Höhe von 1 881,60 EUR. Dabei war die Anlage 168 Stunden in Betrieb. Im August wurde die Klimaanlage insgesamt nur 120 Stunden genutzt. Wie hoch sind die Stromkosten?**

4. **Für die Inventur in einem Möbelhaus brauchen fünf Angestellte bei einer täglichen Arbeitszeit von 8 Stunden 3 Tage. Im nächsten Jahr überlegt sich der Chef, die gesamte Inventur an einem Tag mit einer Arbeitszeit von 10 Stunden pro Arbeitskraft durchzuführen. Muss er dafür zusätzliches Personal bereitstellen?**

5. **Harry Klug tritt im Mai seine neue Stelle als Einzelhandelskaufmann an. In seinem Arbeitsvertrag heißt es: *„Die Zahl der Urlaubstage pro Jahr beträgt 31. [...] Bei Eintritt oder Austritt im Laufe eines Kalenderjahres werden die Urlaubstage anteilig berechnet und auf ganze Tage aufgerundet."* Auf wie viele Urlaubstage hat Harry im laufenden Kalenderjahr Anspruch?**

Überprüfen Sie Ihr Wissen zur Dreisatzrechnung

1. Beim Dreisatz werden drei Sätze aufgestellt. Wie heißen diese?

1. Der ____________________

   Er enthält ____________________.

2. Der ____________________

   Er enthält die ____________________.

3. Der ____________________

   Mit seiner Hilfe berechnen wir die ____________________.

2. Überlegen Sie: Warum wird der Dreisatz auch als Schlussrechnung bezeichnet?

____

____

____

3. Was gilt es bei der Aufstellung von Bedingungssatz und Fragesatz zu berücksichtigen?

Setzten Sie die passenden Wörter ein:

Links, rechts, oben, unten, nebeneinander, untereinander

1. Gleiche Einheiten stehen immer ____________________.

2. Die gesuchte Größe steht immer ____________________.

4. Worin unterscheiden sich der Dreisatz mit geradem Verhältnis und der Dreisatz mit ungeradem Verhältnis?
Geben Sie jeweils ein Beispiel.

Ein Dreisatz mit geradem Verhältnis liegt vor, wenn zwischen den Größen folgende Beziehungen gelten:

je ____________________ desto ____________________ bzw.

je ____________________ desto ____________________.

Beispiel: je ____________________ desto ____________________

____________________ ____________________

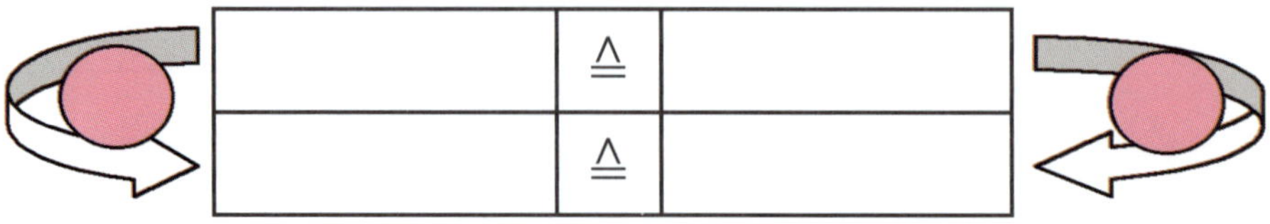

Ein Dreisatz mit ungeradem Verhältnis liegt vor, wenn zwischen den Größen folgende Beziehungen gelten:

je ______________________ desto ______________________ bzw.

je ______________________ desto ______________________.

Beispiel: je ______________________ desto ______________________

______________________ ______________________

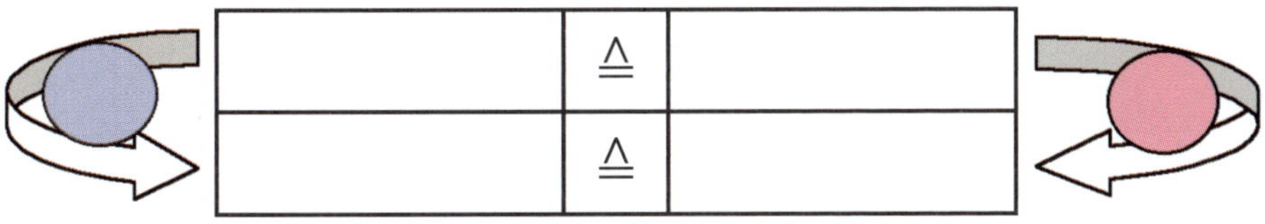

Einfacher Durchschnitt

Wissen erarbeiten

Situation im Lehrbuch Seite 220 f.

Diagramm

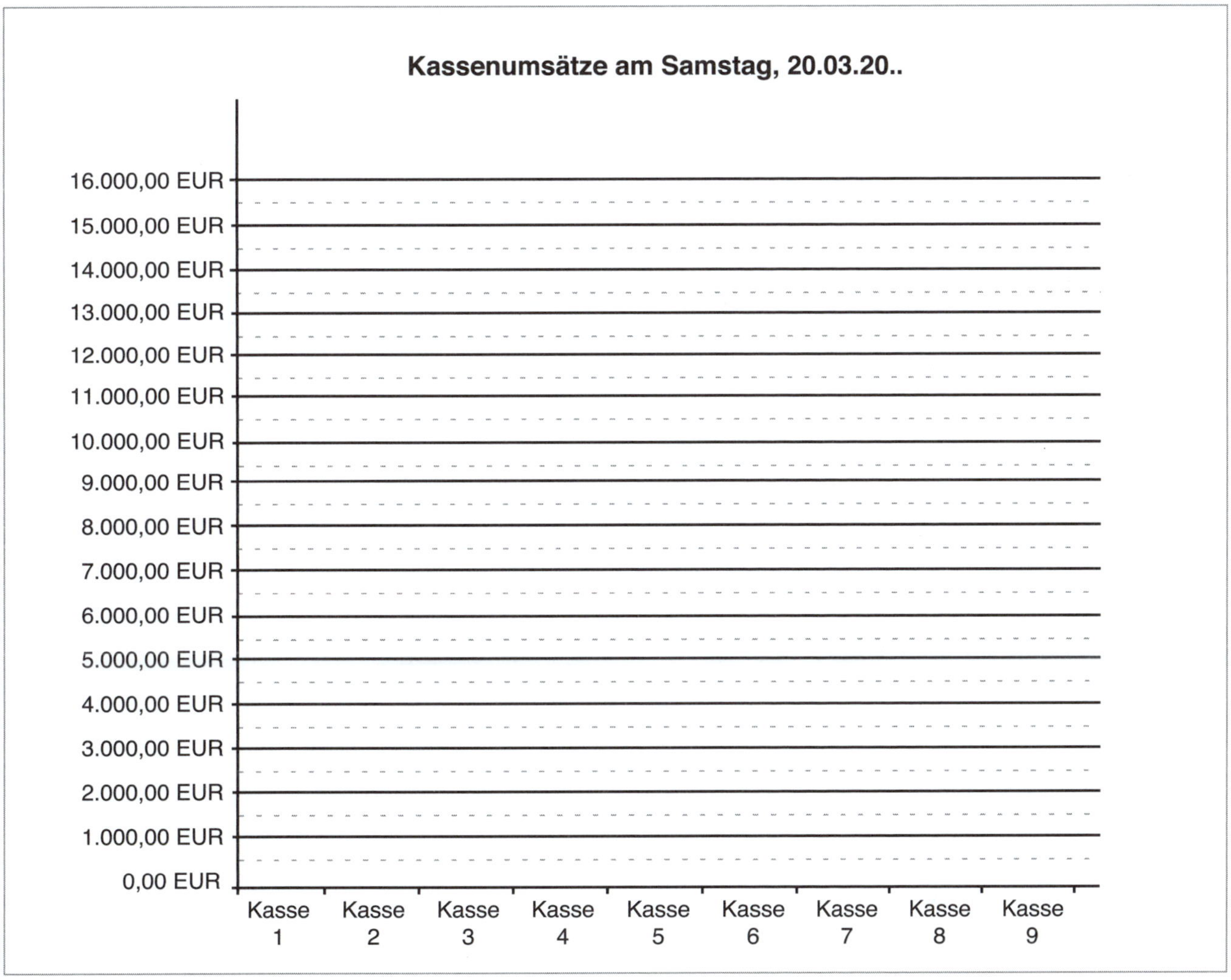

Berechnen Sie den durchschnittlichen Umsatz pro Kasse an diesem Samstag:

1. Schritt: Einzelwerte aufschreiben

Schreiben Sie die gegebenen Kassenumsätze untereinander in unten stehende Tabelle.

2. Schritt: Summe der Einzelwerte bilden

Addieren Sie die Kassenumsätze.

Kassenumsätze:	
Summe der Kassenumsätze	

Anzahl der Einzelwerte: ☐

3. Schritt: Durchschnitt berechnen

Wenden Sie die Formel zur Berechnung des Durchschnittswertes an:

$$\text{einfacher Durchschnitt} = \frac{\text{Summe der Einzelwerte}}{\text{Anzahl der Einzelwerte}}$$

durchschnittlicher Umsatz pro Kasse = ______________ = ______________

Entscheiden Sie: Erhält Onur eine Prämie?

Antwort: ____

Begründung: ____

____

____

____

Gewogener Durchschnitt

Wissen erarbeiten

Situation im Lehrbuch Seite 222

1. Schritt: gegebene Werte aufschreiben

Tragen Sie in unten stehende Tabelle alle Einzelposten (Farben) ein, die in die Mischung eingegangen sind. Schreiben Sie für jede Farbe auf, in welcher Menge sie in die Mischung eingegangen ist und welchen Preis pro Liter sie hat.

2. Schritt: Werte der Einzelposten ermitteln

Berechnen Sie den Wert jedes einzelnen Postens der Mischung und tragen Sie ihn in die unten stehende Tabelle ein. Nutzen Sie bei der Berechnung die Formel:

Wert eines Postens = Menge des Postens • Preis pro Mengeneinheit

3. Schritt: Gesamtwert der Mischung berechnen

Berechnen Sie den Gesamtwert der Mischung, indem Sie die Werte der Einzelposten addieren.

4. Schritt: Gesamtmenge berechnen

Berechnen Sie die Gesamtmenge der Mischung, indem Sie die Mengen der Einzelposten addieren.

Einzelposten (Farben)	Menge der Einzelposten	Preis der Einzelposten pro Liter	Wert der Einzelposten
Gesamtmenge:		Gesamtwert der Mischung:	

5. Schritt: Durchschnitt berechnen

Wenden Sie die Formel zur Berechnung des gewogenen Durchschnittswertes an:

$$\text{gewogener Durchschnitt} = \frac{\text{Gesamtwert der Mischung}}{\text{Gesamtmenge}}$$

Preis für 1 Liter Farbe = ______________ = ______________

6. Schritt: Antwortsatz

Antwort: ____

____

____

Wissen trainieren

Übungsaufgaben

1. **Mandy möchte sich zur Prüfung anmelden. In den zehn Klassenarbeiten der zurückliegenden beiden Jahre hatte sie diese Noten:**

	KA 1	KA 2	KA 3	KA 4	KA 5	KA 6	KA 7	KA 8	KA 9	KA 10
Note	2,4	1,9	2,1	3,3	2,3	3,2	1,5	1,4	2,6	1,7

Mit welcher schriftlichen Note wird Mandy zur Prüfung eingereicht?

2. **Ein Einzelhändler gibt bei einem Apfelbauern eine Bestellung auf.**

Sorte	Menge in Kilogramm	Preis pro Kilogramm
Elstar	70	0,50 EUR
Gala Royal	80	0,55 EUR
Jonagold	90	0,45 EUR
Cox Orange	50	0,60 EUR
Idared	70	0,60 EUR

a) **Berechnen Sie, was der Einzelhändler bei dieser Bestellung im Durchschnitt für 1 Kilo Äpfel bezahlt.**
b) **Berechnen Sie, wie teuer 1 Kilo Äpfel im Durchschnitt bei dem Apfelbauern ist.**

3. **Sie sind Einkäufer bei einer großen Warenhauskette. Bisher bezieht jedes Warenhaus sein Heizöl von einem regionalen Heizöllieferanten. Den Heizölverbrauch der Warenhäuser sowie die Heizölkosten der regionalen Lieferanten entnehmen Sie der Tabelle.**

Warenhaus	Heizölverbrauch	Preis je 100 Liter
Stuttgart	6020 Liter	34,20 EUR
Leipzig	7800 Liter	33,20 EUR
Hamburg	5210 Liter	34,70 EUR
München	4030 Liter	35,20 EUR
Berlin	9891 Liter	32,20 EUR
Essen	8053 Liter	33,20 EUR

Der Energiekonzern Hell bietet Ihnen die Versorgung aller Ihrer Warenhäuser zum Preis von 33,70 EUR je 100 Liter Heizöl an. Lohnt sich ein Anbieterwechsel für Ihr Unternehmen?

4. **Herr Ludäscher, Leiter eines Feinkosteinzelhandelsbetriebs in Stuttgart, hat für die Monate Oktober bis Dezember bei einem Großhändler 520 Kilogramm Walnüsse bestellt.**
Für Oktober legt er den Verkaufspreis mit 4,80 EUR/kg fest. Leider verkauft er im Oktober aufgrund der Konkurrenzsituation nur 115 Kilogramm. Deshalb senkt er den Preis im November auf 4,45 EUR/kg und verkauft in diesem Monat 240 Kilogramm. Die restlichen Nüsse verkauft er im Dezember zu einem Preis von 4,20 EUR/kg.

   a) **Frau Mertens kauft von Oktober bis Dezember jeden Monat 1 Kilogramm Walnüsse bei Herrn Ludäscher. Berechnen Sie, wie viel Frau Mertens im Durchschnitt für ihre Nüsse bezahlt hat.**
   b) **Berechnen Sie, was Herr Ludäscher im Durchschnitt für 1 Kilogramm Walnüsse erlöst hat.**

5. **Ein Reformhaus verkauft jeden Herbst selbst abgefüllten Apfel-Holunder-Saft. Dazu werden 350 Liter Apfelsaft zu 1,80 EUR je Liter und 250 Liter Holundersaft zu 3,20 EUR je Liter miteinander gemischt. Was kostet einen Kunden eine 0,75-Liter-Flasche Apfel-Holunder-Saft?**

6. **Ein Einzelhändler mischt 100 Kilogramm Sultaninen mit 50 Kilogramm Nussmischung zu Studentenfutter. Ein Kilogramm Sultaninen kosten 8,90 EUR, ein Kilogramm Nussmischung 14,00 EUR. Wie viel Euro kosten 100 Gramm Studentenfutter?**

7. **Ein Versandhaus für rezeptfreie Heilmittel vertreibt seine Waren in Verkaufsbezirken. In jedem Bezirk arbeiten unterschiedlich viele Vertreter.**
   a) **Berechnen Sie für jeden Verkaufsbezirk den durchschnittlichen Tagesumsatz eines Vertreters.**
   b) **Berechnen Sie den durchschnittlichen Tagesumsatz eines Vertreters des Versandhauses.**

Verkaufsbezirk	Anzahl der Vertreter	Arbeitseinsatz pro Vertreter in Tagen	Gesamtumsatz pro Verkaufsbezirk in EUR
Nord	10	158	189 600,00
Süd	8	134	117 920,00
Ost	9	140	113 400,00
West	5	152	98 800,00
Mitte	7	138	193 200,00

Prozentrechnung vom Hundert

Wissen erarbeiten

Situation im Lehrbuch Seite 224

Der selbstständige Handelsvertreter Paul möchte berechnen, wie viel Prozent Provision er im Vergleich zu seinem Freund Alfonso erhält.

1. Schritt: Aufgabe analysieren
Was ist gesucht?
Sie wollen die Provision von Paul als Prozentsatz berechnen.

Gesucht:		= Prozentsatz (p)

Was ist gegeben?
Wenn Sie den Prozentsatz berechnen wollen, müssen Grundwert und Prozentwert gegeben sein.

Gegeben:		= Grundwert (G)	=
		= Prozentwert (W)	=

2. Schritt: Dreisatz aufstellen
Wir wissen: Der Grundwert entspricht immer 100 Prozent.

Gleiche Einheiten stehen untereinander.
Die gesuchte Größe steht immer rechts (hier: der Prozentsatz).

Bedingungssatz:		≙	
Fragesatz:		≙	

Faustregel: Multiplikation der Werte in der Diagonalen und Division durch den dritten Wert.

Bruchsatz:	p = ______	=

Führen Sie dieselbe Rechung für **Alfonso** durch:

Bedingungssatz:		≙	
Fragesatz:		≙	

Bruchsatz:	p = ______	=

3. Schritt: Antwortsatz

______

______

______

Berechnung des Prozentwertes:

Nicole Leber ist Auszubildende im Baumarkt Rossberger. Von ihrer Ausbilderin erhält sie den Auftrag, den Skontoabzug bei eingehenden Rechnungen zu berechnen.
Wie viel Euro können bei der Überweisung der Rechnung der Walter Rittmann GmbH abgezogen werden?

Walter Rittmann GmbH
Walter Rittmann GmbH, Meißner Str. 23 D-01462 Dresden

Werkzeuge und Formteile
Meißner Str. 23
01462 Dresden
Tel.: 0351-7896-0
Fax.: 0351-789610
E-Mail: w.rittmann@web.de
Home: www.rittmann-online.de

Manfred Rossberger GmbH
Eulenweg 45

64287 Darmstadt

Rechnung Nr. 96037

Artikel-Nr.	Bezeichnung	Menge	Einzelpreis	Gesamt
023545	Dreibein-Schwenkgrill ø 58 cm	200	32,50 €	6.500,00 €
				6.500,00 €
	Umsatzsteuer 19 %			1.235,00 €
Rechnungsbetrag				**7.735,00 €**

Zahlungsbedingungen: 2 % Skonto innerhalb 8 Tagen, 30 Tage netto Kasse

1. Schritt: Aufgabe analysieren

Was ist gesucht?

Gesucht:		= Prozentwert (W)

Was ist gegeben?
Wenn Sie den Prozentsatz berechnen wollen, müssen Grundwert und Prozentwert gegeben sein.

Gegeben:		= Grundwert (G)	=
		= Prozentsatz (p)	=

2. Schritt: Dreisatz aufstellen
Wir wissen:

- Der heutige Preis des Schuhschranks liegt genau 20 % unter dem ursprünglichen Preis. Er entspricht also 80 % des ursprünglichen Grundwerts.
- Der ursprüngliche Grundwert entspricht immer 100 %.

Gleiche Einheiten stehen untereinander.
Die gesuchte Größe steht immer rechts (hier: der ursprüngliche Grundwert).

Bedingungssatz:		$\triangleq$	
Fragesatz:		$\triangleq$	

Faustregel: Multiplikation der Werte in der Diagonalen und Division durch den dritten Wert

Bruchsatz:	W = ――――――――	=

3. Schritt: Antwortsatz

____

____

Berechnung des Grundwertes:

Viktor Schreiner ist Auszubildender bei dem Lebensmitteldiscounter Gut & Billig. Er hat von seinem Chef erfahren, dass seine Filiale in Kaiserslautern einen Jahresumsatz von 17 Mio. EUR gemacht hat. Das sind 4,25 % des deutschlandweiten Jahresumsatzes der Kette Gut & Billig.

Wie hoch ist der jährliche Gesamtumsatz von Gut & Billig?

1. Schritt: Aufgabe analysieren

Was ist gesucht?

Gesucht:		= Grundwert (G)

Was ist gegeben?

Wenn Sie den Prozentsatz berechnen wollen, müssen Grundwert und Prozentwert gegeben sein.

Gegeben:		= Prozentwert (W)	=
		= Prozentsatz (p)	=

2. Schritt: Dreisatz aufstellen

Bedingungssatz:		≙	
Fragesatz:		≙	

Faustregel: Multiplikation der Werte in der Diagonalen und Division durch den dritten Wert

Bruchsatz:	G = ――――――――	=

3. Schritt: Antwortsatz

____

____

Übungsaufgaben

1. Berechnen Sie die fehlenden Werte.

	Ware 1	Ware 2	Ware 3	Ware 4
Ursprünglicher Preis	279,00 EUR	______	______	900,00 EUR
Nachlass in Prozent	12	–	______	–
Nachlass in Euro	______	–	9,98	–
Erhöhung in Prozent	–	18	–	______
Erhöhung in Euro	–	2,25	–	______
Neuer Preis	______	______	39,92 EUR	1 035,00 EUR

2. Über welchen Betrag lauteten die Rechungen bei den Skontobeträgen?

	Skonto in Prozent	Skonto in EUR
Rechnung 1	3	47,28
Rechnung 2	2	127,56
Rechnung 3	1,5	24,75
Rechnung 4	3	16,47
Rechnung 5	2,5	107,80
Rechnung 6	2,75	299,31

3. Ein Vertreter erhält Provisionen von verschiedenen Versicherungen ausbezahlt:

Versicherung	Umsatz	Provision
Neues Leben	28 751,00 EUR	1 150,04 EUR
Undina	19 200,00 EUR	480,00 EUR
Deutsche Allgemeine	9 325,00 EUR	261,10 EUR
Nationale	15 416,00 EUR	462,48 EUR
Düsseldorfer	18 759,50 EUR	937,95 EUR

a) Wie viel seines jeweiligen Umsatzes bei den einzelnen Versicherungen betragen die Provisionen?
b) Wie viel Prozent seines Gesamtumsatzes erhält der Vertreter als Provision?

4. Unter den größten Lebensmittelhandelskonzernen der Welt hat der Marktführer Wal Mart einen Marktanteil von ca. 20,7 %.

a) Berechnen Sie den Gesamtumsatz der größten Lebensmittelhandelskonzerne der Welt mithilfe der Prozentrechnung.
b) Berechnen Sie die Marktanteile der deutschen Lebensmittelhändler in Prozent.

5. **Eine Kollegin erzählt Ihnen, dass sie vor drei Jahren mit einem monatlichen Bruttogehalt von 2 060,00 EUR in den Beruf eingestiegen ist. Seitdem hat sie drei Gehaltserhöhungen bekommen: im ersten Jahr 8,7 %, im zweiten Jahr 9,5 % und im dritten Jahr 4,9 %. Was verdient Ihre Kollegin heute?**

6. **Das Sporthaus Gruber wirbt für seinen Räumungsverkauf mit den aufgelisteten Artikeln:**

	Alter Preis	Neuer Preis	Preissenkung in EUR
Racing Carver, Worldcup Giant Slalom	690,00 EUR	390,00 EUR	
Snow Board, Blue Mountain Magic	430,00 EUR	190,00 EUR	
Ski-Komplett-Set, Professional Racing	995,00 EUR	490,00 EUR	
Damen-Skijacke, Hillinger weiß mit Paspellierung	345,00 EUR	190,00 EUR	
Damen-Skianzug, Dragon Auslaufmodell	495,00 EUR	160,00 EUR	
Herren-Skianzug, Helanca Auslaufmodell	570,00 EUR	160,00 EUR	
Lady Expert Carver, Special Slalom	599,00 EUR	490,00 EUR	
Fitness Centre, Restposten nur noch 3 Exemplare	1 625,00 EUR	1 180,00 EUR	
Snowboard-Komplett-Set, Free Spirit	680,00 EUR	480,00 EUR	
Kinder-Ski-Set	175,00 EUR	120,00 EUR	
Telemark-Skiset nur noch dieses Jahr im Sortiment	950,00 EUR	290,00 EUR	

a) Um wie viel Euro und Prozent senkte das Sportgeschäft die Preise der einzelnen Artikel?
b) Wie hoch war die durchschnittliche Preissenkung in Euro und Prozent?

7. **Vor vier Jahren kostete ein Laserdrucker 352,00 EUR. Durch starke Konkurrenz verlief die Preisbewegung in diesen vier Jahren wie folgt:**

1. Jahr: Preissenkung um 8 %
2. Jahr: Preissenkung um 4,5 %
3. Jahr: Preiserhöhung um 2,5 %
4. Jahr: Preissenkung um 11,4 %

Berechnen Sie die Preisveränderung in jedem Jahr in EUR.

Prozentrechnung bei vermindertem Grundwert

Wissen erarbeiten

Situation im Lehrbuch Seite 229

Heike Häßler möchte für eine Kundin ausrechnen, wie viel ein bestimmter Bürostuhl kostete, bevor das Möbelhaus seine Preise um 20 % senkte.

1. Schritt: Aufgabe analysieren

Was ist gesucht?

Gesucht:		= ursprünglicher Grundwert (G)

Was ist gegeben?

Gegeben:		= verminderter Grundwert (W) ($G_{vermindert}$)	=
		= Prozentsatz (p)	=

2. Schritt: Dreisatz aufstellen

Wir wissen:

- Der heutige Preis des Bürostuhls liegt genau 20 % unter dem ursprünglichen Preis. Er entspricht also 80 % des ursprünglichen Grundwerts.
- Der ursprüngliche Grundwert G entspricht immer 100 %.

Bedingungssatz:		≙	
Fragesatz:		≙	G

Faustregel: Multiplikation der Werte in der Diagonalen und Division durch den dritten Wert

Bruchsatz:	G = ________________	=

3. Schritt: Antwortsatz

____

____

Prozentrechnung bei vermehrtem Grundwert

Wissen erarbeiten

Situation im Lehrbuch Seite 231

Das Autohaus Hübner schenkt seinen Kunden diesen Monat die 19 % Mehrwertsteuer. Im letzten Monat hätte Nathalie für den Kleinwagen Q5 noch 11 100,00 EUR bezahlt. Was kostet sie das Auto jetzt „ohne Mehrwertsteuer"?

1. Schritt: Aufgabe analysieren

Was ist gesucht?

Gesucht:		= ursprünglicher Grundwert (G)

Was ist gegeben?

Gegeben:		= verminderter Grundwert (W) ($G_{vermehrt}$)	=
		= Prozentsatz (p)	=

2. Schritt: Dreisatz aufstellen

Wir wissen:

- Der ursprüngliche Grundwert entspricht immer 100 %.
- Die Mehrwertsteuer in Höhe von 19 % wird auf den ursprünglichen Grundwert aufgeschlagen. Der Preis mit Mehrwertsteuer (vermehrter Grundwert) entspricht also 119 %.

Bedingungssatz:		≙	
Fragesatz:		≙	

Faustregel: Multiplikation der Werte in der Diagonalen und Division durch den dritten Wert

Bruchsatz:	G = ――――――――	=

3. Schritt: Antwortsatz

____

____

Wissen trainieren

Übungsaufgaben zum vermehrten und verminderten Grundwert

1. Berechnen Sie den alten Umsatz und die Umsatzsteigerung in EUR.

	Umsatzsteigerung	Neuer Umsatz in EUR
a)	3 %	131 139,60
b)	6 %	48 601,00
c)	8 %	330 939,00
d)	15 %	89 999,00
e)	43 %	311 025,00
f)	107 %	76 672,80
g)	5,6 %	441 724,80
h)	8,3 %	98 769,60

2. Berechnen Sie den ursprünglichen Preis und die Preissenkung in EUR.

	Neuer Preis in EUR	Preissenkung
a)	240,00	4 %
b)	1 692,60	7 %
c)	436,80	9 %
d)	7 426,10	14 %
e)	2 635,30	27 %
f)	27,30	35 %
g)	14 342,90	6,5 %
h)	572,50	8,4 %

3. Im Möbelhaus Braun gab es einen Wasserschaden. Dr. Gärtner nutzt die Gelegenheit, um einige Einrichtungsgegenstände für seine Praxis zu kaufen. Als Unternehmer benötigt er eine Rechnung mit ausgewiesener Mehrwertsteuer.
a) Berechnen Sie für jeden Artikel die Mehrwertsteuer.
b) Wie hoch ist die Mehrwertsteuer der gesamten Rechnung?

Produkt	Ladenverkaufspreis in EUR
Anbauwand	4 391,10
Couchtisch	178,50
Bild	49,95
3 Schreibtische	1 666,00

Produkt	Ladenverkaufspreis in EUR
Freischwinger	666,40
Zeitungsständer	14,28
Halogenstrahler	328,65
Garderobe	297,50

4. **Der Umsatz des Kiosks „TiPP" liegt mit 102 053,00 EUR um 12,5 % unter dem des Vorjahres. Wie hoch war der Umsatz im Vorjahr?**

5. **Eine Werkzeughandlung erzielt beim Verkauf einer Bohrmaschine zu 247,50 EUR einen Gewinn von 10 %. Wie viel Prozent beträgt der Gewinn, wenn der Verkaufspreis auf 243,00 EUR herabgesetzt wird?**

6. **Der Dezemberumsatz eines Supermarkts beträgt 140 600,00 EUR.**

a) Wie hoch waren die Monatsumsätze im Oktober und November, wenn der Novemberumsatz 6 % unter dem Oktoberumsatz und der Dezemberumsatz 8 % über dem Novemberumsatz lag?
b) Um wie viel Prozent überstieg der Dezemberumsatz den Oktoberumsatz?

7. **Der Umsatz eines Geschäfts stieg innerhalb eines Jahres um 8 %. Im folgenden Jahr ging der erhöhte Umsatz um denselben Prozentsatz auf 422 280,00 EUR zurück. Wie hoch war der Umsatz vor zwei Jahren?**

Lernfeld 4

Waren präsentieren

1 Verkaufs- und Betriebsformen, in denen wir arbeiten

Wissen erarbeiten

1. **Erläutern Sie die beiden dargestellten Verkaufsformen.**

Begriff		
typische Waren/ Sortimente		
Preisniveau		
Vorteile		

2. a) **Das Vorwahlsystem ist eine Kombination aus** ______________________________

____ .

b) **Welche Vorteile bietet die Vorwahl dem Kunden?**

____

____

____

____

3. Welche Verkaufsform wählt der Kunde vermutlich beim Kauf

(1) eines kostbaren Rings: ______________________________,

(2) von Lebensmitteln für eine 4-köpfige Familie: ______________________________,

(3) von Jeans (Kundin ist 17 Jahre alt): ______________________________?

4.

WIR MÖCHTEN, DASS SIE WIEDERKOMMEN

Wir tun alles, damit Sie Spaß am Einkaufen haben. Unsere modernen Fachgeschäfte bieten geschmackvolles Ambiente, einwandfreie Qualität und aktuelle Sortimente zu günstigen Preisen.

Erstklassigen Service und Beratung auf hohem Niveau. Immer sympathisch, hilfsbereit und freundlich.

Wir bemühen uns um Sie – denn wir möchten, dass Sie wiederkommen.

a) Welche Verkaufsform erwartet der Kunde bei dieser Annonce? ______________________________

b) Welche Leistungen bietet das Geschäft?

(1) ______________________________

(2) ______________________________

(3) ______________________________

(4) ______________________________

(5) ______________________________

(6) ______________________________

c) ***„Wir bemühen uns um Sie – denn wir möchten, dass Sie wiederkommen."*** **Unter welchen Umständen kommt der Kunde wieder?**

____

____

d) Was gehört zu einem anspruchsvollen Ambiente?

____

____

____

5. Beurteilen Sie die Geschäfte nach Sortiment, Verkaufsform, Größe und Preis.

Merkmale	Supermarkt	Fachmarkt	Verbrauchermarkt
Sortiment			
Verkaufsform			
Größe			
Preis			

6. Ordnen Sie die Begriffe dem Versorgungskauf und dem Erlebniskauf richtig zu.

klangvolle und hübsche Hifi-Anlage, preiswerte Grundnahrungsmittel, funktionelle Geschäftsausstattung, anspruchsvolles Ambiente, Supermarkt, Fachgeschäft, Bedienung, Selbstbedienung, Luxusartikel

Versorgungskauf	Erlebniskauf

Wissen trainieren

7. Welche Erwartungen werden beim Kunden anhand der Werbeinserate hinsichtlich der Merkmale geweckt?

Jacken IN MICROFASER bei
LUBAWIN
MODELLE
Mode von edler Art. Ungewöhnlich elegant. Mit sportlich-exklusiven Variationen. Jung und betont individuell. Ausgesuchte Spitzenmodelle.
Die anspruchsvolle Collection

Geschäft A

Verbrauchermarkt mit 1a-Preisen
Damen- und Herren-Sportrad, 21-Gang, 26 Zoll, gepolsterter Sattel, Werkzeugtasche mit Inhalt nur
215,00 EUR

Geschäft B

Merkmale	Geschäft A	Geschäft B
Preisgestaltung		
Bedienungsform		
Kundenansprüche		
Kaufatmosphäre		
Art des Produkts		

8. Welche Voraussetzungen muss das Geschäft schaffen, damit der Kunde ohne Hilfe eines Mitarbeiters findet, was er gerade sucht?

9. a) Ein neu eröffnetes Selbstbedienungs-Warenhaus (SB-Warenhaus) führt 40 000 verschiedene Artikel. Kennzeichnen Sie die jeweilige Artikelgruppe mit der wahrscheinlichen Verkaufsform (B = Bedienung, SB = Selbstbedienung).

(1) Leuchtmittel	**(4) Heimwerkerartikel**	**(7) Frischwurst**
(2) offene Backwaren	**(5) offener Käse**	
(3) Getränke	**(6) Uhren und Schmuck**	

b) Weshalb gibt es in SB-Warenhäusern keine totale Selbstbedienung?

10. Macht die Selbstbedienung den Verkäufer überflüssig? Begründen Sie Ihre Meinung.

11. Die Zeitungsbeilage eines Modehauses enthält u. a. den Text:

> **Das Modehaus X**
>
> bietet in kultivierter Fachgeschäfts-Atmosphäre eine komplette, modisch abgerundete Spitzenauswahl, fachkundige Beratung und einen ganz persönlichen Service.

a) In welcher Bedienungsform verkauft das Geschäft wohl seine Produkte?
b) Welche angebotenen Leistungen bedingen ein höheres Preisniveau als bei Selbstbedienung?

12. Worin liegen die Stärken des Bedienungsgeschäfts?

13. Unterscheiden Sie Fachgeschäft, SB-Warenhaus, Fachmarkt hinsichtlich Verkaufsform, Standort, Sortiment, Preisen und Art der Ware.

Wissen anwenden

14. Kleine Projekt: Bestimmt finden Sie an Ihrem Berufsschulort ein größeres und neueres Einkaufszentrum (EKZ) mit einem umfassenden Angebot aus nahezu allen Branchen und für jeden Bedarf. Ermitteln Sie in Kleingruppen vor Ort

a) die verschiedenen Geschäfte, die sich in dem EKZ befinden, sowie
   (1) deren (geschätzte) Größe,
   (2) deren wichtige Warengruppen/Sortimente,
   (3) die vorherrschende Verkaufsform und
   (4) die Gestaltung der Geschäftsräume;

b) die Preislagen eines Fachgeschäfts und eines Discounters, und versuchen Sie, für die unterschiedlichen Preislagen verschiedene Gründe zu finden;

c) die Tätigkeiten eines Verkäufers, die bei Vorwahl anfallen.

d) Tragen Sie die Ergebnisse Ihrer Beobachtungen vor.

2 Das kundenorientierte Sortiment ist Voraussetzung für geschäftlichen Erfolg

Wissen erarbeiten

1. Das Forum-Warenhaus bietet seinen Kunden in fünf Stockwerken viele Warenwelten.

4. Stock:	Heimtex-Welt: Heimtextilien, Bettwaren, Gardinen
3. Stock:	Kinder-Welt: Spielwaren, Sportbekleidung und -artikel
2. Stock:	Herren-Welt: Bekleidung, junge Mode, Schuhe
1. Stock:	Damen-Welt: Bekleidung, junge Mode, Dessous
EG:	Welt der schönen Dinge: Juwelierwaren, Uhren, Parfüms, Schreib- und Süßwaren
UG:	Haushalts-Welt: Haushaltswaren, Lebensmittel, Frischmarkt

Bringen Sie die Sortimentsbegriffe aus der „Herren-Welt" in die richtige Reihenfolge und ergänzen Sie entsprechend der Sortimentspyramide:

Oberbekleidung Herren; Jeanshosen; Levis, modische Jeans, stone washed; Levis, Größe L, Artikel 093905, Textilbereich

Sortimentspyramide	Begriffe
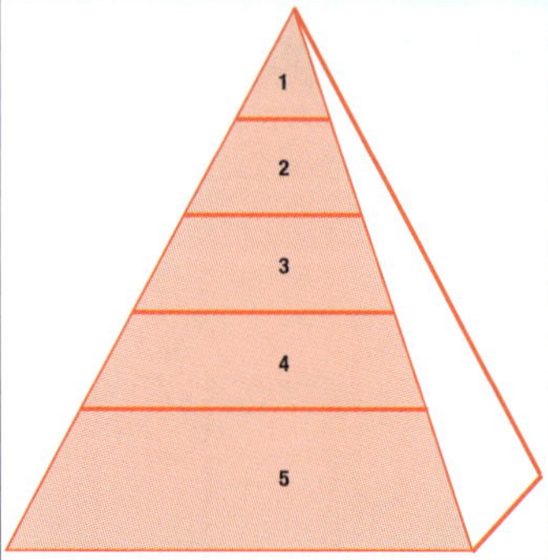	(1) Sorte: ________ (2) Artikel: ________ (3) Warengruppe: ________ (4) Warenbereich: ________ (5) Fachbereich: ________

2. Beschreiben Sie die Sortimente:

- breites Sortiment, z. B. im Warenhaus: ____________________
- schmales Sortiment, z. B. im Juweliergeschäft: ____________________
- tiefes Sortiment, z. B. im Fachgeschäft: ____________________
- flaches Sortiment, z. B. eines Marktstandes: ____________________

3.

TEXTILES VERTRAUEN
Schadstoffgeprüfte Textilien
nach Öko-Tex Standard 100
Prüf-Nr. 00000000 Institut

Viele Kunden orientieren sich beim Kauf an Produktkennzeichnungen. Geben Sie Beispiele für umweltfreundliche Produkte aus dem Sortiment Ihres Geschäfts.

Wissen trainieren

4. Welches Sortiment liegt in den Geschäften vor?
Auswahlantwort: tiefes Sortiment – schmales Sortiment – Vollsortiment
a) Tante-Emma-Laden b) Fachgeschäft c) Warenhaus

5. Erklären Sie den Unterschied zwischen einem flachen und einem schmalen Sortiment.

6. Nennen Sie wichtige Merkmale von Markenartikeln und Handelsmarken.

7. Beschreiben Sie ein von Ihnen gewähltes Sortimentssegment Ihres Ausbildungsbetriebs.

8. Stellen Sie Bedarfsbündel zusammen zu den Themen
a) „Fotografieren macht Spaß“,
b) „Malerarbeiten leicht gemacht“,
c) „Hochzeit: Ihr schönster Tag!“.

Wissen anwenden

9. **Kleines Projekt:** Sicher haben Sie als Auszubildende/- r bereits mehrere Rundgänge durch die Verkaufsräume unternommen und die Zusammensetzung des Sortiments genauer angeschaut. Gehen Sie nochmals in Ruhe das Sortiment Ihres Geschäfts durch. Sie haben mehr davon, wenn Sie sich vorher den Sortimentsaufbau anhand der Sortimentspyramide ansehen, um die Fachbegriffe richtig anzuwenden.

   a) Welche Warenbereiche führt Ihr Geschäft?

   b) Geben Sie Auskunft über die Breite und Tiefe der Sortimente.

   c) Welche Sortimente gehören zum Standardsortiment, welche zum Randsortiment?

   d) Welche bekannten Markenartikel, welche Eigenmarken/Handelsmarken führt Ihr Geschäft?

   e) Welche Artikel tragen stark zum Erfolg Ihres Geschäfts bei (mengen- und wertmäßig)?

3 Wirkungsvolle Ladengestaltung wirkt verkaufsfördernd

Wissen erarbeiten

1. **Ladengestaltung nach außen und nach innen:**

a) Nennen Sie vier Bereiche der Ladengestaltung.

- ______________________
- ______________________
- ______________________
- ______________________

b) Charakterisieren Sie mit treffenden Stichworten.

- Erlebniskauf: ______________________

- Versorgungskauf: ______

c) **Jedes Geschäft will mit seiner eigenen nach innen und außen wirkenden Ladengestaltung seine Ziele erreichen. Welche sind diese in Ihrem Geschäft?**

2. **Gestaltung der Schaufenster:**

a) **Welche Schaufenstertypen liegen hier vor?**

(1) ______ (2) ______

b) **Beschreiben Sie diese Schaufenstertypen kurz.**

(1) ______

(2) ______

c) **Welche drei weiteren Schaufenstertypen kennen Sie außerdem?**

- ______
- ______
- ______

d) **Machen Sie ergänzende Aussagen zum Schaufenster eines Schmuckgeschäfts zur Beleuchtung, zur Anzahl der ausgestellten Produkte, zu den Preisangaben.**

3. **Vergleichen Sie die die Merkmale dieser drei Geschäfte und Ihres Ausbildungsbetriebs: (1) Verkaufsform, (2) Sortimente, (3) Art der Ladengestaltung, (4) Gestaltungselemente im Inneren.**

	(1) (2) (3) (4)
	(1) (2) (3) (4)
	(1) (2) (3) (4)
Mein Ausbildungsbetrieb	(1) (2) (3) (4)

4. **Ermitteln Sie Regalzonen, Höhen und Wertigkeiten.**

	Regalzonen	Höhen	Wertigkeit

Wissen trainieren

5. **Grundsätze der Warenpräsentation sind z. B.**
   - Sortimentsüberblick geben,
   - Produktgruppen bilden,
   - Bedarfsbündel herausstellen,
   - auf Ordnung und Sauberkeit achten
   - das Arena-Prinzip „Weniger ist mehr",
   - Aktionsplatzierung vorzunehmen,
   - Shop-in-Shop einrichten,
   - Ware informativ präsentieren,
   - betriebliche Gegebenheiten nutzen,
   - Waren frontal präsentieren.

   Erläutern Sie diese Grundsätze und berichten Sie, wie Ihr Geschäft diese Grundsätze verwirklicht.

6. **a) Erklären Sie den Unterschied zwischen Warenpräsentation und Warenplatzierung.**
   b) Welche Absichten verfolgen Warenpräsentation und Warenplatzierung?

7. **Weshalb ist die Warenplatzierung bei Vorwahl und in Selbstbedienungsgeschäften von besonderer Bedeutung?**

8. **a) Nach welchen Gesichtspunkten stellt man**
   (1) Produktgruppen,
   (2) Bedarfsbündel zusammen?
   b) Geben Sie Beispiele für Bedarfsbündel.

9. **a) Was sind Aktionsplatzierungen?**
   b) Wo kann man diese verstärkt einsetzen?

10. **Was kann man von der Warenplatzierung her tun, wenn Waren lange liegen bleiben?**

11. **Nach welchen Gesichtspunkten kann man Artikel aus Ihrer Branche**
    a) zusammenstellen,
    b) ins Verkaufsregal einordnen?
    c) Machen Sie Aussagen zur Regalwertigkeit.

12. **Die Abbildung zeigt die Warenplatzierung eines Supermarktes.**
    a) Wo sind verkaufsstarke Zonen?
    b) Wo sind verkaufsschwache Zonen?
    c) Wodurch ergeben sich Zonen unterschiedlicher Verkaufsstärke?
    d) Wie kann man verkaufsschwache zu verkaufsstarken Zonen aufwerten?

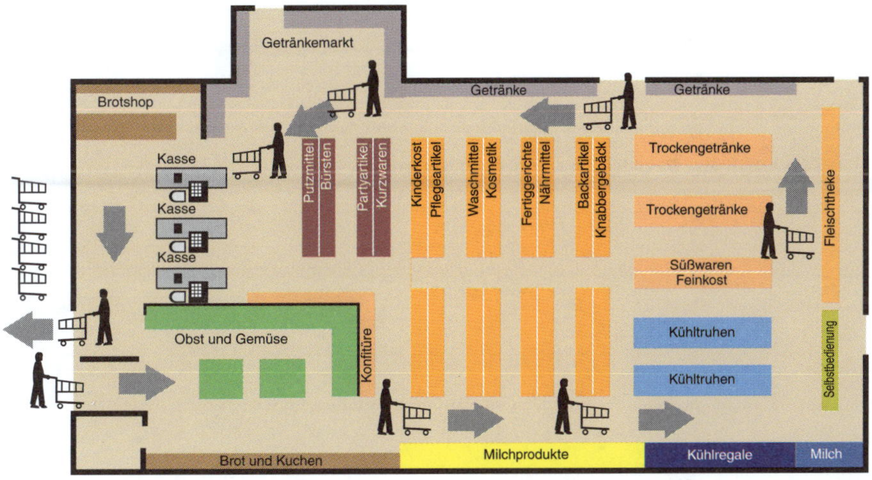

13. a) **Erklären Sie den Begriff Visual Merchandising.**
   b) **Was soll dabei erreicht werden?**
   c) **Geben Sie drei Beispiele für solche Maßnahmen Ihres Geschäfts.**

14. Vor dem Regal mit Süßigkeiten stehen
   a) **ein siebenjähriger Junge,**
   b) **eine etwas korpulente Dame mittleren Alters.**
   Machen Sie für beide Fälle Vorschläge für die Regalplatzierung von Süßigkeiten.

15. Erläutern Sie die jeweilige Präsentationsstrategie:
   a) **Textilien frontal präsentieren**
   b) **Damenschuhe im Arena-Prinzip präsentieren**

Wissen anwenden

16. Kleines Projekt:
   a) Welche Grundsätze der Warenpräsentation und -platzierung können Sie in Ihrem Geschäft oder in einem Geschäft Ihrer Wahl erkennen? Erläutern Sie diese kurz. Nehmen Sie Ihr Lehrbuch zu Hilfe. Vielleicht können Sie Bilder mit der Digitalkamera aufnehmen und der Klasse zeigen?
   b) Tragen Sie Ihre Beobachtungen/Erkenntnisse hierzu vor.

4 Warenkenntzeichnung und Preisauszeichnung

Wissen erarbeiten

1. Welche Angaben muss ein Preisschild nach der Preisangabenverordnung enthalten?

Speisefrühkartoffeln
Berber
vorwiegend festkochend,
vielseitig verwendbar,
Klasse I *1kg = € 1,02*
1,5-kg-Netz
€ 1,53

2. Für welche Produkte/Produktgruppen gilt die Auszeichnungspflicht?

Wissen trainieren

3. Markenwaren werden nahezu ausschließlich mit dem EAN-Strichcode versehen. Beschreiben Sie das Kennzeichnungssystem anhand des abgebildeten Strichcodes.

4 012345 003154

40	....
12345	....
00315	....
4	....

4. Welche Bedeutung haben Herstellernamen als Argumentationshilfe im Verkaufsgespräch?

5. a) Wozu dienen Warenzeichen? b) Welche Arten kennen Sie?

6. Was versteht man unter einem Gütezeichen?

7. Welche Angaben kann ein Preisschild neben den gesetzlich vorgeschriebenen noch enthalten?

8. Zeigen Sie, wie man den Einkaufspreis einer Ware auf dem Auszeichnungsetikett verschlüsselt angeben kann.

9. Für welche Waren besteht keine Auszeichnungspflicht?

10. Was ist ein Scanner?

Wissen anwenden

11. Wie kann man Waren- und Gütezeichen bei der Argumentation sinnvoll nutzen?

12. Erläutern Sie die Bedeutung der Produktkennzeichnungen:

a) b) c)

d) e) f) g)

Lernfeld 5

Werben und den Verkauf fördern

1 Werbung

Wissen erarbeiten

1. Erläutern Sie den Begriff Werbung.

2. Die Werbeziele können ökonomisch und/oder außerökonomisch sein. Nennen Sie jeweils Beispiele.

Ökonomische Ziele	Außerökonomische Ziele

Wissen trainieren

3. Erläutern Sie die Begriffe
   a) Absatzwerbung,
   b) Sales Promotion,
   c) Public Relations.

4. Untersuchen Sie warum/wann Werbung für die Verbraucher
   a) nützlich bzw.
   b) überflüssig
   sein kann.

5. Ist Werbung Manipulation von Menschen? Nehmen Sie Stellung.

6. Was würde geschehen, wenn Werbung ganz ausbliebe? Überlegen Sie dies von der Seite des Konsumenten und des Produzenten.

7. Handelt es sich bei den betrieblichen Tätigkeiten mehr um Sales Promotion oder um Marketing?
   a) Einführung neuer Produkte durch bekannte Filmstars
   b) Marktforschung unter Mitwirkung eines Marktforschungsinstituts
   c) Verkaufsförderung durch geeignete Regalplatzierung

8. Geben Sie je zwei Beispiele für
   a) ökonomische Ziele der Werbung,
   b) außerökonomische Ziele.

2 Werbeplanung

Wissen erarbeiten

1. Erfolgreiche Werbemaßnahmen setzen eine durchdachte Werbeplanung voraus. Erläutern Sie die einzelnen Schritte.

Planungsschritte	Erläuterungen
Situation analysieren 	
Werbeziele bestimmen 	

Planungsschritte	Erläuterungen
Werbeobjekte auswählen 	
Werbeetat aufstellen 	
Zielgruppen ermitteln 	

Wissen trainieren

2. **Ein größeres Warenhaus will einen Werbeplan erstellen. Ordnen Sie die verschiedenen Werbephasen in eine sinnvolle Reihenfolge:**
   Werbebotschaft verbreiten, Situation analysieren, Werbeetat planen, Zielgruppe ermitteln, Werbeziele und -objekte festlegen.

3. **a) Nennen Sie drei Zielgruppen, die Ihr Geschäft mit Werbung erreichen will.**
   b) Welche typischen Verhaltensweisen zeigt die jeweilige Zielgruppe?

4. **a) Welche Merkmale berücksichtigt ein Werbeetat?**
   b) Was halten Sie von dem Grundsatz *„Je höher der Umsatz, desto höher die Werbeausgaben"*?

5. **Ermitteln Sie anhand der Aussagen, ob**
   (1) Streukreis,
   (2) Streuzeit,
   (3) Streugebiet oder
   (4) Streuweg
   angesprochen werden.

   a) Das Schaufenster ist ein beliebtes Werbemittel des Textilgeschäfts.
   b) Kurz vor den Fernsehnachrichten soll die Werbemaßnahme erfolgen.
   c) „Familien-Urlaubsreisen zu Sonderpreisen!"
   d) Die Werbung der Regionalzeitung wird im Umkreis von 80 Kilometern gelesen.

Wissen anwenden

6. Die Erstellung von Streuplänen verhindert Streuverluste und stellt sicher, dass die ausgewählten Personen/Personengruppen mit der Werbemaßnahme auch erreicht werden. Ordnen Sie die Begriffe richtig zu: Streugebiet, Streukreis, Streuweg, Streuzeit.

Umworbener Personenkreis	Zeitpunkt und Dauer der Werbemaßnahme	Ort, an dem die Werbemaßnahme durchgeführt wird	Medien zur Verbreitung der Werbebotschaft

3 Werbebotschaften gestalten

Wissen erarbeiten

1. Erläutern Sie die Bedeutung der Werbegrundsätze.

Grundsätze	Erläuterungen
Soziale Verantwortung 	
Wahrheit 	
Klarheit 	

Grundsätze	Erläuterungen
Stetigkeit 	
Wirtschaftlichkeit 	

4 Werbeträger auswählen und Werbemittel gestalten

Wissen erarbeiten

1. **Der Einzelhändler kann allein oder zusammen mit anderen Unternehmen werben. Ordnen Sie richtig zu:**
   (1) Sammelwerbung, (2) Firmenwerbung, (3) Verbundwerbung, (4) Gemeinschaftswerbung

   a) **Werbung mehrerer Unternehmen für eine Artikelgruppe. Der einzelne Werbetreibende ist nicht zu erkennen.** ☐

   b) **Werbung mehrerer Unternehmen für gemeinsame Ziele. Der einzelne Unternehmer ist zu erkennen.** ☐

   c) **Werbung eines einzelnen Unternehmens für eigene Ziele.** ☐

   d) **Werbung von Einzelhändlern und/oder Herstellern für Waren, die zusammengehören.** ☐

2. **Welche Vorteile bietet die Einzelwerbung gegenüber der kooperativen Werbung?**

Vorteile Einzelwerbung	Vorteile kooperative Werbung

3. Welche Art der Werbung liegt vor bei:

a)

b)

____

____

4. Werbung begegnet uns auf vielfältige Weise. Ordnen Sie richtig zu: Absatzwerbung (A), Public Relations (PR), Reklame (R), Direktwerbung (D), Mengenumwerbung/Massenwerbung (M). Mehrfachnennungen sind möglich.

	A	PR	R	D	M
a) Ein Geschäft verteilt Kundenzeitschriften.					
b) In der Tageszeitung erscheint ein Bericht über die gelungene Umbaumaßnahme eines Kaufhauses.					
c) In der Fußgängerzone macht ein Propagandist lautstark auf seine Waren aufmerksam.					
d) In einer Zeitungsanzeige wird ein neues Produkt vorgestellt.					
e) Ein Warenhaus lässt an mehreren öffentlichen Verkehrsmitteln seinen Schriftzug anbringen.					
f) Ein Sportartikelgeschäft stiftet der Jugendfußballabteilung einen Satz Trikots.					
g) Ein Fotofachgeschäft verschickt Werbebriefe an Stammkunden.					
h) Ein Einkaufszentrum lässt auf Parkplätzen Handzettel verteilen.					
i) Im Kino werden Werbedias ortsansässiger Geschäfte vorgeführt.					
j) Im Lebensmittelmarkt werden Kaffeeproben an Kunden abgegeben.					

5.

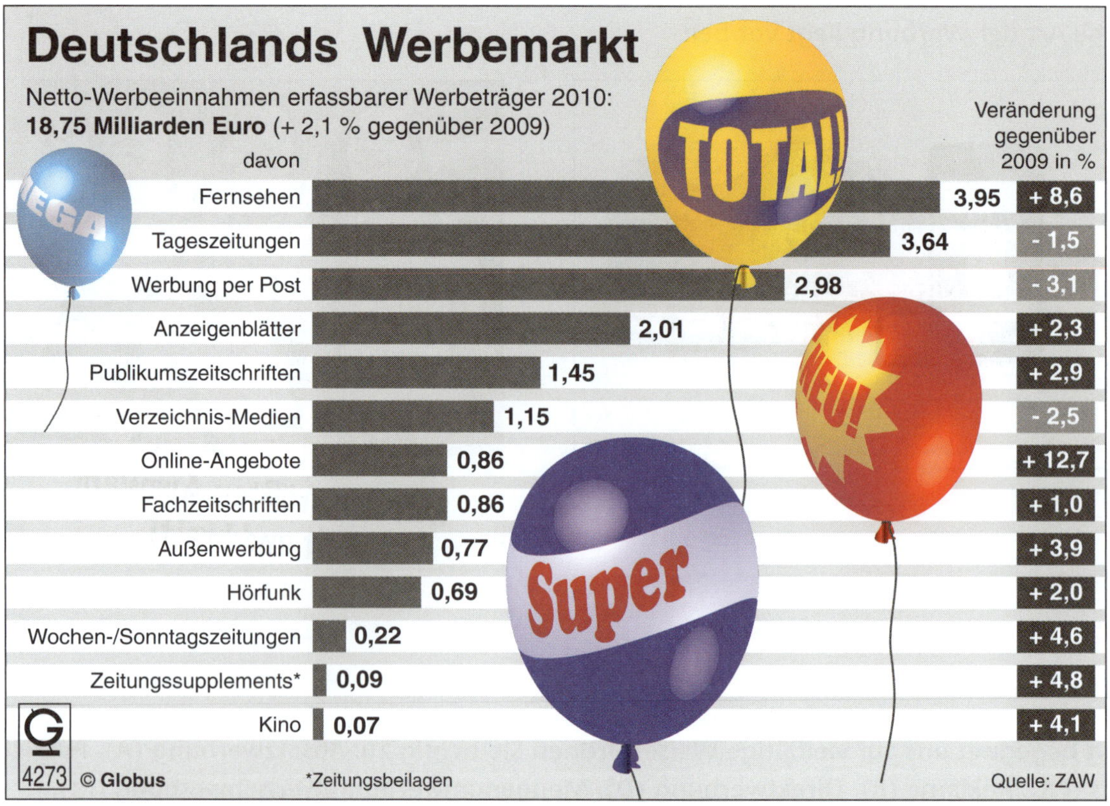

a) Das Schaubild enthält Ausgaben für Werbung nach ausgewählten Werbeträgern. Warum kommt der Tageszeitung eine so große Bedeutung zu?

b) Welche Werbeträger werden in Ihrem Geschäft vorwiegend eingesetzt?

Wissen trainieren

6. Erklären Sie den Unterschied zwischen Verbund- und Gemeinschaftswerbung.

7. a) Was versteht man unter Direkt- und Mengenwerbung?
   b) Welche Werbeträger werden dabei überwiegend eingesetzt?

8. a) Schildern Sie die Art der Werbung, die Ihr Geschäft betreibt.
   b) Wofür wird geworben?
   c) Welche Werbeträger setzt Ihr Betrieb bevorzugt ein? Bitte mit Begründung.

Wissen anwenden

9. **Projekt:** Planen Sie eine Werbekampagne für Ihr Geschäft.

a) Legen Sie die Werbeziele fest.

b) Erstellen Sie einen Streuplan über ca. zehn Wochen, der den Einsatz verschiedener Werbeträger enthält.

10. In Ihrer Tageszeitung finden Sie die abgebildeten zwei Beilagen.

Analysieren Sie die Beilagen und beantworten Sie die Fragen:

Fragen	Unternehmen 1	Unternehmen 2
Welche Art der Werbung liegt jeweils vor?		
Um welche Werbeträger/-mittel handelt es sich?		

Fragen	Unternehmen 1	Unternehmen 2
Was wird umworben? (Werbeobjekte)		
An wen richtet sich die Werbung? (Zielgruppe)		
Handelt es sich um a) Direktwerbung, b) Massenwerbung?		
Ist die Werbebotschaft eher a) emotional oder b) rational aufgebaut? Begründen Sie Ihre Meinung.		
Welche gestalterischen Mittel werden eingesetzt?		
Wie werden die Aufmerksamkeit und das Interesse der Umworbenen geweckt?		
Werden die Werbegrundsätze eingehalten?		
Welche Jacke würden Sie aufgrund der Werbung kaufen? Begründen Sie Ihre Entscheidung.		

5 Werbesprache gestalten

Wissen erarbeiten

1. Wer Werbebotschaften verbreitet, macht sich Gedanken über deren Gestaltung. Eine Werbebotschaft ist wirkungsvoll, wenn sie nach der AIDA-Formel aufgebaut ist. Beschreiben Sie die einzelnen Schritte dieser Formel.

Schritte	Beschreibung
A:	
I:	
D:	
A:	

Wissen trainieren

2. a) Nennen Sie ein Beispiel für einen originellen Werbeslogan.
   b) Was besagt der Grundsatz der sozialen Verantwortung in der Werbung? Geben Sie ein Beispiel.
   c) Nennen Sie weitere Werbegrundsätze und erläutern Sie diese jeweils.

3. **Jede Werbebotschaft will einen Reiz ausüben. Beschreiben Sie anhand von Beispielen Ihres Geschäftszweigs**
   a) **rationale Reize,**
   b) **emotionale Reize.**

4. **Erklären Sie am Beispiel eines Fernsehspots die AIDA-Formel.**

5. **Welche Anforderungen erfüllt eine wirksame Werbesprache? Geben Sie jeweils Beispiele.**

6. a) **Suchen Sie nach jeweils drei Beispielen in der Werbesprache für**
      - Slogans,
      - Übertreibungen,
      - Fragesätze und Befehlssätze.

   b) **Welche Wirkung geht von diesen sprachlichen Mitteln jeweils aus?**

7. **Beschreiben Sie kurz, welche Elemente eine Anzeige in der Tageszeitung enthalten sollte.**

8. a) **Welche Vorzüge haben Abbildungen gegenüber Texten?**
   b) **Welche Vorteile bringt die Verwendung von Farben?**
   c) **Welche Farben sind Ihrer Meinung nach geeignet, angenehme Gefühle entstehen zu lassen?**

6 Werbeerfolgskontrolle

Wissen erarbeiten

1. **Zur Messung des Werbeerfolgs stehen dem Unternehmer unterschiedliche Kontrollmöglichkeiten zur Verfügung. Beschreiben Sie die nachstehenden:**

Kontrollmöglichkeit	Beschreibung
Umsatzanalyse 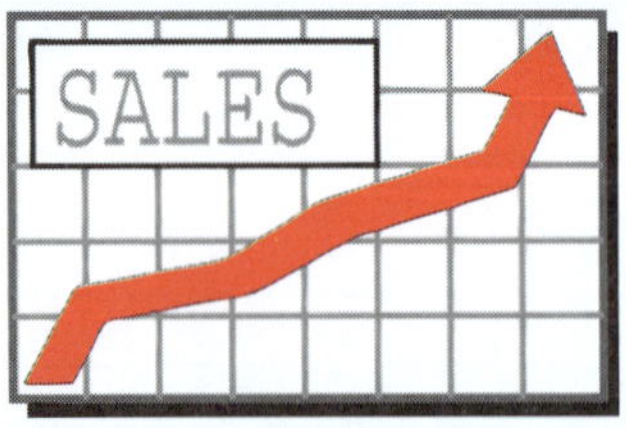	
Kundenfrequenzvergleich 	

Kontrollmöglichkeit	Beschreibung
Kundenbefragung 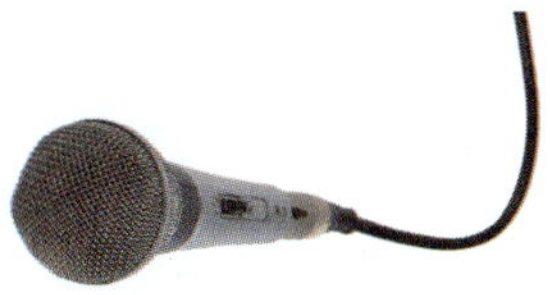	
Kundenbeobachtung 	

Wissen trainieren

2. **Weshalb ist eine Werbeerfolgskontrolle notwendig?**
3. **Begründen Sie: *„Die Scannerkasse macht eine exakte Analyse der Umsatzsteigerung möglich."***
4. **Wie lässt sich der Erfolg einer Imagewerbung messen?**
5. **Weshalb ist die Werbeerfolgskontrolle häufig schwierig?**

7 Die Grenzen der Werbung einhalten

Wissen erarbeiten

1. **Die Gefahr des Missbrauchs der Werbung wird insbesondere durch das Gesetz gegen unlauteren Wettbewerb (UWG) eingeschränkt. Erläutern Sie, welche Wettbewerbshandlungen danach beispielsweise unlauter, irreführend oder unzumutbare Belästigungen sind.**

Verstöße gegen das UWG	Erläuterungen
Unlautere Werbung 	

Verstöße gegen das UWG	Erläuterungen
Irreführende Werbung	
 **Lexikon** 24-bändig, 300 000 Stichwörter; 200 Abbildungen, Karten, Tabellen, Übersichten; je Band **nur 25,00 EUR**	
Unzumutbare Belästigung	

2. Eine Kundin erwarb in einem Elektrofachgeschäft einen Multimedia-Player. Bereits nach zwei Wochen fielen mehrere Leuchtdioden aus. Der Händler reparierte den Schaden sofort und verlangte Ersatz für Materialkosten von 78,00 EUR. Die Kundin war damit nicht einverstanden. Der Händler verwies auf seine allgemeinen Geschäftsbedingungen, worin steht: *„Müssen bei auftretenden Schäden Teile eines Gerätes ausgewechselt werden, sind die Materialkosten, soweit sie unter 100,00 EUR liegen, vom Kunden zu tragen."*

   Prüfen Sie anhand des AGB-Gesetzes, ob die Kundin die Materialkosten bezahlen muss.

Wissen trainieren

3. Zahlreiche Gesetze und Verordnungen versuchen, die Gefahr des Missbrauchs der Werbung einzuschränken. Welche Regelungen dienen insbesondere dem Verbraucherschutz?

4. Das UWG verbietet „sittenwidriges Verhalten" in der Werbung. Beurteilen Sie, ob die Maßnahmen zulässig sind:
   a) Ein Fachmarkt lässt vor dem Schaufenster eines Konkurrenten Handzettel mit Sonderangeboten verteilen.

b) In einer Zeitungsanzeige eines Schuhgeschäfts heißt es: *„Wir führen nur echte Lederschuhe."*

c) Ein Supermarkt kündigt an: *„Feinwaschmittel zum Superpreis! Abgabe nur in haushaltsüblichen Mengen."*

5. Was versteht man unter einem Sonderangebot?

6. Unter welchen Voraussetzungen kann beim Umbau eines Einzelhandelsgeschäfts ein Räumungsverkauf durchgeführt werden?

7. Auf welche Weise tragen Verbraucherorganisationen zur Kontrolle des Wettbewerbs bei?

8 Wozu dienen Verbraucherschutzvorschriften wie das UWG?

9. Ein Elektrofachgeschäft will seinen Umsatz steigern und entschließt sich zu verkaufsfördernden Maßnahmen. Prüfen Sie, ob diese Aktionen zulässig sind.
   a) Plakat im Schaufenster: *„Video geräte bis zu 30 % reduziert!"*
   b) Die Preise der Farbfernsehgeräte werden um 10 % herabgesetzt. Auf allen Preisschildern an den Geräten werden die alten Preise rot durchgestrichen und die neuen Preise daruntergeschrieben.
   c) Schild an der Kasse: *„Bei Barzahlung bis 100,00 EUR 2 % Skonto, darüber 5 %!"*

8 Verkaufsförderung schafft zusätzlichen Umsatz

Wissen erarbeiten

1. Erläutern Sie im Rahmen der Verkaufsförderung die Maßnahmen Preisaktionen, Produktaktionen, imageorientierte Aktionen und sonstige Aktionen.

Maßnahmen	Erläuterungen
Preisaktionen 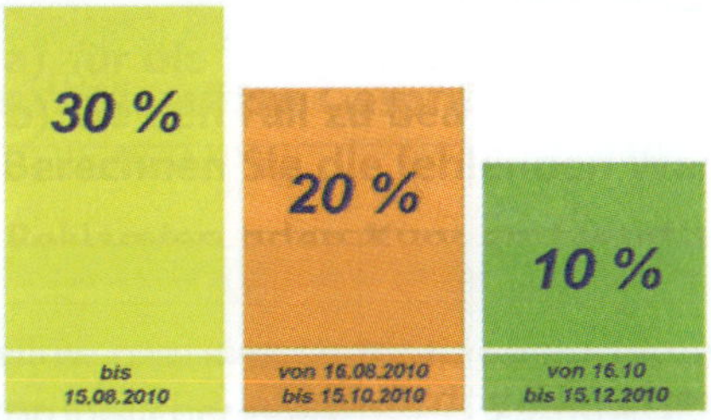	
Produktaktionen, anregende Themen präsentieren 	

Maßnahmen	Erläuterungen
Imageorientierte Aktionen 	
Sonstige Aktionen	

Wissen trainieren

2. Nennen Sie wichtige Ziele der Verkaufsförderung.

3. Um Einzelhändler bei der Verkaufsförderung wirkungsvoll zu unterstützen, stellt eine Beraterfirma Dienste ins Internet (auszugsweise, vgl. www.cma-marketing.de/content/Verkaufsförderung).

In Zusammenarbeit mit Ihnen realisieren wir Verkaufsförderaktionen, die Ihre Kunden direkt erreichen, weil sie auf Ihre persönlichen Wünsche und Anforderungen abgestimmt sind.

Eine Zielsetzung unserer Aktionen ist u. a. dem Verbraucher die Wertigkeit heimischer Lebensmittel stärker ins Bewusstsein zu bringen.

Informieren Sie sich über die „strategischen Aktionsfelder", die wir zusammen mit Ihnen erörtern wollen.

- Imageprofilierung durch heimische Produkte
- Bereitstellung und Beratung von marktrelevanten Daten
- PoS-Plakate, Deckenhänger, Wimpelketten etc.
- Ladenfunk (PoS Radio)
- Einsatz von Werbedamen, die über Vielfalt, Frische, Qualität von Produkten informieren
- Verbrauchernahe und zielgruppenorientierte Umsetzung von Erlebnis- und Imageaktionen
- Bereitstellung von Werbe- und Informationsmaterial
- Absatzwirtschaftliche Schulung und Warenkunde
- Großflächenplakatierung vor den Märkten
- Couponing/Gewinnspiel

a) Geben Sie ein Beispiel, wie Sie „dem Verbraucher die Wertigkeit heimischer Lebensmittel stärker in Bewusstsein bringen" können.

b) Was versteht man unter Couponing (evtl. im Internet nachschauen)?

c) **Welche oben genannten Maßnahmen der Verkaufsförderung halten Sie in Ihrem Geschäft für wirkungsvoll? Erläutern Sie diese und begründen Sie die zu erwartende Wirkung mündlich in Partnerarbeit bzw. vor der Klasse.**

9 Kundenbindung will Kunden zufriedenstellen

Wissen erarbeiten

1. **Erläutern Sie die Ziele der Kundenbindung.**

____

____

____

2. **Ergänzen Sie die die Tabelle.**

Die Erläuterung zur Kundenzufriedenheit lässt sich als Kundenbarometer darstellen. Auswahlantworten: kleiner, sind gleich, größer	Kundenzufriedenheit bringt Vorteile
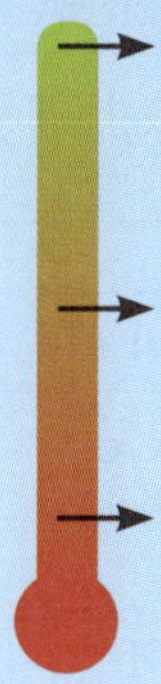 → höchste Zufriedenheit: wahrgenommene Leistungen sind ________ als die Erwartungen des Kunden. → Zufriedenheit: wahrgenommene Leistungen sind ________ als die Erwartungen. → geringe Zufriedenheit: wahrgenommene Leistungen sind ________ als die Erwartungen.	______________________________

3. **Kundenbindungsmaßnahmen im Überblick. Geben Sie hierzu Beispiele.**

Welche Leistungen erwartet der Kunde vom Einzelhändler?	Wie sollten Werbung und Verkaufsförderung auf den Kunden wirken?	Welche kundenorientierten Serviceleistungen sollten Geschäfte bieten?	Welche weiteren Kundenbindungsmaßnahmen sollten Geschäfte anbieten?

4. **Welche Kundenbindungsmaßnahmen bietet Ihr Geschäft an? Erläutern und begründen Sie diese.**

Wissen trainieren

5. a) Wie erreichen wir es, aus Laufkunden Stammkunden zu gewinnen?
   b) Welche Gründe sind für die Wahl eines bestimmten Geschäfts durch Kunden ausschlaggebend?

6. Ihr Einzelhandelsunternehmen überlegt, ob es künftig Produkte zusätzlich über einen Webshop – also im Internet – anbieten soll. Bilden Sie zwei Gruppen, bestehend aus zwei bis drei Schüler/-innen und einen Moderator.
   Gruppe 1: Sie stehen dem Ganzen skeptisch gegenüber.
   Gruppe 2: Sie befürworten den Aufbau eines zusätzlichen Webshops.
   Diskutieren Sie Für und Wider. Der Moderator hält die jeweiligen Argumente an der Tafel fest. Kommen Sie anschließend mit der gesamten Klasse zu einer gemeinsamen Lösung.

10 Verpackung – Verpackungsverordnung dient dem Umweltschutz

Wissen erarbeiten

1. Welche Bedeutung haben die abgebildeten Kennzeichnungen?

Wissen trainieren

2. Der Handel unterstützt die Verbraucher durch unterschiedliche Entsorgungskonzepte, sich umweltgerecht zu verhalten. Beschreiben Sie, wie die Entsorgung von Verpackungen, Batterien, Getränkedosen u. Ä. in Ihrem Geschäft abläuft.

3. Verpackungen haben unterschiedliche Aufgaben. Erläutern Sie, wozu
   - Transportverpackungen,
   - Umverpackungen,
   - Verkaufsverpackungen

   dienen.

4. Welche Verpflichtungen hat der Handel hinsichtlich Transport- und Umverpackungen?

5. Die Verpackungsverordnung schreibt für bestimmte Getränkebereiche eine Pfandpflicht vor. Nennen Sie diese Getränkebereiche.

Waren beschaffen

Lernfeld 6

1 Beschaffungsplan – Blindflug vermeiden

Wissen erarbeiten

1. **Bedarf** ist die Ware (nach ____________, ____________ und ____________), die für einen bestimmten ____________________ benötigt wird.

2. Beschreiben Sie den **Zielkonflikt bei der Beschaffung.**
   Große Bestellmengen führen zu ____________ Lagerbeständen und damit zu
   - ________________ Lagerhaltungskosten (z. B. Lagerpersonal, -miete),
   - ________________ Bestellkosten (z. B. Kommunikation, Transport),
   - ________________ Fehlmengenkosten (z. B. Kundenverluste),
   - ________________ Lagerrisiken (z. B. ________________________________
   ____).

3. Sie sollen für den Artikel Funkwecker, der während des Jahres gleichmäßig verkauft wird, die optimale Bestellmenge ermitteln. Der Jahresbedarf beträgt 3 600 Stück. Für jede Bestellung fallen 800,00 EUR Bestellkosten an. Der Artikel Funkwecker verursacht Lagerhaltungskosten in Höhe von 4,00 EUR pro Stück. Der Einstandspreis beträgt 20,00 EUR pro Stück.

   a) Ermitteln Sie die optimale Bestellmenge mithilfe der Tabelle.

Bestellmengen in Stück	Bestellhäufigkeit/ Jahr	ø Lagerbestand = ½ Bestellmenge	**Lagerkosten** (4,00 EUR/Stück)	**Bestellkosten** (800,00 EUR pro Bestellung)	**Gesamtkosten**
3 600					
1 800					
1 200					
900					
450					

   Die optimale Bestellmenge beträgt ____________ Stück.

   b) Berechnen Sie den Lagerhaltungskostensatz in Prozent.

   ____

   ____

c) Welche Bedingungen sind bei der optimalen Bestellmenge erfüllt?

- ______________________
- ______________________

d) Welche drei Voraussetzungen müssen erfüllt sein, damit die optimale Bestellmenge mit obiger Methode berechnet werden kann? Prüfen Sie diese Annahmen kritisch.

- ______________________
  ____
- ______________________
  ____
- ______________________
  ____

4. Für einen anderen Artikel ermitteln Sie einen Jahresbedarf von 1000 Stück und Bestellkosten in Höhe von 40,00 EUR pro Bestellung. Der Lagerhaltungskostensatz beträgt für diesen Artikel 16 %, der Einstandspreis 12,50 EUR.

a) Berechnen Sie die Lagerhaltungskosten in Euro pro Stück.

____

____

b) Ermitteln Sie die optimale Bestellmenge mithilfe der Tabelle.

Bestellmengen	Bestellhäufigkeit/ Jahr	ø Lagerbestand	Lagerkosten	Bestellkosten	Gesamtkosten
1 000 Stück					
500 Stück					
250 Stück					
200 Stück					
125 Stück					
100 Stück					

Die optimale Bestellmenge beträgt ______________ Stück.

5. Der **Bestellzeitpunkt** sollte so gewählt werden, dass mit dem vorhandenen ______________________ die ______________________ (z. B. Zeit für Bestellabwicklung, Anlieferung, Wareneingangskontrolle) überbrückt werden kann, ohne den ______________________ anzugreifen.

6. Der **Sicherheitsbestand** soll die folgenden drei Unsicherheiten ausgleichen:

   - ______________________________
   - ______________________________
   - ______________________________

7. Der Monatsbedarf für den Artikel Funkwecker beträgt 300 Stück. Die Beschaffungszeit (Zeit für Bestellung und Lieferung) beträgt zwei Monate. Die Geschäftsleitung hat den Sicherheitsbestand (Mindestbestand, eiserner Bestand) auf 300 Stück festgelegt. Bestellt wird jeweils die optimale Bestellmenge (siehe 3.a).

   a) Stellen Sie die **Lagerbewegung** monatsgenau grafisch dar. Berücksichtigen Sie dabei, dass am 31. Dezember des Vorjahrs abends noch 900 Stück des Funkweckers am Lager sind. Kennzeichnen Sie in der Grafik den **Meldebestand, die Bestellzeitpunkte** und **den Bestellrhythmus.**

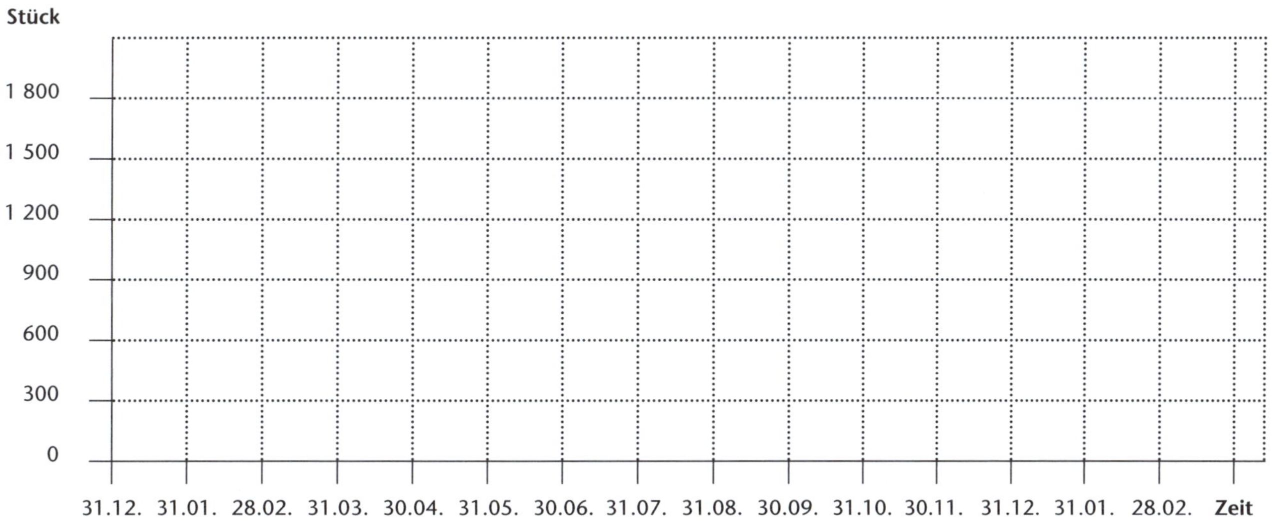

Der **Meldebestand** beträgt ______________ Stück.

Bestellzeitpunkte: ______________, ______________, ______________, ______________

Bestellrhythmus: ______________ Tage

Der **Höchstbestand** beträgt ______________ Stück.

Der **Sicherheitszuschlag** beträgt ______________ Tage.

   b) Berechnen Sie den Meldebestand mit der Formel:

   - Meldebestand = ______________________________
   - Rechnung: ______________________________

   c) Angenommen, die Lieferung Ende Februar verzögert sich.

   - Wann ist der Lagerbestand aufgebraucht?

   ____

- Wie lange ist das Regal mit den Funkweckern leer, wenn die Lieferverzögerung drei Monate dauert?

- Bei welchem Sicherheitsbestand hätte die Lieferverzögerung überbrückt werden können?

- Welche Nachteile hat ein zu hoher Sicherheitsbestand?

8. Die Friedrich Müller KG ist ein Elektrodiscounter. Durchschnittlich werden 20 Waschmaschinen pro Tag abgesetzt. Gegenwärtig sind 320 Waschautomaten auf Lager. Der Bezugspreis beträgt durchschnittlich 900,00 EUR. Die Lagerkapazität, die bei jeder Bestellung ausgenutzt werden soll, beträgt 400 Waschmaschinen. Die Waschautomaten treffen regelmäßig acht Tage nach Abgang der Bestellung ein. Die Bestellung erfolgt, sobald der Bestand 260 Stück beträgt.

a) Berechnen Sie den Sicherheitsbestand (eiserner Bestand) in Stück und in Euro.

b) Begründen Sie, weshalb ein Sicherheitsbestand vorgehalten wird.

c) Die Friedrich Müller KG will den Sicherheitsbestand senken.

- Welche drei Vorteile erhofft sie sich davon?

- Schlagen Sie drei Maßnahmen vor, wie dieses Ziel erreicht werden könnte.

◆ Stellen Sie in folgendem Diagramm die Lagerbewegung für die Waschmaschinen dar. Kennzeichnen Sie die wesentlichen Bestände bzw. Punkte.

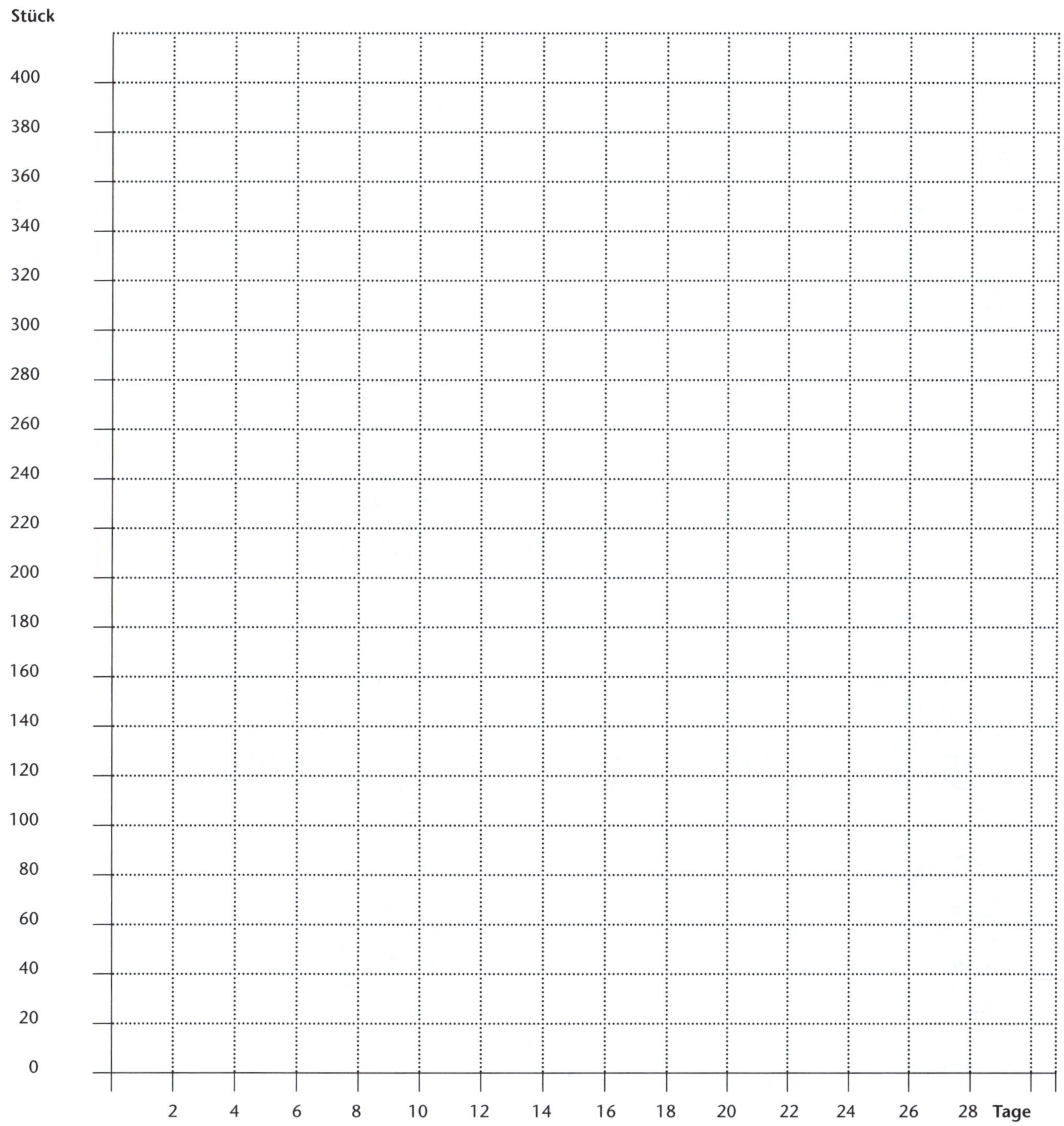

Meldebestand: ______________________ **Bestellzeitpunkte:** ______________________

Höchstbestand: ______________________ **Sicherheitsbestand:** ______________________

Bestellrhythmus: ______________________ **Bestellmenge:** ______________________

9. Dem Bürobedarfshändler Karl Wenz KG liegen für das Kopiergerät „Cosy" und den Tintenstrahldrucker „Beam" die folgenden Daten aus der Lagerdatei vor.

Kopiergerät „Cosy"

Sicherheitsbestand: 5 Stück
Höchstbestand: 20 Stück
Ø Verkauf pro Monat: 5 Stück
Meldebestand: ? Stück
Lieferzeit in Monaten: 2 Monate

Tag	Zugänge	Abgänge	Bestand
01.01	–	–	13
18.01.	10	–	
08.02.	–	7	
22.03.	–	5	
03.04.	–	4	
22.05.	10	1	

Tag	Zugänge	Abgänge	Bestand
06.06.	–	4	
29.07.	–	3	
06.08.	10	3	
15.09.	–	15	
06.10.	10	–	
15.11.	10	18	
31.12.	–	–	

Tintenstrahldrucker „Beam"

Sicherheitsbestand: 4 Stück
Höchstbestand: 20 Stück
Ø Verkauf pro Monat: 8 Stück
Meldebestand: ? Stück
Lieferzeit in Monaten: 1 Monate

Tag	Zugänge	Abgänge	Bestand
01.01	–	–	
18.01.	–	8	
18.02.	14	9	
22.03.	9	6	
03.04.	–	9	
04.05.	15	10	

Tag	Zugänge	Abgänge	Bestand
06.06.	–	13	
09.07.	18	7	
06.08.	–	8	
07.09.	15	9	
07.10.	9	5	
15.11.	–	12	
31.12.	–	–	

a) Ergänzen Sie die obigen Tabellen um die Monatsbestände.
b) Berechnen Sie die jeweiligen Meldebestände.

- Kopiergerät „Cosy":

- Tintenstrahldrucker „Beam":

c) Welches Bestellverfahren liegt jeweils vor? Begründen Sie Ihre Antworten:

- **Kopiergerät „Cosy“:** ______________________________

____

- **Tintenstrahldrucker „Beam“:** ______________________________

____

10. Friedrich Müller, Inhaber des Elektrodiscounters Friedrich Müller KG, plant für die Warengruppe Elektro-Zahnbürste die Einkaufssumme. Er rechnet bei dieser Warengruppe für das Planjahr mit einer Umsatzsteigerung von 10 %. Im Vorjahr betrug der Bruttoumsatz 1 Mio. EUR. Führen Sie die Limitrechnung mithilfe des Schemas durch.

Limitplanung (Limitrechnung)

Bruttoumsatz des Vorjahrs		1 000 000,00 EUR
+ geplante Steigerung	10 %	
Bruttoumsatz des Planjahrs		
– Kalkulationsabschlag	60 %	
Bruttolimit (geplanter Wareneinsatz)		
Lagerumschlagsgeschwindigkeit	4	
Ø Lagerbestand = Wareneinsatz : LUG		
Solllagerbestand am 31.12. (SB)[1]		
Istlagerbestand laut Inventur am 01.01. (AB)	150 000,00 EUR	
– Lagerabbau bzw. + Lageranbau		
Nettolimit bzw. Gesamtlimit		
– laufende Bestellungen (Bestellrückstand)		
– Limitreserve	30 %	
Freies Limit		

[1] $\text{Ø Lagerbestand} = \frac{\text{Anfangsbestand + Schlussbestand (Solllagerbestand)}}{2}$

Berechnen Sie hier den Solllagerbestand:

11. Erklären Sie die genannten Begriffe aus der Limitrechnung:

Bruttolimit	
Kalkulationsabschlag	
Gesamtlimit	
Limitreserve	
Freies Limit	

12. Albrecht Grupp e. K., Inhaber eines Schuhgeschäfts, rechnet bei Herrenschuhen für das kommende Geschäftsjahr mit einer Umsatzsteigerung von 5 %. Im Vorjahr betrug der Bruttoumsatz 2 Mio. EUR. Führen Sie die Limitrechnung durch.

Limitplanung (Limitrechnung)

Bruttoumsatz des Vorjahrs		2 000 000,00 EUR
+ geplante Steigerung	5 %	
Bruttoumsatz des Planjahrs		
– Kalkulationsabschlag	50 %	
Bruttolimit (geplanter Wareneinsatz)		
Lagerumschlagsgeschwindigkeit	3	
Ø Lagerbestand = Wareneinsatz : LUG		
Solllagerbestand am 31.12. (SB)		
Istlagerbestand laut Inventur am 01.01. (AB)	230 000,00 EUR	

– Lagerabbau bzw. + Lageranbau		
Nettolimit bzw. Gesamtlimit		
– laufende Bestellungen (Bestellrückstand)		
– Limitreserve	10 %	
Freies Limit		

Wissen trainieren

13. Schreiben Sie jeden der aufgelisteten Begriffe auf die Kopfzeile eines DIN-A-6-Kärtchens:

Bedarfsplanung (Aufgabe), Saisonwaren, Zielkonflikt der Beschaffung, Lagerrisiko, Lagerhaltungskosten, Bestellkosten, optimale Bestellmenge (Bedingungen), Bestellmengenformel, Beschaffungszeit, Sicherheitsbestand (Zweck, Formel), Meldebestand (Zweck, Formel), Bestellpunktverfahren, Bestellrhythmusverfahren, Bezugsquellenermittlung (interne), Bezugsquellenermittlung (externe), Informationsquellen (ausländische Lieferanten), elektronischer Marktplatz, Lieferantenaudit, Limitrechnung (Zweck), Bruttolimit, Nettolimit, freies Limit, Limitreserve (Begriff, Zweck)

Sortieren Sie die Begriffskärtchen nach den Kriterien „weiß ich" oder „weiß ich nicht".

Bilden Sie Kleingruppen mit höchstens drei Mitgliedern. Erklären Sie sich gegenseitig die „Weiß-ich-nicht"-Kärtchen. Schlagen Sie dabei die ungeklärten Begriffe im Schulbuch nach oder nehmen Sie Kontakt zu einer anderen Kleingruppe auf.

14. Bilden Sie Teams mit jeweils drei Mitgliedern (Stammgruppen). Schreiben Sie jeden Begriff aus Aufgabe 13 auf ein extra Stück Papier und fügen Sie diese Papierkärtchen zu einer sinnvollen Struktur zusammen. Die Struktur kann durch Pfeile, Farben, Symbole, Texte (z. B. Überschriften), Bilder oder weitere Begriffe ergänzt werden.

15. a) Ermitteln Sie die optimale Bestellmenge mithilfe eines Tabellenkalkulationsprogramms.

Alternative Bestellmengen	Anzahl der Bestellungen pro Jahr	Durchschnittl. Lagerbestand in Stück	Lagerhaltungskosten 2,00 EUR/Stück	Bestellkosten 40,00 EUR/ Bestellung	Gesamtkosten
100	10	50	100	400	500
125	–	–	–	–	–
200	–	–	–	–	–
250	–	–	–	–	–
500	–	–	–	–	–

b) Überprüfen Sie das Ergebnis anhand einer grafischen Darstellung. Verwenden Sie dabei Ihr Tabellenkalkulationsprogramm.

c) Welche Bedingungen sind bei der optimalen Bestellmenge erfüllt?

d) Berechnen Sie die optimale Bestellmenge mit der Formel.
e) Weshalb kann die optimale Bestellmenge immer nur eine Orientierungshilfe sein?
f) Erläutern Sie den Zielkonflikt, der bei der Bestimmung der Bestellmenge zwischen Bestellkosten und Lagerhaltungskosten zu lösen ist.

16. In einem Unternehmen werden täglich 20 Stück eines Artikels verkauft. Die Beschaffungszeit beträgt 14 Tage. Als Sicherheitsbestand soll ein Fünftagesverbrauch vorgehalten werden. Die Bestellmenge beträgt 400 Stück.

a) Berechnen Sie den Sicherheitsbestand.
b) Welche Unsicherheiten soll der Sicherheitsbestand abdecken?
c) Berechnen Sie den Bestellpunkt (Meldebestand) mit der Formel.
d) Stellen Sie die Bestandsentwicklung grafisch dar. Beginnen Sie bei einem Lagerbestand von 300 Stück am 2. März.
e) Bestimmen Sie den Bestellrhythmus anhand der Grafik.
f) Begründen Sie die Veränderung des Meldebestands, wenn
(1) die Bestellmenge auf 500 Stück erhöht wird,
(2) die Lieferzeit auf sieben Tage verkürzt wird.
g) Geben Sie die Gesichtspunkte an, die bei der Bestimmung des Bestellzeitpunktes zu berücksichtigen sind.
h) Unterscheiden Sie Bestellpunkt- und Bestellrhythmusverfahren.

17. Die Sportartikelhandlung Wiedemann KG plant für den Artikel Heimtrainer (Handelsware) die optimale Bestellmenge, den Meldebestand, die Bestellzeitpunkte und den Bestellrhythmus für das kommende Jahr. Ermitteln Sie diese Daten anhand der Unterlagen.

Auszug aus der Artikeldatei:

Wiedemann KG	Artikelstammdaten	Stand: .. – 01–01
Artikelnummer: Artikelbezeichnung:	012345 Heimtrainer Toledo	
Geplanter Jahresbedarf: Lagerbestand:	240 Stück 40 Stück	Geplanter Monatsabsatz: ? Meldebestand: ?
Lieferant:	Temko GmbH	Einkaufspreis: 120,00 EUR Lieferzeit: 1 Monat
Lagerkostensatz: Sicherheitszuschlag:	10 % 1 Monatsabsatz	Bestellkosten: 90,00 EUR Bestellmenge: ?
Umsatzsteuersatz:	19 %	

TIPP:
- *Ermitteln Sie die optimale Bestellmenge mithilfe einer Tabelle und eines Tabellenkalkulationsprogramms.*
- *Stellen Sie die Bestellzeitpunkte grafisch dar.*

18. Berechnen Sie die fehlenden Größen:

	a)	b)	c)	d)
Täglicher Verkauf	600 Stück	300 Stück	100 Stück	?
Lieferzeit	8 Tage	12 Tage	?	10 Tage
Mindestbestand	5 000 Stück	?	2 000 Stück	200 Stück
Meldebestand	?	6 400 Stück	5 000 Stück	400 Stück

19. Welche Informationen benötigt ein Einkäufer, um den Bestellvorschlag des Warenwirtschaftssystems zu beurteilen?

20. Für eine Warengruppe liegen folgende Zahlen vor: Mindestbestand: 350 Stück; Lieferzeit: 12 Tage; Verkaufsmenge pro Tag: 90 Stück.

a) Ermitteln Sie den Meldebestand.
b) Die Lieferung verzögert sich um drei Tage. Reicht der Sicherheitsbestand aus, um die Verzögerung zu überbrücken?

21. Die Lieferzeit beträgt zwei Monate. Bestimmen Sie aus der Grafik den Melde-, Sicherheits-, Höchstbestand, die Bestellmenge und den Bestellrhythmus.

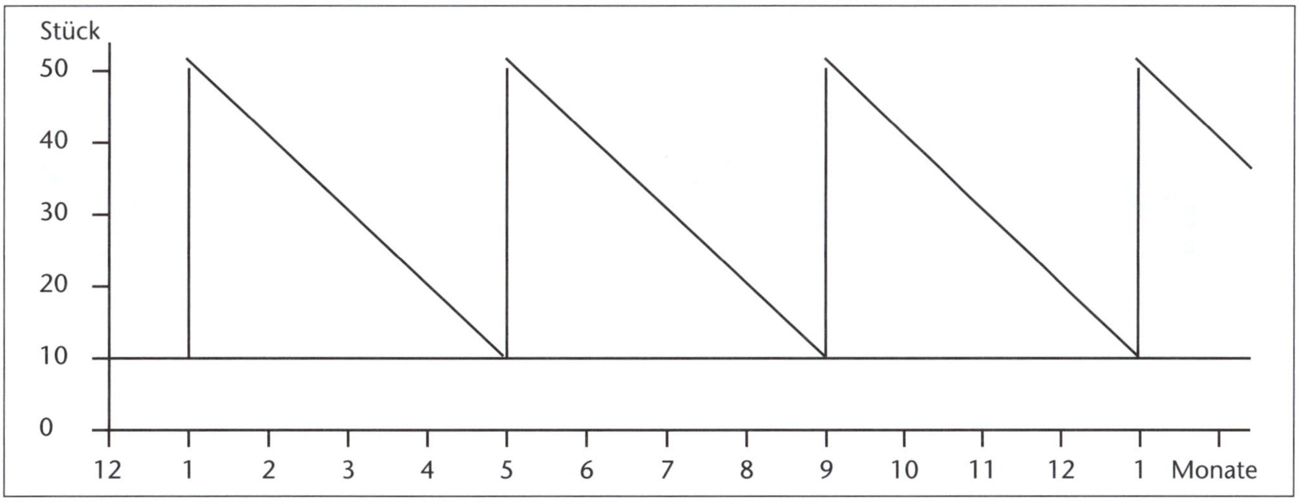

22. Erstellen Sie anhand der Angaben eine Limitrechnung:

a) Planumsatz (brutto): 150 000,00 EUR; Kalkulationsabschlag: 50 %; geplante LUG: 5,0; Lagerbestand (Ist) zu Beginn der Planperiode: 20 000,00 EUR; Limitreserve: 30 %
b) Planumsatz (brutto): 200 000,00 EUR; Kalkulationsabschlag: 40 %; geplante LUG: 3,0; Lagerbestand (Ist) zu Beginn der Planperiode: 25 000,00 EUR; laufende Bestellungen und Bestellrückstand insgesamt 15 000,00 EUR; Limitreserve: 25 %

23. Anfang Juni hat Einzelhändler Heiler einen Solllagerbestand von 420 000,00 EUR. Bei der Inventur Ende Mai wurde jedoch ein Istlagerbestand von 450 000,00 EUR ermittelt. Für den Monat Juni ist ein Wareneinsatz von 400 000,00 EUR geplant.

a) Ermitteln Sie das Einkaufslimit für den Monat Juni.
b) Wodurch kann eine Abweichung des Istlagerbestands vom Solllagerbestand verursacht worden sein (drei Gründe)?

24. Für eine Warengruppe soll mithilfe folgender Angaben ein Limitplan erstellt werden.

Geplanter Bruttoumsatz:	240 000,00 EUR
Kalkulationsabschlag:	30 %
Lagerumschlag:	4
Lageristbestand lt. Inventur:	40 000,00 EUR

a) Was verstehen Sie unter Limitrechnung?
b) Wie hoch ist das Gesamtlimit?
c) 65 % des Umsatzes stehen dem Einkäufer sofort zur Verfügung. Wie heißt dieses Limit und wie hoch ist es?
d) Wie hoch ist die Limitreserve in Euro?

25. Textileinzelhändler Jürgen Otto plant seinen Umsatz für das nächste Quartal. Bei der Artikelgruppe Herrenhemden rechnet er mit einem Umsatz von insgesamt 30 000,00 EUR, der gleichmäßig auf die drei Monate verteilt ist (siehe unten). Für den geplanten Umsatz muss er 16 000,00 EUR für die Warenbeschaffung aufwenden. Otto will Ware für 13 000,00 EUR bestellen und eine Limitreserve von 3 000,00 EUR bilden. Für die Warengruppe Herrenoberbekleidung berücksichtigt der Einzelhändler ein Sonderlimit von 12 000,00 EUR pro Quartal.

a) Warum beschafft Herr Otto bewusst weniger Ware als für die Erzielung des geplanten Nettoumsatzes nötig wäre?
b) In welchen Fällen werden die Limitreserve bzw. das Sonderlimit eingesetzt?
c) Am Quartalsende liegt Jürgen Otto eine Umsatzstatistik vor:

Artikelgruppe Herrenhemden:

Monat	Istumsatz in EUR	Sollumsatz in EUR
Januar	12 000,00	10 000,00
Februar	8 000,00	10 000,00
März	9 000,00	10 000,00

Angenommen, Sie wären an Ottos Stelle und müssten am Ende des ersten Monats die nächste Bestellmenge von Herrenhemden festlegen. Begründen Sie Ihre Entscheidung.

d) Welche Empfehlungen bezüglich der Bestellmenge von Herrenhemden geben Sie Einzelhändler Otto am Ende des zweiten bzw. dritten Monats (Begründung)?
e) Erläutern Sie den Zusammenhang zwischen Limitreserve und Liquidität.

2 Beschaffungsdurchführung – bald nur noch online?

Wissen erarbeiten

1. **Ergänzen Sie den Lückentext mit den genannten Begriffen:**
   bestimmte, unverbindlich, verbindliche, allgemeine, bestimmte, Form, Allgemeinheit

   Anfragen sind rechtlich ______________ und können in beliebiger ______________ abgegeben werden. Die ______________ Anfrage ist auf das *gesamte Leistungsangebot* des Lieferanten ______________ gerichtet. Anfragen nach einem speziellen Artikel nennt man ______________ Anfragen.
   Das **Angebot** ist eine ______________ Willenserklärung des Verkäufers an eine ______________ Person. An die ______________ gerichtete Anpreisungen (z. B. Schaufensterauslage, Zeitungsanzeige, Prospekte) sind keine Angebote im rechtlichen Sinne.

2. **Ein Angebot gilt so lange, wie unter regelmäßigen Umständen eine Antwort erwartet werden kann. Wie lange gelten üblicherweise folgende Angebote?**

   - Briefliches Angebot: ______________
   - Mündliches Angebot: ______________
   - E-Mail-Angebot: ______________

3. **Welche Angaben enthält ein ausführliches Angebot?**

4. **Untersuchen Sie in den Fällen, welcher Vertragspartner (Käufer oder Verkäufer) den Antrag bzw. die Annahme erklärt. Begründen Sie in jedem der Fälle, ob ein Kaufvertrag zustande gekommen ist. In welchen Fällen ist eine Auftragsbestätigung (Bestellungsannahme) notwendig, damit ein Kaufvertrag zustande kommt?**

   a) **Der Käufer bestellt, der Verkäufer lehnt die Lieferung ab.**
   b) **Der Verkäufer sendet unbestellte Ware zu. Der Käufer nimmt sie in Gebrauch.**
   c) **Der Käufer bestellt ohne vorausgehendes Angebot. Der Verkäufer schweigt.**
      (1) **Käufer und Verkäufer stehen in ständiger Geschäftsbeziehung.**
      (2) **Käufer und Verkäufer hatten bisher keine Geschäftsverbindung.**

d) Der Verkäufer unterbreitet ein Angebot, der Käufer bestellt.
e) Der Verkäufer macht ein freibleibendes Angebot, der Käufer bestellt daraufhin.
f) Der Verkäufer macht ein schriftliches Angebot per Brief (der Brief geht am 12.01. raus), der Käufer bestellt am
   (1) 22.01. per E-Mail,
   (2) 15.01. ebenfalls per Brief. Er fordert zusätzlich einen Rabatt in Höhe von 10%.
g) Der Käufer bestellt aufgrund eines Werbeprospekts in der Tageszeitung, der Verkäufer sendet daraufhin die Ware zu.

Lösen Sie obige Fälle, indem Sie die Tabelle ergänzen.

Fall	Käufer		Verkäufer		Kaufvertrag		
	Antrag	Annahme	Antrag	Annahme	Ja	Nein	Kurze Begründung
a)							
b)							
(1)							
(2)							
d)							
e)							
(1)							
(2)							
g)							

5. Bei einer Lieferung entstehen Beförderungskosten: Rollgeld zur Versandstation (Anfuhr): 15,00 EUR; Rollgeld von der Empfangsstation zum Käufer (Abfuhr): 20,00 EUR; Fracht: 100,00 EUR. Berechnen Sie die **Beförderungskosten** für folgende Beförderungsbedingungen:

Versandklausel	Der Käufer zahlt	Der Verkäufer zahlt
„frei Haus“		
„ab Lager“		
„unfrei“		
„frachtfrei“		
Gesetzliche Regelung		

6. Bei einer Lieferung entstehen Kosten: Warenpreis: 2,50 EUR; Selbstkosten der Verpackung: 10,00 EUR; Warengewicht (Nettogewicht): 30 kg; Verpackungsgewicht (Tara): 2 kg.
Berechnen Sie die **Verpackungskosten**, die der Käufer bei folgenden Verpackungsbedingungen tragen muss:

Verpackungsklausel	Der Käufer zahlt
„Preis netto, einschließlich Verpackung"	
„Preis netto, ausschließlich Verpackung"	
„brutto für netto"	

7. Die Haushaltswarengroßhandlung Beyer KG, Meissen, soll, wie vereinbart, am 12. Mai an das Haushaltswarengeschäft Abt GmbH, Frankfurt/Main, wertvolle Porzellanfiguren liefern. Am 10. Mai übergab die Beyer KG die Porzellanfiguren, ordnungsgemäß verpackt, dem DHL Paketservice in Meissen zur Beförderung nach Frankfurt/Main. Noch am 10. Mai gehen die Porzellanfiguren aufgrund eines unverschuldeten Unfalls des Paketautos zu Bruch.

a) Das Haushaltswarengeschäft Abt GmbH in Frankfurt/Main muss den Kaufpreis bezahlen, wenn die Haushaltswarengroßhandlung Beyer KG in Meissen ihre Warenschuld erfüllt hat. Hat die Haushaltswarengroßhandlung Beyer KG ihre Pflichten erfüllt? Schlagen Sie dazu im BGB §§ 269 und 447 nach.

b) Welche Arten des Erfüllungsorts ergeben sich aus dem § 269 BGB?

Art des Erfüllungsorts	Erläuterung

c) Gehen Sie vom obigen Sachverhalt aus und beantworten Sie folgende Fragen. Geben Sie eine kurze Begründung (es gibt keine vertraglichen Regelungen).

Wo befindet sich der gesetzliche Erfüllungsort für die Warenlieferung?

Wo geht beim Versendungskauf die Transportgefahr für die Sache auf den Käufer über?

Wer trägt grundsätzlich das Transportrisiko bei einem Versendungskauf?

Wer trägt grundsätzlich die Kosten der Versendung der verkauften Sache?

Wo befindet sich der gesetzliche Erfüllungsort für die Zahlung?

Wer trägt das Risiko und die Kosten der Geldübermittlung (Zahlung)?

Wo befindet sich der Gerichtsstand für die Geldschuld (Zahlung)?
TIPP: *Schlagen Sie in der ZPO § 29 nach.*

Wo befindet sich der Gerichtsstand für die Warenschuld (Lieferung)?

Wo liegt der Gefahrübergang, wenn der Verkäufer die Sache selbst befördert?

8. **Die Bürobedarfshandlung Kern KG will einen hochpreisigen Bürodrehstuhl in ihr Sortiment aufnehmen. Der Einkäufer der Kern KG holt über die drei infrage kommenden Lieferanten Auskünfte und Angebote ein.**
Daraus erstellt er eine Vergleichstabelle:

Lieferant / Vergleichskriterien	Abt	Brauer	Cotta
Listenpreis, netto	900,00 EUR	1 000,00 EUR	850,00 EUR
Rabattsatz	4 % ab 10 Stück	10 % ab 10 Stück	10 % ab 20 Stück
Zahlungsbedingung	2 % Skonto innerhalb 14 Tagen	3 % Skonto innerhalb 10 Tagen	netto Kasse
Beförderung	20,00 EUR/Stück	frei Haus	15,00 EUR/Stück
Verpackung	10,00 EUR/Stück	keine	15,00 EUR/Stück

Lieferant / Vergleichskriterien	Abt	Brauer	Cotta
Technik – Technischer Stand – Umweltverträglichkeit – Qualitätsstandard	 Standard Kein Zertifikat Qualitätszertifikat	 Neuheit EU-Umweltzeichen Markenqualität	 Standard Umweltzertifikat (DQS) Kein Zertifikat
Eigenschaften – Lieferzeit – Garantie – Service/Kundendienst – Zuverlässigkeit – Soziale Ziele	 Sofort 5 Jahre Gut Sehr zuverlässig Jährlicher Sozialbericht	 2 Tage 3 Jahre Befriedigend (24-h-Hotline) Hohes Niveau Fertigung in Billiglohnländern	 2 Wochen 2 Jahre Sehr gut Unzuverlässig Internationale Norm SA 8000[1]

a) **Führen Sie einen rechnerischen (quantitativen) Angebotsvergleich durch. Ergänzen Sie dazu das Bezugskalkulationsschema.**

Bezugskalkulation (Schema)	Abt		Brauer		Cotta	
	%	EUR	%	EUR	%	EUR
Listenpreis, netto						
– Liefererrabatt						
Zieleinkaufspreis						
– Liefererskonto						
Bareinkaufspreis						
+ Bezugskosten						
Einstandspreis						

Ergebnis: Der Lieferant ______________________ ist der preisgünstigste.

b) **Treffen Sie eine endgültige Lieferantenauswahl, die auch die nicht rechnerischen Kriterien berücksichtigt. Ergänzen Sie dazu die Entscheidungsbewertungstabelle. Gewichten Sie die Kriterien mit den Gewichtungsziffern 1 bis 5 und bewerten Sie mit den Bewertungsziffern 1 (schlecht) bis 5 (sehr gut).**

1 Standard for Social Accountability = Zertifikat, mit dem die Einhaltung sozialer Mindeststandards garantiert wird

		Abt		Brauer		Cotta	
Auswahlkriterien	Gewichtung	Bewertung	Punkte	Bewertung	Punkte	Bewertung	Punkte
Bezugspreis							
Summe							

Ergebnis: Der Lieferant ____________________ ist insgesamt der beste.

c) Verfassen Sie einen Bericht, in dem Sie Ihre Lieferantenauswahl begründen.

____

____

____

____

____

____

____

____

____

____

9. Ergänzen Sie den Lückentext mit den genannten Begriffen:
Käufers, Verkäufer, bestimmte, empfangsbedürftig, gleichzeitig, Widerruf, Form, verbindliche

Die **Bestellung** ist eine ______________ Willenserklärung des ______________, mit der er sich verpflichtet, eine ______________ Ware zu den angegebenen Bedingungen abzunehmen. Die Bestellung kann in jeder ______________ abgegeben werden. Sie ist ______________. Ein ______________ muss spätestens ______________ mit der Bestellung beim ______________ eingehen.

10. Vervollständigen Sie die die Tabelle:

Die Bestellung ist

eine **Annahme**	◆ wenn
ein **Antrag**	◆ wenn ◆ wenn
ein **neuer Antrag**	◆ wenn ◆ wenn

11. Unterscheiden Sie die aufgelisteten Möglichkeiten der elektronischen Beschaffung:

EDI	
Anbieterportal	
Nachfragerportal	
Elektronischer Marktplatz	

Wissen trainieren

12. Schreiben Sie jeden der genannten Begriffe auf die Kopfzeile eines DIN-A-6-Kärtchens:

Anfrage, allgemeine Anfrage, bestimmte Anfrage, Angebot, Freizeichnungsklausel, freibleibend, Angebotsinhalt, Bindungsfrist eines Angebots, Terminkauf, Fixkauf, Rabatt, Skonto, Bonus, netto Kasse, frei Haus, frachtfrei, ab hier, frei dort, unfrei, ab Werk, Platzkauf, Versendungskauf, brutto für netto, Erfüllungsort, natürlicher Erfüllungsort, gesetzlicher Erfüllungsort, vertraglicher Erfüllungsort, quantitativer Angebotsvergleich, Bezugskalkulation (Schema), qualitativer Angebotsvergleich, Entscheidungsbewertungstabelle (Schritte), Total Quality Management (TQM), Qualitätsmanagementsystem (Zertifizierungsprozess), Bio-Siegel, Blauer Engel, EU-Umweltzeichen, Fairtradesiegel, Bestellung (Begriff), E-Procurement, EDI, Anbieterportal, Nachfragerportal, elektronischer Marktplatz, Powershopping, Online-Ausschreibung, Online-Auktion, Reverse Auction, Langzeit-Online-Auktion, Vertragsschluss (Onlineshopping), Vertragsschluss (Langzeit-Online-Auktion), Widerrufsrecht (Langzeit-Online-Auktion)

Sortieren Sie die Begriffskärtchen nach den Kriterien „weiß ich" oder „weiß ich nicht".

Bilden Sie Kleingruppen mit höchstens drei Mitgliedern. Erklären Sie sich gegenseitig die „Weiß-ich-nicht"-Kärtchen. Schlagen Sie dabei die ungeklärten Begriffe im Schulbuch nach oder nehmen Sie Kontakt zu einer anderen Kleingruppe auf.
Schreiben Sie die Begriffserklärungen auf die Rückseite Ihrer Kärtchen und ordnen Sie die Kärtchen unter der Leitkarte „Beschaffung" alphabetisch in Ihren Lernkartei-Behälter ein.

13. Bilden Sie Teams mit jeweils drei Mitgliedern (Stammgruppen). Schreiben Sie jeden Begriff aus Aufgabe 12 auf ein extra Stück Papier und fügen Sie diese Papierkärtchen zu einer sinnvollen Struktur zusammen. Die Struktur kann durch Pfeile, Farben, Symbole, Texte (z. B. Überschriften), Bilder oder weitere Begriffe ergänzt werden.

14. Beurteilen Sie, ob es sich in den folgenden Fällen um ein Angebot im rechtlichen Sinne handelt. Falls ja, geben Sie an, wie lange das Angebot gültig ist.

a) Eine Modeboutique bietet Damen-Jeans im Schaufenster an.
b) Das Baugeschäft Moser verschickt ein Angebot per Telefax.
c) Ein Elektrogeschäft bietet in einem Zeitungsinserat zehn DVD-Player mit Lackfehlern besonders preisgünstig an.
d) Frau Mangold bestellt bei obigem Elektrogeschäft (siehe c) telefonisch einen DVD-Player.

15. Die Glashütte Bayern, Nürnberg, liefert an die Haushaltwarenhandlung Binder KG, Mannheim, eine Kiste mit Vasen. Die Vasen gehen auf dem Transport zu Bruch. Wer hätte in folgenden Fällen den Schaden zu tragen? Begründen Sie jeweils Ihre Meinung.

a) Die Kiste wird mit einem werkseigenen Fahrzeug der Glashütte geliefert.
b) Die Kiste wird ordnungsgemäß in Nürnberg einem Spediteur übergeben. Dieser liefert mit eigenem Lkw.
c) Beim Umladen auf dem Werksgelände des Spediteurs kippt die Kiste von der Laderampe.
d) Auf dem Transport vom Güterbahnhof Mannheim zur Firma Binder rutscht die Kiste vom Lastwagen des Rollfuhrunternehmers.
e) Die Binder KG holt die Kiste vom Güterbahnhof Mannheim mit eigenem Lkw ab. Der Lkw verunglückt.

16.

TRIAL GmbH

Fahrräder & Bikewear
Franz-Sigel-Str. 188 · 69111 Heidelberg

BUNNYBIKE OHG
Alte Steige 85
75417 Mühlacker

20..-08-12

Angebot

Sehr geehrte Frau Göhner,

vielen Dank für Ihre Anfrage nach Radhosen der Marke Tenno.

Im Folgenden unsere Konditionen für eine Abnahmemenge von 200 Radhosen:

Stückpreis:	34,40 EUR abzüglich 10 % Neukundenrabatt
Lieferzeit:	14 Tage nach Auftragseingang
Versand:	per Lkw frei Haus
Zahlung:	3 % Skonto innerhalb 14 Tagen oder 30 Tage Ziel nach Rechnungszugang

Beachten Sie die beigelegten allgemeinen Geschäftsbedingungen und unseren Katalog, aus dem Sie unser gesamtes Leistungsprogramm ersehen können.

Die sorgfältige Ausführung Ihres Auftrags können wir Ihnen heute schon zusichern.

Mit freundlichen Grüßen

TRIAL GmbH

i. V. Anna Lurka

Bankverbindung: Badische Beamtenbank Karlsruhe, BLZ 660 908 00 (BIC: GENODE61BBB),
Konto-Nr.: 25654133 (IBAN: DE10660908000025654133)

Lesen Sie das Angebotsschreiben. Bearbeiten Sie in Ihrer Stammgruppe die folgenden Aufgaben:

a) **Überprüfen Sie, ob das vorliegende Angebot alle wichtigen Angaben enthält.**
b) **Erläutern Sie zu jeder Angebotsbedingung die jeweilige gesetzliche Regelung (schlagen Sie hierzu im BGB und HGB nach).**
c) **Begründen Sie, warum die vertraglichen Vereinbarungen in einem Angebot Vorrang vor den gesetzlichen Regelungen haben.**

17. **Petra lässt sich in einem Elektrogeschäft beraten. Der DVD-Player ist ihr jedoch zu teuer. Sie verlässt das Ladenlokal. Zwei Stunden später kommt sie zurück und will den DVD-Player nun doch kaufen. Der Elektrohändler hat inzwischen alle DVD-Player verkauft. Petra besteht auf das ursprüngliche Angebot des Elektrohändlers. Wie ist die Rechtslage?**

18. **Maria Bohner (wohnhaft in Kiel) kauft eine Polstergarnitur im Möbelmarkt Abt in Lübeck. Es gibt keine vertragliche Regelung über den Erfüllungsort.**

a) **Bestimmen Sie den gesetzlichen Erfüllungsort für die Lieferung und die Zahlung.**
b) **Der Möbelmarkt lässt die Polstergarnitur (wie vereinbart) durch eine örtliche Möbelspedition zustellen. Bestimmen Sie den Erfüllungsort für die Warenlieferung.**
c) **Der Möbelmarkt stellt die Polstergarnitur mit eigenem Fahrzeug zu. Wer trägt das Transportrisiko? Wer trägt die Transportkosten, wenn „ab Werk" vereinbart wurde?**
d) **Wo befindet sich der Gerichtsstand, wenn Maria Bohner den Kaufpreis nicht zahlt?**

19. Aufgrund von Anfragen gehen am 15.09. zwei Angebote per Brief ein:

	Angebot A	Angebot B
Preis je Videokamera	580,00 EUR	650,00 EUR
Liefererrabatt	25 %	30 % bei Abnahme über 5 Stück 35 %
Lieferbedingungen	ab Lager	frachtfrei
Bezugskosten pro Bestellung	6,00 EUR	–
Zahlungsbedingungen	innerhalb von 10 Tagen 2 % Skonto oder 30 Tage Ziel	innerhalb von 8 Tagen 3 % Skonto oder 60 Tage Ziel
Lieferzeit	innerhalb von 10 Tagen ab Bestelldatum	sofort

a) Welches der beiden Angebote ist das günstigere, wenn Skonto ausgenutzt werden soll (rechnerische Lösung mit Lösungsweg)?

b) Es sollen zehn Videokameras bestellt werden. Welches ist das rechnerisch günstigere Angebot?

c) Was beeinflusst die Entscheidung für ein Angebot außerdem (drei Gesichtspunkte)?

d) Die Kameras werden am 24.09. per Fax bestellt. Die Auftragsbestätigung erfolgt am 27.09. auch per Fax.

(1) Begründen Sie, wann der Kaufvertrag zustande kommt.

(2) Welche Pflichten ergeben sich für Verkäufer und Käufer?

e) Nehmen Sie Stellung zu der Behauptung „Der billigste Lieferant ist nicht immer der beste Lieferant".

20. Schildern Sie allgemein die Vorgehensweise bei der Erstellung einer Entscheidungsbewertungstabelle (Scoringverfahren).

21. Untersuchen Sie, ob es sich bei den Bestellungen um Antrag oder Annahme handelt. In welchen Fällen ist eine Bestellungsannahme (Auftragsbestätigung) rechtlich notwendig, damit ein Kaufvertrag entsteht?

a) Die Bestellung erfolgt am 20. November auf ein schriftliches Angebot vom 5. November.

b) Die Bestellung erfolgt am 20. November aufgrund einer Werbeanzeige in der Tageszeitung vom 18. November.

c) Die Bestellung erfolgt am 13. Mai als Antwort auf ein schriftliches Angebot mit der Freizeichnungsklausel „freibleibend" vom 7. Mai.

d) Die Bestellung erfolgt am 10. Juni. Der Käufer hat den im schriftlichen Angebot vom 4. Juni genannten Preis von 811,00 EUR auf 800,00 EUR abgerundet.

e) Der Käufer bestellt am 16. Juli aufgrund eines schriftlichen Angebots vom 10. Juli Waren im Wert von 50 000,00 EUR. Der Verkäufer bestätigt die Bestellung am 18. Juli schriftlich, um Missverständnisse aufgrund des hohen Bestellwertes auszuschließen.

Wissen anwenden

22. Der Einzelunternehmer Hans Abraham führt wie mehrere seiner Konkurrenten das Trimmgerät „Elonova" als Handelsware in seinem Programm. Abraham entdeckt auf einer Fachmesse drei weitere Hersteller (auch aus dem Ausland), die ein in der Funktion mit „Elonova" identisches Produkt herstellen und es ihm anbieten. Die Preisdifferenzen aller vier Produkte sind geringfügig. Abraham

sieht deshalb zunächst davon ab, nur einen reinen Preisvergleich durchzuführen, und sucht nach anderen Kriterien der Bewertung, die vergleichbar sind.
Zu diesem Zweck lässt er sich von seiner Beschaffungsabteilung über alle Anbieter und deren Produkt einen ausführlichen Bericht anfertigen. Anhand dieser Berichte will Abraham entscheiden, von wem er künftig beziehen will. Der Preis soll nur dann vergleichsweise als Entscheidungshilfe herangezogen werden, wenn andere Kriterien nicht zu einem eindeutigen Ergebnis führen.

Hersteller des Produkts „Elonova", Deutschland

Der Hersteller liefert ab 100 Stück bzw. ein Vielfaches davon. Seine Lieferfristen sind sehr kurz und die Abwicklung der Lieferungen erfolgt zu unserer vollen Zufriedenheit. Seine Stellung auf dem Markt kann mit „gut" bewertet werden, seine Liefertermine hält er peinlich genau ein. Von unseren Technikern wird seine Qualität mit „gut" gewertet, das Design macht einen sachlichen, zurückhaltenden Eindruck, seine Garantieabwicklung ist nach kurzer Überprüfung seiner Gewährleistungspflicht zügig. Der Hersteller hat stets alle Ersatzteile auf Lager und liefert diese auch schnell an uns aus.

Von der Werbung erhalten wir nicht nur eine hervorragende Unterstützung durch Prospektmaterial, sondern der Hersteller wendet sich auch an die Endverbraucher durch gezielte Massenwerbung.

Preis: 36,00 EUR frei Haus, netto.

Hersteller des Produkts „Recleta", Deutschland

Der Hersteller liefert ab 200 Stück jede beliebige Stückzahl. Er genießt auf dem deutschen Markt ein ausgezeichnetes Image, seine Produkte haben stets gute Qualität, die Aufmachung ist sehr sachbezogen.

Die Auftragsabwicklung wird zufriedenstellend durchgeführt, die technische Beratung gilt als sehr gut, die Garantieabwicklung erfolgt allerdings etwas schleppend. Sowohl bei der Lieferzeit als auch bei der Ersatzteilversorgung ergeben sich starke Unregelmäßigkeiten, da die Firma bis an die oberste Grenze ihrer Kapazität ausgelastet ist. Der Liefertermin wird deshalb auch nicht immer eingehalten. Von der Werbung dieser Firma ist uns bekannt, dass sie stets um eine intensive Verkaufspolitik bemüht ist.

Preis: 40,00 EUR, Mengenrabatt 10 %, je 100 Stück werden an Fracht- und Verpackungskosten 60,00 EUR berechnet.

Hersteller des Produkts „Elux", Japan

Die deutsche Niederlassung dieser japanischen Firma gibt sich bezüglich der technischen Beratung alle Mühe und ist mit hervorragenden Fachleuten besetzt. Garantieleistungen werden großzügig und kulant gewährt, die benötigten Ersatzteile sind in Deutschland stets vorrätig und werden kurzfristig geliefert. Die Firma plant zur Ankurbelung des Verkaufs auf unserem Markt in Kürze einen groß angelegten Werbefeldzug.

Das Produkt „Elux“ hat eine gute Qualität, ein auffallendes, ansprechendes Design, ist jedoch in Deutschland noch wenig bekannt. Der Hersteller ist aber mit anderen Produkten auf dem deutschen Markt bereits gut eingeführt.

Geliefert wird nur in Losgrößen ab 500 Stück. Die Abwicklung der Bestellung erfolgt ausschließlich über die deutsche Niederlassung. Die Lieferzeiten sind wegen des langen Transportweges etwa doppelt so lang wie bei den europäischen Herstellern. Der zugesagte Liefertermin wird immer pünktlich eingehalten.

Preis: 36,00 EUR, frei Haus; bei Bezahlung innerhalb von zehn Tagen dürfen 2 % Skonto abgezogen werden.

Hersteller des Produkts „Centovalli“, Italien

Die Firma kann, obwohl sie in Italien ihren Sitz hat, sehr kurzfristig liefern; es müssen dann allerdings mindestens 600 Stück abgenommen werden, die weiteren Teilmengen betragen jeweils 100 Stück. Auch dieser Hersteller bietet eine gute Qualität, hat aber gegenüber allen anderen Anbietern den Vorzug einer glänzenden Aufmachungsidee. Der Hersteller ist in Deutschland gut bekannt und genießt ein exklusives Markenimage. Bei der Abwicklung von Bestellungen kann die italienische Sprache u. U. Schwierigkeiten bereiten. Die technische Beratung wird von einem deutschsprachigen Ingenieur einwandfrei durchgeführt, allerdings erfolgt die Garantieabwicklung schleppend und mit vielen Rückfragen. Ersatzteile haben eine lange Lieferfrist und die Liefertermine werden durch gelegentliche Streiks immer wieder nicht eingehalten. Die Firma betreibt zwar in Deutschland keine Werbung, ihre hervorragende Werbeabteilung kann uns aber behilflich sein.

Preis: 36,00 EUR, frei Haus, netto.

Nach: Fallstudie „Die Entscheidung Abraham“ von Erika Liebhardt, Günter Portune, Stuttgart

Entnehmen Sie für einen Vergleich aus den Berichten über die Anbieter geeignete Kriterien und übertragen Sie diese in die Entscheidungsbewertungstabelle. Verwenden Sie ein Tabellenkalkulationsprogramm.

Entscheidungsbewertungstabelle zur Lieferantenauswahl

Hersteller des Produkts		„Elonova“ Deutschland		„Recleta“ Deutschland		„Elux“ Japan		„Centovalli“ Italien	
Auswahlkriterien	Gewichtung	Bewertung	Punkte	Bewertung	Punkte	Bewertung	Punkte	Bewertung	Punkte
?	?	?	?	?	?	?	?	?	?

Erläuterungen zur Entscheidungsbewertung:

1. Suchen Sie zuerst Kriterien, die für die Lieferantenauswahl bedeutsam sind.
2. Gewichten Sie diese Kriterien (Gewichtungsziffern: 0 = unwichtig bis 5 = sehr wichtig).
3. Beurteilen Sie anhand der vorliegenden Informationen, wie gut die einzelnen Lieferanten die Auswahlkriterien erfüllen (Bewertungsziffern: 0 = nicht erfüllt bis 5 = sehr gut erfüllt).
4. Multiplizieren Sie nun die Gewichtungsziffern mit den Bewertungsziffern.
5. Ermitteln Sie jetzt durch Addition die Gesamtpunktzahl für jeden Lieferanten.
6. Wählen Sie den Lieferanten mit der höchsten Punktzahl. Bei Punktgleichheit gibt der Preis den Ausschlag (ggf. auch das Kriterium mit der höchsten Gewichtung).

23.

Einkaufsteile im Netz ersteigern

Geht es nicht nur um Tausende von Bleistiften oder Tonnen von Kopierpapier, sondern um höherwertige Büromaterialien und wertvolle Fahrzeugteile, so veranstalten die Autokonzerne mit Vorliebe Onlineauktionen. [...]
Heute geht es um ein simples Produkt aus dem Kunststoffbereich. 1,1 Millionen Stück will VW-Einkäufer Kaarz online beschaffen.
Vier Zulieferfirmen, die an der Auktion teilnehmen dürfen, haben seine Mitarbeiter ausgewählt. Vor zwei Wochen wurden die Firmen per E-Mail angeschrieben. Außerdem bekamen sie Zeichnungen mit der Produktspezifikation zugeschickt. Dann mussten sie entscheiden, ob sie mitmachen. Alle vier sagten zu.

09:50 Uhr: Der erste Zulieferer loggt sich ein. Die anderen drei Konkurrenten kommen kurz vor Auktionsbeginn um 09:57 Uhr dazu. Sie haben alle eine achtstellige Kennziffer bekommen, die nur für diese Auktion gilt. Das ist die Eintrittskarte zur Onlineverhandlung, sie schützt vor unbefugten Spähern. [...]
10:00 Uhr: Die vier haben ihre ersten Angebote abgegeben. Sie schwanken zwischen 0,62 und 1,45 EUR pro 100 Stück. [...]
10:10 Uhr: Der Lieferant mit dem schlechtesten Angebot bessert nach – von 1,45 auf 1,37 EUR. [...]
Der teure Zulieferer weiß nicht, dass er weit hinten liegt. Die Bieter sehen auf ihren Bildschirmen nicht, wer noch mit von der Partie ist und zu welchem Preis. Ihnen wird nur grob angezeigt, wo sie stehen – zum Beispiel in der oberen oder unteren Hälfte der Bieterskala.
Bei manchen Auktionen können die Verkäufer genau verfolgen, wo sie und ihre Konkurrenten angesiedelt sind. Den Zulieferern dienen diese Angaben als eine gute Benchmark, die ihnen hilft, ihre Wettbewerbskraft einzuschätzen.
10:19 Uhr: Die ersten drei Lieferanten gleichen sich stark an. Ihre Angebote liegen jetzt dicht beieinander: 0,61, 0,62 und 0,64 EUR. Nur der vierte verharrt immer noch bei 1,37 Euro. [...]
10:50 Uhr: Ende der Auktion. Das beste Angebot liegt bei 0,61 EUR. Kaarz verabschiedet sich bei den Lieferanten und kündigt an: „Die Entscheidung fällt in den nächsten Tagen."
Die Auktion ist vorbei, die Arbeit für die Einkäufer nicht. Denn oft bekommt nicht automatisch derjenige den Zuschlag, der den günstigsten Preis geboten hat. Kaarz: „Ich gehe mit meinem Team das alles nochmals durch." Neben dem Preis bezieht er auch noch andere Kriterien in seine endgültige Entscheidung mit ein, zum Beispiel die Bonität des Bieters und die Qualität der Ware.
In diesem Fall hat zwei Tage später der billigste Lieferant den Zuschlag bekommen. [...]

Beschreiben Sie den Ablauf der obigen Internetauktion. Welche Art von Internetauktion liegt hier vor?

3 Kooperationsformen im Einkauf – Einheit macht stark

Wissen erarbeiten

1. **Ergänzen Sie den Lückentext mit den Begriffen:**
   Kooperation, horizontale Kooperation, vertikalen Kooperation, Zusammenarbeit, rechtlich, vertraglicher, unabhängig

Die ______________________ mehrerer Unternehmen auf ______________________ Basis heißt ______________________. Die beteiligten Unternehmen bleiben dabei ______________________ und wirtschaftlich ______________________.
Arbeiten die Unternehmen auf der gleichen Wirtschaftsstufe zusammen, dann liegt eine ______________________ vor. Arbeiten mehrere Unternehmen auf verschiedenen Wirtschaftsstufen zusammen, dann spricht man von einer ______________________.

2.

a) **In den beiden Karikaturen ist ein wichtiger Grund für die Kooperation von Einzelhandelsbetrieben dargestellt. Erläutern Sie diesen Grund.**

____

____

b) **Geben Sie weitere Gründe für die Kooperation im Einkauf an.**

____

____

____

____

____

3. **Vervollständigen Sie die Tabellen.**

a) **Horizontale Kooperationsformen im Einkauf**

Art der Kooperation	Erläuterungen
.... Beispiel: INTERSPORT	
.... Beispiel: vedes	

b) Vertikale Kooperationsformen im Einkauf

Art der Kooperation	Erläuterungen
Freiwillige Kette	
Rack Jobber	
Kommissionsvertrag	
Partnerschaftssystem	

c) Verbreitete Formen des Supply Chain Management (SCM)

Form des SCM	Erläuterungen
Continuous Replenishment Planning (CRP)	
Vendor Managed Inventory (VMI)	

Form des SCM	Erläuterungen
Efficient Consumer Response (ECR)	
Collaborative Planning, Forecasting and Replenishment (CPFR)	

Wissen trainieren

4. **Schreiben Sie jeden der genannten Begriffe auf die Kopfzeile eines DIN-A6-Kärtchens:**

   Kooperation (Begriff), vertikale Kooperationsform (Begriff, Beispiele), horizontale Kooperationsform (Begriff, Beispiele), Einkaufsgemeinschaft (Vorteile), Einkaufsgenossenschaft, Einkaufsverband, Zentraleinkauf (Möglichkeiten), Delkredere, Zentralregulierung, freiwillige Kette, Rack Jobbing, Kommissionär, Partnerschaftssystem, Supply Chain Management (Begriff, Vorteile), Continuous Replenishment Planning (CRP), Vendor Managed Inventory (VMI), Efficient Consumer Response (ECR), Collaborative Planning, Forecasting and Replenishment (CPFR)

   a) **Sortieren Sie die Begriffskärtchen nach den Kriterien „weiß ich“ oder „weiß ich nicht“.**
   b) **Bilden Sie Kleingruppen mit höchstens drei Mitgliedern. Erklären Sie sich gegenseitig die „Weiß-ich-nicht“-Kärtchen. Schlagen Sie dabei die ungeklärten Begriffe im Schulbuch nach oder nehmen Sie Kontakt zu einer anderen Kleingruppe auf.**
   c) **Schreiben Sie die Begriffserklärungen auf die Rückseite Ihrer Kärtchen und ordnen Sie die Kärtchen unter der Leitkarte „Kooperation und Konzentration“ alphabetisch in Ihren Lernkartei-Behälter ein.**

5. **Bilden Sie Teams mit jeweils drei Mitgliedern (Stammgruppen). Schreiben Sie jeden der Begriffe aus Aufgabe 4 auf ein separates Stück Papier und fügen Sie diese Papierkärtchen zu einer sinnvollen Struktur zusammen. Die Struktur kann durch Pfeile, Farben, Symbole, Texte (z. B. Überschriften), Bilder oder weitere Begriffe ergänzt werden.**

6. Freitag, 12:30 Uhr: Katja Müller nutzt ihre Mittagspause, um noch schnell in das Lebensmittelgeschäft um die Ecke zu springen. Überraschend haben sich Freunde angekündigt. Es soll ein gelungener Abend werden – mit einem guten Wein und einem leckeren Mehrgänge-Menü, natürlich selbst gekocht. Gerade gestern hat sie eine tolle Werbung gesehen, die richtig Lust macht auf italienisches Essen und als Höhepunkt ein original italienisches Tiramisu. Und da fängt das Problem schon an – denn Katja braucht dringend noch Mascarpone. Also schnell in die Frischeabteilung und zum Kühlregal. Aber verflixt – wo sonst die Mascarpone auf ihre Käufer wartet, nur gähnende Leere. Da haben sich wohl noch mehr durch den gelungenen Werbespot zu einem italienischen Abendessen inspirieren lassen. So ein Ärger. Und nebenan stapelt sich der Magerquark und quillt schon fast aus dem Regal.

Quelle: Nach Klaus Vogell/Andre Kranke, in: Logistik Inside 03/2004, S. 34

a) **Beschreiben Sie einige Folgen von Fehlbeständen und Überbeständen.**
b) **Erläutern Sie einige Ursachen für diese Missstände.**
c) **Machen Sie Vorschläge, wie Fehl- und Überbestände vermieden werden könnten.**
d) **Beschreiben Sie anhand eines Artikels Ihres Ausbildungsbetriebes die zugehörige Lieferkette.**
e) **Erklären Sie eine Form des Supply Chain Managements (SCM).**

Wissen anwenden

7. **Analysieren Sie den Zeitungsartikel:**

Gemeinsam gegen die Großen und Starken

Wer viel einkauft, bekommt einen besseren Preis. Dies steht auch bei der Unitex im Vordergrund. Doch die Einkaufskooperation bietet den mehr als 500 Textil-Geschäften noch andere Vorteile. Angesichts der Konkurrenz anderer Vertriebsformen ist das auch nötiger denn je. Gemeinsam sind wir stärker. Das Motto, das für fast alle Lebenslagen, auf jeden Fall aber für alle Vereine und Verbände gilt, ist natürlich auch im Einzelhandel ein starkes Motiv. Schließlich zählt allein bei der Warenbeschaffung das ökonomische Gesetz der großen Zahl. Wer viel bestellt, bekommt das einzelne Stück günstiger. Einkaufskooperationen sind deshalb in allen Branchen des Einzelhandels verbreitet [...].

Der Vorteil solcher Kooperationen ist nicht zuletzt auch indirekter Art. Das beginnt bei gemeinsamen Werbeprospekten, setzt sich über Beratungen und Weiterbildungsveranstaltungen fort und endet noch nicht damit, dass Schaufenster-Dekorationen über den Verbund bezogen werden können. Derlei Nutzen ist nicht ganz gratis. Unitex-Mitglieder bezahlen aber keinen umsatzabhängigen Beitrag, sondern einen Fixbetrag von 45,00 EUR im Monat. Dies holt der Einzelhändler „allein durch die besseren Einkaufskonditionen wieder herein“, sagt Albrecht. Dass sich bundesweit trotzdem nur schätzungsweise jeder dritte Textil-Einzelhändler in solche Kooperationen organisiert, führt der Unitex-Chef darauf zurück, dass diese Allianzen noch nicht überall bekannt sind. Aber es wird auch daran liegen, dass manche Modehäuser, vor allem die im höherwertigen Segment, eine Zusammenarbeit mit einzelnen Markenherstellern vorziehen oder ganz bewusst auf ihre Unverwechselbarkeit setzen. So ergab etwa eine Umfrage des Branchenblattes „Textilwirtschaft“, dass mehr als die Hälfte der Befragten keinem Verbund angehören. Ein Modehaus aus Unterfranken begründete dies damit, dass solche Kooperationen „in Zeiten von vertikalisierten Sortimenten“ überflüssig seien. Die Vertikalisierung sieht auch der Unitex-Chef als Herausforderung. Darunter versteht man, dass die Wertschöpfungskette des Handels gewissermaßen in einer Hand durchorganisiert wird. Dazu zählt zum

Beispiel die sogenannte Flächenbewirtschaftung: Der Einzelhändler überlässt dem Markenhersteller einen Teil seiner Ladenfläche zur exklusiven Präsentation. [...]

Der Einkaufsverbund hat dazu auch die Eigenmarke L.O.X. entwickelt, die nur den Mitgliedern zur Verfügung steht. Der Vorteil einer Kooperation besteht auch in der sogenannten Zentralregulierung. Dies bedeutet, dass Unitex gegenüber den Lieferanten haftet und bezahlt. Der einzelne Händler begleicht seine Bestellung bei unterschiedlichen Lieferanten auf nur einer Rechnung an den Verbund. Er hat also bei 27 Lieferungen nicht 27 Einzelrechnungen auf dem Tisch. Dass Unitex für seine Mitglieder bessere Konditionen bei Telefon-, Auto-, Reise- oder Versicherungstarifen ermöglicht, sei der Vollständigkeit halber angeführt. Und doch ist die Welt der Einkaufskooperationen nicht heil. Denn neben dem Trend zur Vertikalisierung sieht sich Unitex einer zweiten Herausforderung gegenüber: der Konzentration im Einzelhandel.

Sie führt zu einem Ausdünnen der kleineren und mittleren Fachgeschäfte, dem klassischen Klientel für Kooperationen. Unitex-Chef Albrecht, seit 20 Jahren in der Textilbranche tätig, ist sich sicher, dass mit dem weiteren Erstarken anderer Vertriebsformen (Versand, Internet, TV-Shopping, Discounter wie Aldi oder Tchibo) der klassische Textil-Einzelhandel noch mehr unter Druck geraten wird. Gerade deshalb aber werde der Drang zur Kooperation zunehmen. Denn gemeinsam ist man stärker.

Quelle: Helmut Schneider, Gemeinsam gegen die Großen und Starken, Südwestpresse, 19.08.2006, S. 7

a) Um welche Kooperationsform handelt es sich bei der Unitex? Beschreiben Sie ggf. die Einkaufskooperation, in der Ihr Ausbildungsbetrieb Mitglied ist.

b) Im vorliegenden Zeitungsartikel ist von direkten und indirekten Vorteilen von Kooperationen die Rede. Erklären Sie den Unterschied anhand von Beispielen.

c) Nennen Sie Gründe dafür, warum viele Textil-Einzelhändler nicht in einer Einkaufskooperation organisiert sind.

d) Welche zukünftigen Herausforderungen und Chancen sieht Unitex-Chef Albrecht für seine Einkaufskooperation?

Lernfeld 7

Waren annehmen, lagern und pflegen

1 Abläufe im Wareneingang – Kontrolle ist besser

Wissen erarbeiten

1. **Bringen Sie die folgenden Ablaufschritte beim Wareneingang in die richtige Reihenfolge und erläutern Sie diese Schritte.**

   - Prüfung der Art und Menge der angelieferten Ware
   - Prüfung des Zustands der Versandverpackung
   - Prüfung der Empfängeranschrift
   - Prüfung der Beschaffenheit (Qualität) der angelieferten Ware
   - Prüfung der Anzahl der Frachtstücke

Ablaufschritte beim Wareneingang

1. .... ⇩	Erläuterung, z. B. Kontrollunterlagen:
2. .... ⇩	
3. .... ⇩	

4. .... ⇩	
5.	

2. Begründen Sie die Notwendigkeit der Wareneingangsprüfung anhand von Beispielen aus Ihrer betrieblichen Praxis.

______

______

______

______

______

______

3. Im Wareneingang werden die Waren bzw. Versandeinheiten anhand von Klarschriftverfahren (OCR), Barcodes (EAN) oder Funketiketten (RFID) identifiziert und elektronisch erfasst. Vergleichen Sie die Erfassungssysteme OCR, EAN und RFID.

Merkmal	OCR	EAN	RFID
Speicherkapazität			
Kommunikationsfähigkeit			
Lesbarkeit für Menschen			
Einfluss von Schmutz, Nässe			

Merkmal	OCR	EAN	RFID
Kopierbarkeit			
Abnutzung, Verschleiß			
Investitionskosten			

Wissen trainieren

4. **Entwerfen Sie den Vordruck für die Mängelaufnahme bei der Warenannahme.**

5. **Schildern Sie den Ablauf der Wareneingangsarbeiten in Ihrem Ausbildungsbetrieb. Vergleichen Sie ihn mit dem dargestellten Ablauf (siehe Tabelle Ablaufschritte beim Wareneingang).**

2 Schlechtleistung des Verkäufers – mangelhafte Lieferung

Wissen erarbeiten

1. Erläutern Sie die **Voraussetzungen einer Schlechtleistung** des Verkäufers nach §§ 433 ff. BGB.

Voraussetzungen	Erläuterungen
Rechtswirksam zustande gekommener **Kaufvertrag**	______ und ______ müssen ______ und rechtzeitig zugegangen sein.
Mangel an der Kaufsache zum Zeitpunkt des Gefahrübergangs auf den Käufer	Die Kaufsache kann einen der folgenden Mängel haben: BGB § 434, Abs. 1: ______ Beispiele: ◆ ______ ______ ◆ ______ ______

	BGB § 434, Abs. 2: Beispiele: ◆ ◆ BGB § 434, Abs. 3: Beispiele: ◆ ◆

2. Erläutern Sie die **Pflichten des Käufers bei einer Schlechtleistung** des Verkäufers, damit er seine Rechte geltend machen kann.

Der Käufer ist	Erläuterungen
Unternehmer BGB § 14:	Der Unternehmer muss folgende Pflichten beachten: HGB § 377, Abs. 1: HGB § 377, Abs. 1 und 3: ◆ Offener Mangel: ◆ Versteckter Mangel: ◆ Arglistig verschwiegener Mangel (BGB § 438 Abs. 3 i. V. m. § 195):

	HGB § 379: ______ Ausnahme: ______
Verbraucher BGB § 13: ______ ______ ______	Der Verbraucher muss einen Mangel innerhalb der Verjährungsfrist von ______ ______ anzeigen (BGB § 438). Zeigt sich innerhalb von ______ ______ ein Sachmangel, dann wird vermutet, dass die Sache bereits bei ______ einen Mangel hatte (BGB § 476 – ______).

3. Beschreiben Sie die Rechte des Käufers bei einer Schlechtleistung des Verkäufers.

Vorrangige Rechte:

BGB § 439, Abs. 1:

Der Käufer kann wählen zwischen

______ = ______ des Mangels	______ = Lieferung einer ______ Sache

BGB § 439 Abs. 2: Der Verkäufer trägt alle zum Zweck der Nacherfüllung notwendigen

______

Nachrangige Rechte:

BGB § 441:

wenn die ______ fehlgeschlagen ist. Das ist nach dem erfolglosen ______ Versuch der Fall (BGB § 440).

BGB § 323:

wenn eine angemessene ______ zur ______ erfolglos abgelaufen ist.

BGB § 280:

wenn ein ______________________ des Verkäufers nachweisbar ist.

BGB § 281:

wenn ein ______________________ des Verkäufers vorliegt und eine angemessene ____________ zur ______________________ erfolglos abgelaufen ist.

4. Sachverhalt:

Die Elektrogroßhandlung Funkel KG, Frauenstraße 12, 89073 Ulm, bestellte am 4. Oktober bei der Südlicht GmbH, Leutzestraße 55, 73525 Schwäbisch Gmünd, Energiesparlampen:

500 Stück ES 18 matt zu je 14,90 EUR
500 Stück ES 13 matt zu je 13,90 EUR
500 Stück ES 13 klar zu je 13,40 EUR
300 Stück EP 13 matt zu je 17,90 EUR

Am 17. Oktober trifft die Lieferung bei der Funkel KG ein. Die unverzügliche Prüfung ergab Mängel:

(1) Statt der 500 Stück ES 18 matt wurden 500 Stück ES 18 klar geliefert, von denen jedoch noch rund 200 Stück auf Lager sind.

(2) Von den ES 13 matt sind drei Kartons (je 50 Stück) durch Feuchtigkeit beeinträchtigt. Die Verkaufsverpackungen der einzelnen Lampen sind aufgeweicht und nicht mehr verwendbar. Die Lampen sind stark verschmutzt, sie sind jedoch unbeschädigt. Vermutlich war die Feuchtigkeit schon vor dem Versand eingedrungen, da die Kartons wieder trocken sind.

(3) Eine Stichprobe ergab, dass 10 % der ES 13 klar nicht funktionsfähig sind.

(4) Statt der 300 Stück EP 13 matt wurden 500 Stück geliefert.

Ergänzen Sie die Tabelle:

Art des Mangels	Rechte des Käufers (mit Begründung)
(1)	
(2)	

(3)	
(4)	

Wissen trainieren

5. Stefanie Schäfer e. K., Spielwarenhandlung, Wiesbachstraße 15, 75181 Pforzheim, erhält von ihrem Lieferanten Adam & Scheiber KG, Nürnberger Straße 24, 08062 Zwickau, eine Sendung (mehrere Pakete) Spielwaren per Bahn. Die Ware wird der Firma Schäfer e. K. durch einen Rollfuhrunternehmer im Auftrag der Bahn zugestellt.

   a) Worauf erstreckt sich die Prüfung, die Stefanie Schäfer noch in Anwesenheit des Überbringers vornimmt?
   b) Die Prüfung zeigt, dass zwei Pakete stark beschädigt sind. Der Inhalt, 20 elfteilige Kinderporzellanservice, ist z. T. zu Bruch gegangen. Der Schaden muss, da die Ware einwandfrei verpackt war (kein Vermerk auf Frachtbrief), durch unsachgemäße Behandlung während des Bahntransports entstanden sein. Was wird Stefanie Schäfer tun, um ihre Rechte gegenüber der Bahn zu wahren?
   c) Stefanie Schäfer packt sodann die übrige Ware aus, um sie gründlich zu überprüfen. In welcher Frist muss sie prüfen?
   d) Drei Pakete enthalten Holztraktoren. Es zeigt sich, dass ein Teil der Traktoren Lackschäden aufweist. Außer einer optischen Beeinträchtigung besitzen sie vollen Spielwert.
      (1) Welches Recht wird Stefanie Schäfer in diesem Fall gegenüber dem Lieferer geltend machen? Kurze Begründung!
      (2) Welche weiteren Rechte stehen dem Käufer zu, wenn der Verkäufer eine mit Qualitätsmängeln behaftete Ware liefert?
   e) Die Stefanie Schäfer e. K. verkauft und liefert am 1. Dezember eine Rennbahn mit Trafo und vier Rennwagen. Innerhalb welcher Zeit kann der Kunde Mängel an der Ware geltend machen?

6. a) Unsere Firma: Radio Braun e. K., Elektro-Einzelhandel, Fallstraße 15, 81369 München. Vorgang: Am 3. Januar 20.. trifft eine Sendung Stereoanlagen der Firma Import-Export Jansen KG, Ringstraße 14, 22145 Hamburg, ein. Die Verkaufsabteilung erhält eine Meldung von der Lagerabteilung, welche die Sendung sofort überprüfte:
   Beanstandungen der Lieferung EN 4008
   (1) Tuner Super 3200
   (1.1) Nr. 344887: Anzeigenfenster zerbrochen
   (1.2) Nr. 344889: Gehäuse hat Kratzer
   (2) Ein DVD-Player Japose NX 3 wurde zu wenig geliefert.
   b) Unsere Firma: Gebr. Braunfels KG, Haushaltswarenfachgeschäft, Parkstraße 15, 60322 Frankfurt. Vorgang: Die Prüfung der Glaswarenlieferung der Firma Südglas-AG, Am Streller 17–20, 90455 Nürnberg, ergibt drei Sachmängel:
   (1) 10 Biergläser Nr. 1008 sind in der oberen Hälfte voller Schlieren, was wohl auf einen Schmelzfehler zurückzuführen ist. Die Gläser sind nicht mehr verkäuflich.

(2) 20 Whiskygläser Nr. 735/N zeigen leichte Trübungen. Sie sind zu einem herabgesetzten Preis als 3. Wahl noch verkäuflich.

(3) Alle 150 Glasschalen Nr. 355/3/P zeigen kleine Risse. Sie sind unverkäuflich. Wir verzichten auf Nachlieferung, da wir inzwischen ein weit billigeres Angebot für ähnliche Schalen erhielten.

Aufträge für a) und b)

- Stellen Sie fest, welche Mängelarten vorliegen.
- Entscheiden Sie, welche Rechte der Käufer geltend machen sollte.
- Entwerfen Sie einen Geschäftsbrief, in dem Sie Ihre Rechte geltend machen.

Wissen anwenden

7. Telefongespräch der Einkaufsabteilung des Warenhauses Meinrad KG, Bahnhofstr. 12, 86150 Augsburg, mit der Esüdro-Großhandlung GmbH, Böfinger Straße 3, 89073 Ulm:

Frau Pelzer: „Guten Tag, Warenhaus Meinrad, Pelzer am Apparat.“
Herr März: „Guten Tag, Frau Pelzer. Hier März, Esüdro-Großhandel.“
Frau Pelzer: „Ach, der Herr März. Wir haben aber schon lange nicht mehr miteinander telefoniert! Wie geht es Ihnen?“
Herr März: „Prima, Frau Pelzer. Bin gerade aus dem Urlaub zurück. Was gibt es denn, Frau Pelzer?“
Frau Pelzer: „Tja, Herr März, wenn ich ehrlich sein soll: Ihre letzte Lieferung war gelinde gesagt eine Katastrophe!“
Herr März: „Wie bitte?“
Frau Pelzer: „Ja stellen Sie sich vor:
– Von den 100 **Badetaschen** waren 30 stark verschmutzt!
– Die 50 **Schminkkoffer** sind nur 2. Wahl! Das sieht man auf den ersten Blick.
– Wir hatten 200 Lippenstifte bestellt. Geliefert haben Sie 200 Lidschattenstifte.
– Und dann die 100 **Waschlappen**. Die sind allesamt nicht, wie von Ihnen zugesichert, farbecht. Die können wir so nicht verkaufen. Stellen Sie sich vor, ein Kunde wäscht die Waschlappen zusammen mit seiner Bettwäsche!“
Herr März: „Auweia, Frau Pelzer, da haben wir aber mächtig danebengegriffen. Haben Sie Vorschläge, wie wir die Kuh vom Eis kriegen?“

a) Erstellen Sie eine Übersicht, in der Sie jeder Fehlerart das infrage kommende Recht zuordnen. Begründen Sie Ihren Lösungsvorschlag ausführlich.

b) Kurze Zeit nach Beendigung des Telefonats ruft Herr März wieder zurück:

Herr März: „Frau Pelzer, ich sehe gerade anhand des Lieferscheins, dass Sie die eben reklamierte Ware schon vor drei Wochen erhalten haben. Außer unserem Telefonat von vorhin liegt diesbezüglich keine Nachricht von Ihnen vor. Da haben wir ja ein ganz neues Problem!“

Stellen Sie anhand von BGB (§ 434 ff.) und HGB (§§ 377–379) die Pflichten des Käufers bei der Warenannahme und nach Feststellung von Mängeln fest. Unterscheiden Sie zwischen Privatkäufer und Kaufmann. Warum wird ein Privatkäufer anders behandelt als ein Kaufmann? Kann die Meinrad KG noch Rechte aus Schlechtleistung geltend machen?

c) Sie vereinbaren mit Herrn März, dem zuständigen Verkaufssachbearbeiter der Esüdro-Großhandlung GmbH, einen Verhandlungstermin, um das Problem aus der Welt zu schaffen.

- Bereiten Sie die Verhandlung vor, indem Sie **Rollenkarten** für die Einkaufssachbearbeiterin der Meinrad KG, Frau Pelzer, und für den Verkaufssachbearbeiter der Esüdro-Großhandlung GmbH, Herrn März, verfassen.

- Zwei Schüler führen die Verhandlung als Rollenspiel durch.
- Die übrigen Schüler beobachten das Rollenspiel und protokollieren ihre Eindrücke auf einem Beobachtungsbogen (z. B. beobachtete Rolle, vorgetragene Argumente, Gesprächstaktik und Verhalten der Rollenspieler).

d) Um künftig derartige Pannen zu vermeiden, setzen sich das Einkaufsteam und das Verkaufsteam der Esüdro-Großhandlung GmbH zusammen, um eindeutige Organisationsanweisungen über
- das Verhalten bei telefonischen Kundenreklamationen
- die Vorgehensweise bei der Annahme von Reklamationen
- die Vorgehensweise beim Eintreffen mangelhafter Ware

zu erstellen. Helfen Sie dabei.

3 Nicht-rechtzeitig-Lieferung des Verkäufers (Lieferungsverzug)

Wissen erarbeiten

1. **Erläutern Sie die Voraussetzungen für eine Nicht-rechtzeitig-Lieferung des Verkäufers nach §§ 433, 286, 276 BGB.**

Voraussetzungen	Erläuterungen
Rechtswirksam zustande gekommener **Kaufvertrag**	______ und ______ müssen ______ und rechtzeitig zugegangen sein.
______ der Lieferung	Der ______ muss eingetreten bzw. überschritten sein.
______ bzw. Erhebung der Klage bzw. Zustellung eines Mahnbescheids	Der Käufer muss den Verkäufer nach Eintritt der ______ – ______ zur Leistung ______. **Ausnahmen:** Eine ______ ist **nicht erforderlich**, wenn der ◆ Liefertermin nach dem ______ bestimmt ist, ◆ Lieferung ein ______ vorausgehen soll, ◆ Schuldner die Leistung endgültig ______, ◆ sofortige Verzug aus ______ ______ unter Abwägung der beiderseitigen Interessen gerechtfertigt ist, z. B. bei einem ______ (z. B. Messedekoration zum Messetermin) oder bei einem sogenannten ______ ______, bei dem die Leistung im Kaufvertrag von der Rechtzeitigkeit abhängig gemacht wurde.

Voraussetzungen	Erläuterungen
______________ (BGB § 276) Nur wenn Schadensersatz geltend gemacht werden soll	Der Verkäufer (Schuldner) hat ______________ und ______________ zu verantworten. **Ausnahme:** Bei vertretbaren Sachen (______________) muss dem Verkäufer ein ______________ nicht nachgewiesen werden, da er diese immer nachliefern kann.

2. Erläutern Sie die **Rechte des Käufers bei einer Nicht-rechtzeitig-Lieferung** des Verkäufers.

Käufer ist weiterhin an der Lieferung interessiert:

BGB § 433:

wenn der Käufer auf ______________ Erfüllung des Kaufvertrags besteht.

BGB § 280:

wenn ein ______________ des Verkäufers nachweisbar ist[1].

Käufer ist an der Lieferung nicht mehr interessiert:

BGB § 323:

wenn eine angemessene ______________ zur ______________ erfolglos abgelaufen ist.

BGB § 281:

wenn ein ______________ des Verkäufers vorliegt[1] und eine angemessene ______________ zur ______________ erfolglos abgelaufen ist.

[1] Wenn Gattungswaren geschuldet werden, muss ein Verschulden nicht nachgewiesen werden.

3. **Führen Sie Möglichkeiten der Schadensersatzberechnung an und erläutern Sie diese.**

______________ Schaden	Es entstehen unmittelbare Geldausgaben, z. B.: ◆ Kommunikationskosten (z. B. Telefon, Porti) ◆ ______________ eines ______________ Der Käufer deckt sich bei einem anderen Lieferanten B zu einem ungünstigeren Preis ein und verlangt von seinem ursprünglichen Lieferanten A die Differenz zum ursprünglichen Preis.
______________ Schaden	Es entstehen keine unmittelbaren Geldausgaben, z. B.: ◆ ______________ ◆ ______________
______________ ______________	Für jeden Verzugstag muss der Verkäufer eine vereinbarte Geldsumme zahlen, z. B. 0,2 % der Kaufsumme pro Verzugstag.

4. **Sie sind Mitarbeiter/-in des Leuchtenfachgeschäfts Klaus Weber KG. Sie haben am 11. Januar bei der Anton Wagner GmbH verschiedene Lampen bestellt (siehe hierzu die Bestellung).**

Klaus Weber KG **Elektrofachmarkt**

Klaus Weber KG, Mozartstraße 28, 86150 Augsburg

Anton Wagner GmbH
Lampenfabrik
Frauenstraße 12
89073 Ulm

Ihr Zeichen, Ihre Nachricht vom	Unser Zeichen, unsere Nachricht vom	Datum
Wg/K	We/Se	20..-01-11

Bestellung

Sehr geehrter Herr Wagner,

vielen Dank für Ihr ausführliches Angebot vom 5. Januar 20..

Ich bestelle folgende Artikel:

20 **Hängelampen** „Rustikal" H 3004,
20 **Stehlampen** „Comfort" S 2005,
20 **Deckenlampen** „Light" D 1004.

Ich erwarte Ihre Lieferung, wie versprochen, am 18. Januar 20..

Mit freundlichen Grüßen

Klaus Weber

Die Lampen sind am 24. Januar 20.. noch nicht eingetroffen.

a) Prüfen Sie an dem vorliegenden Fall die Voraussetzungen der Nicht-rechtzeitig-Lieferung (Lieferungsverzug).

b) Geben Sie die Rechte an, die die Klaus Weber KG als Käufer in diesem Fall geltend machen könnte.

c) Begründen Sie, für welches Recht Sie sich anstelle der Klaus Weber KG entscheiden würden. Wie gehen Sie vor, um dieses Recht geltend zu machen?

Wissen trainieren

5. Entscheiden Sie in Ihrer Stammgruppe, ob in den neun Fällen eine Mahnung erforderlich ist, um den Verkäufer in Lieferungsverzug zu setzen:

a) „Lieferbar Anfang Mai d. J."
b) „Lieferbar ab 01.10. d. J."
c) „Lieferbar Ende Mai d. J."
d) „Sofort nach Erhalt der Bestellung lieferbar"

e) „Innerhalb 10 Tagen nach Bestelldatum lieferbar"
f) „Innerhalb 10 Tagen nach Zugang der Bestellung lieferbar"
g) „Lieferbar innerhalb 10 Tagen nach Erhalt der Zahlung"
h) „Lieferbar innerhalb 30 Tagen"
i) „Lieferbar am 12.12. d. J. genau 12:00 Uhr"

6. In welchen Fällen entfällt die Fristsetzung, wenn der Käufer das Recht auf Schadensersatz statt Leistung oder das Recht auf Rücktritt vom Kaufvertrag geltend machen will?

7. Prüfen Sie für die drei Fälle, ob eine Nicht-rechtzeitig-Lieferung vorliegt. Begründen Sie, welches Recht Sie als Käufer jeweils geltend machen würden.

   a) Eine Konservensendung, die „Mitte Januar" hätte geliefert werden sollen, trifft erst heute (17. Februar d. J.) ein. Der Angestellte behauptet: *„Der Lieferer ist in Verzug; wir brauchen die Konserven nicht mehr anzunehmen. Außerdem haben wir die Konserven inzwischen günstiger eingekauft."*
   b) Becker will sein Geschäft am 1. März eröffnen und hat deshalb im Kaufvertrag mit Firma Koch vereinbart, dass die Ware bis 10. Februar fix zu liefern sei. Die Sendung ist aber bis heute nicht eingetroffen.
   c) Unsere Firma: Sporthaus B. Stauch, Kirchstraße 7, 74078 Heilbronn
   Vorgangsbeschreibung:
   Aufgrund eines brieflichen Angebots der Allgäuer Skifabrik Racer & Co. KG, Benzstraße 104, 89155 Erbach, vom 26. August d. J. haben wir am 1. September d. J. bei der Racer & Co. KG 50 Paar Carvingskier, Modell „Alpina", zum Preis von je 220,00 EUR bestellt. Als Liefertermin war der 15. Oktober d. J. vereinbart worden. Dieser Termin wurde von der Racer & Co. KG am 5. September d. J. per Fax bestätigt. Am 17. Oktober d. J. ist die Lieferung noch nicht bei uns eingetroffen. Am selben Tag geht eine E-Mail der Racer & Co. KG bei uns ein:
   „[...] *Leider können wir das Modell „Alpina" wegen eines zwischenzeitlich eingegangenen Großauftrags eines unserer besten Kunden nicht vor dem 15. Dezember d. J. liefern. [...]*"

8. Die Schreibwarenhandlung Brüker KG hat Anfang September bei ihrem Großhändler, der Büro Weber KG, für 2000,00 EUR Dekorations- und Scherzartikel für die Jubiläumsveranstaltung des Schützenvereins am 4. Oktober bestellt. Als Liefertermin sagte die Weber KG „Ende September" zu. Weber weiß, dass die Artikel für die Jubiläumsveranstaltung bestimmt sind. Am 2. Oktober ist die Ware bei der Brüker KG noch nicht eingetroffen. Auf Rückfrage stellt sich heraus, dass Weber den Termin übersehen hat.

   a) Entscheiden Sie, ob Lieferungsverzug vorliegt. Prüfen Sie alle Voraussetzungen.
   b) Welche Rechte könnte die Brüker KG im Falle des Lieferungsverzugs allgemein geltend machen?
   c) Der Einkäufer der Brüker KG macht am Ort ein Ladengeschäft ausfindig, das die Dekorations- und Scherzartikel am 3. Oktober liefern könnte. Der Preis beträgt jedoch 2500,00 EUR. Wie soll die Brüker KG vorgehen? Begründen Sie.
   d) Um welche Art der Schadensberechnung handelt es sich bei c)?
   e) Erläutern Sie zwei weitere Möglichkeiten der Schadensberechnung.

9. Die Elektrogerätefabrik Kuhnle OHG, Mannheim, unterbreitet dem Elektro-Center GmbH, Hannover, am 3. März ein Angebot:
   Kühl-Gefrier-Kombination NX 3, Preis 650,00 EUR je Stück, Preis freibleibend, lieferbar sofort ab Fabrik.
   Am 6. März bestellt das Elektrogeschäft 15 Kühl-Gefrier-Kombinationen, worauf am 8. März Kuhnle die Bestellung schriftlich bestätigt.

a) Muss das Elektro-Center die Kühl-Gefrier-Kombinationen abnehmen, wenn Kuhnle am 10. März mitteilt, dass er den Angebotspreis wegen Kostensteigerungen auf 680,00 EUR erhöhen müsse und die Lieferung nur zu diesem Preis möglich sei? Wie ist die Rechtslage?

b) Angenommen, das Elektro-Center wäre mit dem Preis einverstanden, doch die Kühl-Gefrier-Kombinationen würden ihm innerhalb von drei Wochen nicht geliefert. Was müsste dann unternommen werden und welche Rechte stehen dem Elektro-Center zu?

c) Wie wäre die Rechtslage, wenn das Elektro-Center die Kühl-Gefrier-Kombinationen fix zum 13. März bestellt und die Kuhnle OHG den Liefertermin bestätigt hätte?

d) Welches Gericht wäre im Fall eines Rechtsstreits zwischen der Kuhnle OHG und dem Elektro-Center örtlich und sachlich zuständig?

e) Welche Schadensersatzsumme müsste die Kuhnle OHG leisten, wenn das Elektro-Center wegen eines dringenden Großauftrags bei einem anderen Lieferer gleichartige Kühl-Gefrier-Kombinationen zum Preis von 750,00 EUR gekauft hätte (Deckungskauf)?

10. Die B & B Thermo GmbH, Quellenweg 1, 78166 Donaueschingen, handelt unter anderem mit Temperaturmessgeräten für den industriellen und handwerklichen Bedarf. Am 4. Januar 20.. bestellte sie bei der KMS Kunststoffteile GmbH, Triberger Straße 12, 78112 St. Georgen,
2500 Kunststoffgehäuse, Artikelnummer K01282, à 4,27 EUR, netto,
800 Kunststoffgehäuse, Artikelnummer K01382, à 4,82 EUR, netto,
nach der neuesten KMS-Preisliste.
Gewünschter Liefertermin: 8. Kalenderwoche (20. bis 26. Februar)

a) Ist zwischen der B & B GmbH und der KMS GmbH ein Kaufvertrag zustande gekommen? Begründen Sie Ihre Antwort.

b) Am 12. Januar 20.. trifft die schriftliche Auftragsbestätigung bei der B & B GmbH ein. Die Lieferung zur 8. Kalenderwoche wird zugesagt. Als am Ende der 8. Kalenderwoche noch nicht geliefert wurde, mahnt die B & B per Fax die Lieferung an. Am Montag der darauffolgenden Woche geht ein Fax bei B & B ein (gekürzter Auszug):

> „Durch ein Missverständnis in unserer Versandabteilung wurde Ihre Bestellung per Bahn an einen Kunden in Süditalien verschickt. Die Sendung wurde am 22. Februar 20.. hier in St. Georgen zum Versand gebracht. Wir haben alles unternommen, um den momentanen Verbleib festzustellen. Die Sendung ist bis heute verschollen. Eine Lieferzusage können wir Ihnen nicht vor der 11. Kalenderwoche versprechen [...].“

Ist die KMS GmbH in Lieferungsverzug? Begründen Sie Ihre Antwort.

c) Welche Voraussetzungen müssen bei einem Lieferungsverzug grundsätzlich erfüllt sein?

d) Welche Rechte stehen dem Gläubiger beim Lieferungsverzug allgemein zu?

e) Der Auslieferungplan sah für die 10. und 11. Kalenderwoche die Lieferung der bestellten Kunststoffgehäuse vor. Im äußersten Fall könnte ein Zwischenauftrag in der 10. Kalenderwoche ausgeliefert werden. Eine weitere Verschiebung ist nicht möglich, da eigene Lieferverpflichtungen eingehalten werden müssen. Dieser Sachverhalt wurde der KMS GmbH am Tag des Faxeingangs telefonisch mitgeteilt.
Entwerfen Sie unter Berücksichtigung des geschilderten Sachverhalts einen Terminbrief an die KMS GmbH in St. Georgen.
Ergänzende Angaben: Datum des Briefes ist der 27. Februar 20.. Eine rechtzeitige Lieferung der Gehäuse durch einen anderen Lieferanten der B & B ist nur dann möglich, wenn der Auftrag spätestens am 5. März 20.., 11:00 Uhr, bei diesem eintrifft. Die Kunststoffgehäuse wären etwa 30 bis 40 % teurer, da außerplanmäßige Umdisponierungen sowie Überstunden der Belegschaft notwendig wären. Der genaue Preis kann erst durch die Nachkalkulation ermittelt werden.

4 Warenlagerung – Ordnung ist das halbe Leben

Wissen erarbeiten

1. Nennen und beschreiben Sie wichtige **Aufgaben der Lagerhaltung.**

Aufgabe	Erläuterung

2. Erläutern Sie die Lagerarten, indem Sie die Tabellen ergänzen.

Lagerarten nach der Aufgabe

Lagerarten nach der Eigenschaft der Lagergüter

______________________	
______________________	
______________________	

3. **Lagergüter müssen artgerecht eingelagert werden. Nennen Sie beispielhaft einige Lagergüter, die besonders schutzbedürftig sind. Geben Sie jeweils die geeignete Lagereinrichtung bzw. Schutzmaßnahme an.**

Schutz vor	Beispielhafte Lagergüter	Geeignete Schutzmaßnahme
Wärme		
Nässe		
Trockenheit		
Sonnenlicht		
Staub		
Geruchseinwirkung		

4. Beschreiben Sie einige **Einlagerungsgrundsätze**.

____

____

____

____

____

____

____

5. Ergänzen Sie den Lückentext.

Zur **Warenpflege** gehört die ______________________ der Lagerräume und des ______________________.

Die **Warenmanipulation** beinhaltet alle ______________________ am ______________________, die die ______________________ herbeiführen, erhalten oder verbessern. Dazu gehören z. B.:

- ______________________
- ______________________
- ______________________
- ______________________
- ______________________

Kommissionieren ist das ______________________ von ______________________ eines oder mehrerer ______________________ aus einer ______________________ oder einem Sortiment aufgrund eines ______________________.

6. Es werden folgende Arten des Kommissionierens unterschieden: statisches, dynamisches, sequenzielles und paralleles Kommissionieren. Ordnen Sie in der dargestellten Matrix jeweils zwei richtige Arten des Kommissionierens zu.

	Niedrige Artikelzahl	Hohe Artikelzahl
Wenige Kundenaufträge	◆ ______ ◆ ______	◆ ______ ◆ ______
Viele Kundenaufträge	◆ ______ ◆ ______	◆ ______ ◆ ______

7. Erläutern Sie die zulässigen Inventurverfahren.

Stichtagsinventur	

Zeitlich verlegte Inventur	
Permanente Inventur	

8. Beschreiben Sie die **Lagerarten nach der räumlichen Gestaltung** und geben Sie an, für welche Art von Lagergütern diese besonders geeignet sind (Einsatzmöglichkeiten).

Lagerart	Beschreibung	Einsatzmöglichkeiten
Einfaches Regallager		
Hochregallager		
Durchlauflager		
Blocklager		

9. Unterscheiden Sie zwischen **systematischer** und **chaotischer Lagerplatzzuordnung**.

Lagerart	Erläuterung
Systematisches Lager	
Chaotisches Lager	

10. Welche drei Bereiche umfasst die **Sicherheit im Lager**?

Sicherheit vor	Sicherheit vor	Sicherheit vor
______________	______________	______________

11. Welche drei Bereiche umfasst der **Arbeitsschutz**?

______________	______________	Humane
verhüten	vermeiden	______________

12. Die Berufsgenossenschaftliche Vorschrift für Sicherheit und Gesundheit bei der Arbeit (BGV A 1) muss vom Arbeitgeber und von den Arbeitnehmern beachtet werden.
Führen Sie beispielhaft einige **Pflichten des Arbeitgebers** nach BGV A 1 auf:

Führen Sie beispielhaft einige **Pflichten des Arbeitnehmers** nach BGV A 1 auf:

13. Führen Sie beispielhaft einige Maßnahmen zum Unfallschutz an, z. B. Brandschutz, Diebstahlschutz und Umweltschutz.

Unfallschutz	

Brandschutz	
Diebstahlschutz	
Umweltschutz	

14. Auf Feuerlöschern ist u. a. die Brandklasse A, B, C, D oder F angegeben. Erläutern Sie, für welche Art von Bränden (z. B. Brand von Gasen, festem organischem Material, Metallen oder flüssigen Stoffen) die jeweilige Brandklasse gilt.

15. Bei der Entsorgung von Rückständen (Wertstoffe und Abfälle) sollten aus Gründen des Umweltschutzes bestimmte Grundsätze eingehalten werden.
Ergänzen Sie dazu die Lücken mit den Begriffen: Verwerten, Beseitigen, Vermeiden, Verwerten, Entsorgung.

- ____________________ geht vor ____________________
- ____________________ geht vor ____________________
- Es ist eine möglichst hochwertige ____________________ anzustreben.

16. Im Einzelhandel fallen in den Bereichen Wareneingang, Reservelager und Kommissionierung die meisten Rückstände an. Führen Sie Beispiele an, wie Rückstände umweltgerecht entsorgt werden können. Unterscheiden Sie dabei zwischen Vermeidung, Reduzierung, Verwendung, Verwertung und Beseitigung.

Strategie	Beschreibung	Beispiele
Vermeidung bzw. Reduzierung		
Verwendung		
Verwertung		
Beseitigung		

Wissen trainieren

17. Schreiben Sie jeden der genannten Begriffe auf die Kopfzeile eines DIN-A6-Kärtchens:

Lagerarten (nach der Eigenschaft der Lagergüter), Lagerarten (nach der räumlichen Gestaltung), Einlagerungsgrundsätze, Warenpflege, Warenmanipulation, Lagerkontrolle (Verfahren), Stichtagsinventur, permanente Inventur, Inventurdifferenzen (Ursachen), Inventurdifferenzen (Maßnahmen), Lagerarten (nach der Lagerplatzzuordnung), chaotisches Lager (Vor- und Nachteile), Lagerverwaltungssystem (LVS), zentrales Lager (Begriff, Vorteile), dezentrales Lager (Begriff, Vorteile), Kommissionslager, Lagerstufen (Beispiel), Kommissionierauftrag, statisches Kommissionieren, dynamisches Kommissionieren, sequenzielles Kommissionieren, paralleles Kommissionieren, belegloses Kommissionieren, Arbeitsschutz (Begriff), Sicherheitsbeauftragte (Aufgaben), RAL, Pflichten des Arbeitgebers nach BGV A 1 (Beispiele), Pflichten des Arbeitnehmers nach BGV A1 (Beispiele), Erste-Hilfe-Regeln, Pflichten des Arbeitgebers nach der LasthandhabV (Beispiele), Brandschutz (Maßnahmen), Diebstahlschutz (Maßnahmen), Rückstände (nach KrW/AbfG), Entsorgungsmöglichkeiten, Umweltschutzbeauftragte (Aufgaben)

Sortieren Sie die Begriffskärtchen nach den Kriterien „weiß ich" und „weiß ich nicht".

Bilden Sie Kleingruppen mit höchstens drei Mitgliedern. Erklären Sie sich gegenseitig die „Weiß-ich-nicht"-Kärtchen. Schlagen Sie dabei die ungeklärten Begriffe im Schulbuch nach oder nehmen Sie Kontakt zu einer anderen Kleingruppe auf.

Schreiben Sie die Begriffserklärungen auf die Rückseite Ihrer Kärtchen und ordnen Sie die Kärtchen unter der Leitkarte „Warenlagerung" alphabetisch in Ihren Lernkartei-Behälter ein.

18. **Bilden Sie Teams mit jeweils drei Mitgliedern (Stammgruppen). Schreiben Sie jeden Begriff aus Aufgabe 17 auf ein extra Stück Papier und fügen Sie diese Papierkärtchen zu einer sinnvollen Struktur zusammen. Die Struktur kann durch Pfeile, Farben, Symbole, Texte (z. B. Überschriften), Bilder oder weitere Begriffe ergänzt werden.**

19. **Schildern Sie, wie in Ihrem Ausbildungsbetrieb die Warenein- und -auslagerung geregelt ist. Welche Lagerarten und Lagereinrichtungen sind vorhanden?**

20. **Führen Sie beispielhaft einige Lagergüter auf, die**

    a) **im Freien gelagert werden können,**
    b) **in geschlossenen Räumen gelagert werden müssen,**
    c) **ein Speziallager beanspruchen,**
    d) **während der Lagerung einer besonderen Pflege bzw. Manipulation bedürfen.**

21. **Betrachten Sie die obere Tabelle im Kapitel Arbeitsabläufe im Lager (im Lehrbuch auf Seite 373) und finden Sie Beispiele aus Ihrer Branche.**

22. **Lagergüter können nach verschiedenen Gesichtspunkten eingelagert werden. Erläutern Sie drei Einlagerungsprinzipien aus Ihrer Branche.**

23. **Unterscheiden Sie die systematische und die chaotische Lagerplatzordnung. Erläutern Sie dabei wesentliche Vor- und Nachteile dieser Lagersysteme.**

24. **Erläutern Sie den Aufbau des Lagernummernschlüssels in Ihrem Ausbildungsbetrieb. Falls es dort keinen Lagernummernschlüssel gibt, befragen Sie Mitschüler/-innen.**

25. **Weshalb sollten im Lager der Reservelager- und der Kommissionierbereich getrennt werden?**

26. **Schildern Sie den Kommissioniervorgang in Ihrem Ausbildungsbetrieb.**
    Visualisieren Sie den Vorgang.

27. **Erläutern Sie die Kommissioniergrundsätze „Ware zur Person" und „Person zur Ware".**

28. Bild 1

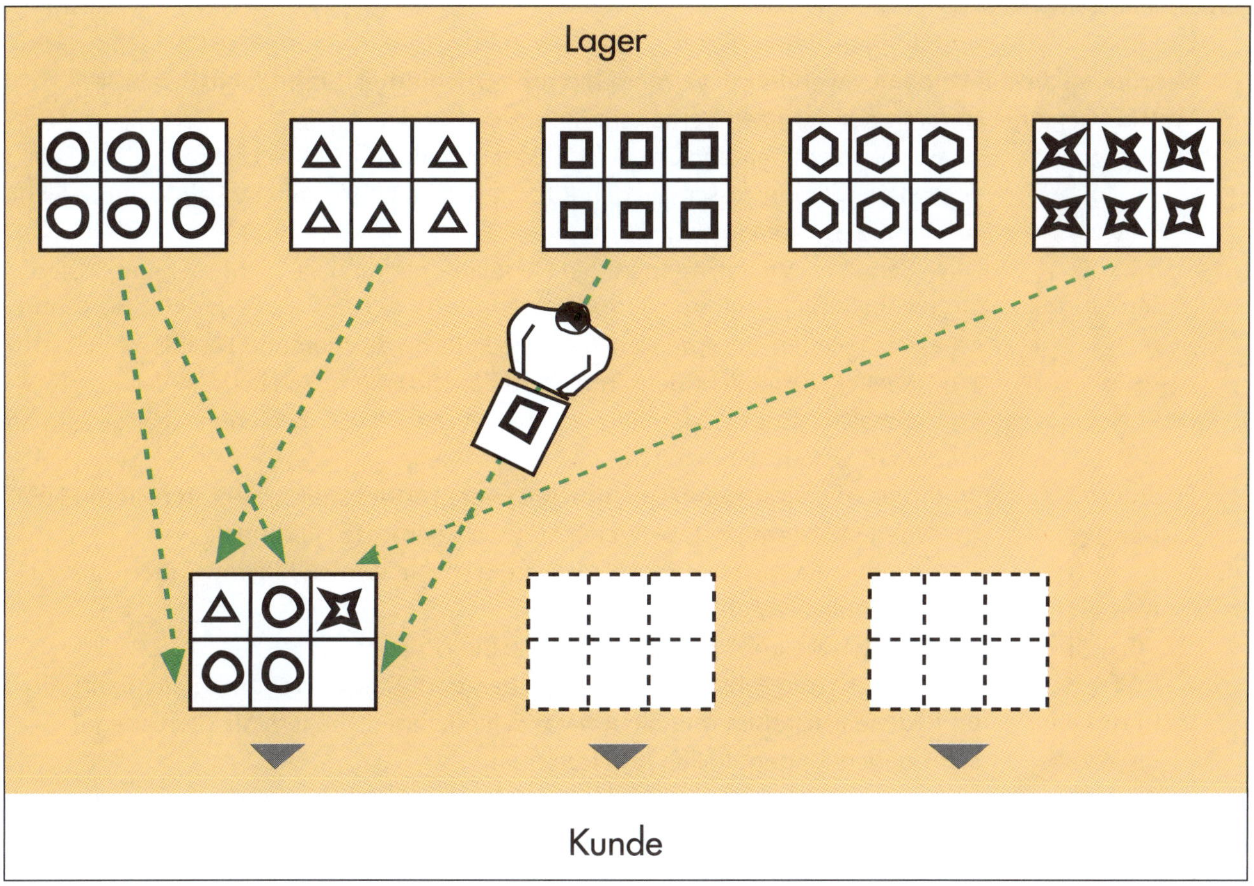

Bild 2

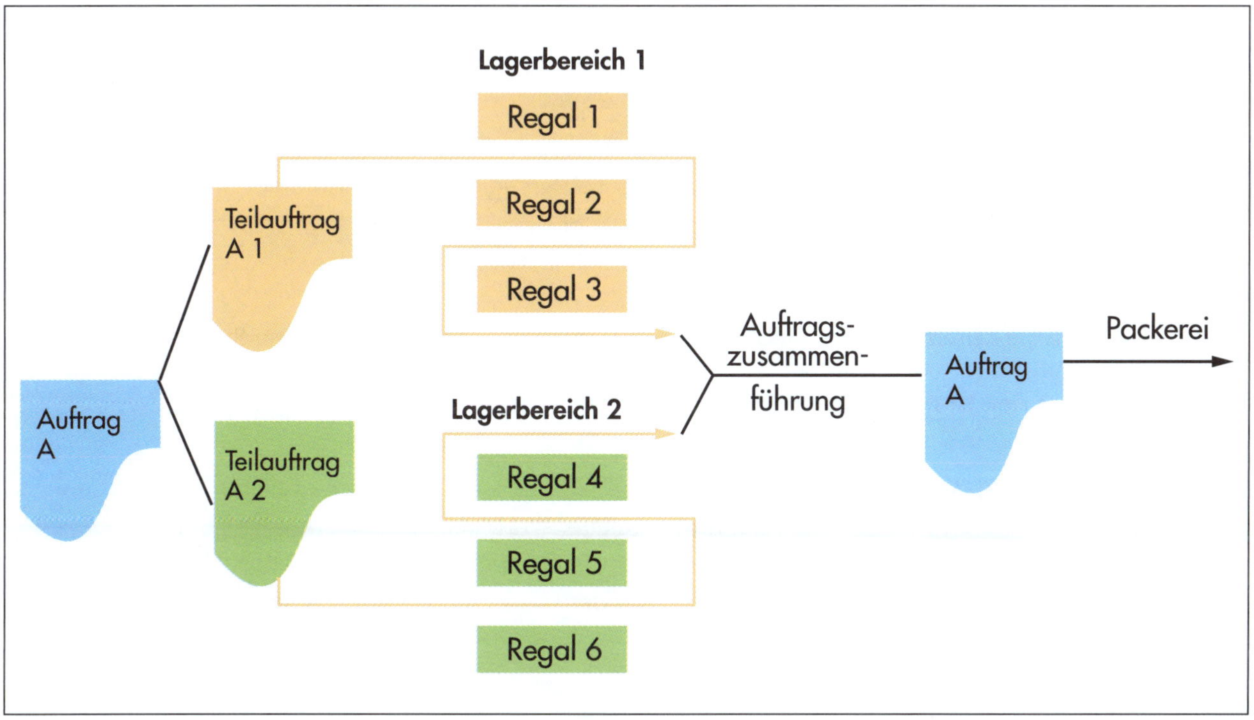

Entscheiden Sie, welche Arten des Kommissionierens jeweils dargestellt sind. Beschreiben Sie diese Arten des Kommissionierens.

Wissen anwenden

29. Begründen Sie die Verhaltensweisen zur Vermeidung arbeitsbedingter Gesundheitsgefahren. Welche Gefahren sind mit den falschen Verhaltensweisen verbunden?

- Beim Anheben und Tragen von Lasten verteilen Sie die Last möglichst auf beide Hände, lassen Sie den Rücken gestreckt, behindern Sie nicht Ihre Sicht auf den Verkehrsweg.
- Benutzen Sie auf Treppen den Handlauf, nehmen Sie nicht mehrere Stufen auf einmal.
- Verstellen oder verdecken Sie keine Rettungszeichen und Feuerlöscher. Verstellen Sie nicht den Zugang zu Feuerlöschern, Schaltern, Schaltschränken, Maschinenräumen. Verstellen Sie Bedienungsgänge und andere Verkehrswege nicht.
- Heben und tragen Sie nicht zu schwere Lasten. Lassen Sie sich helfen oder gehen Sie zweimal. Benutzen Sie zweckgerechte Hilfsmittel.
- Heben Sie Lasten aus der Hocke heraus. Die Wirbelsäule muss möglichst gerade bleiben.
- Tragen Sie bei Transportarbeiten keine Fingerringe.
- Beladen Sie Fahrzeuge stets so sicher, dass Transportgüter bei der Fahrt nirgends anstoßen und nicht herabfallen können. Sichern Sie das Ladegut gegen Kippen, Rollen und Rutschen.
- Fahren Sie auf Fahrzeugen nur mit, wenn die Mitfahrt ausdrücklich gestattet ist. Springen Sie auf rollende Fahrzeuge nicht auf und springen Sie während der Fahrt nicht ab.
- Sichern Sie Fahrzeuge vor dem Be- und Entladen gegen unbeabsichtigtes Bewegen. Befahren Sie nur die für Fahrzeuge freigegebenen Verkehrswege.
- Berücksichtigen Sie beim Lagern die Tragfähigkeit des Bodens, der Regale und der Schränke.
- Achten Sie darauf, dass Lager oder Stapel so errichtet oder abgebaut werden, dass keine Gefahren durch herabfallende, umfallende oder wegrollende Gegenstände oder durch ausfließende Stoffe entstehen.
- Halten Sie sich nicht unter schwebenden Lasten auf.
- Führen Sie Flurförderzeuge mit Fahrersitz oder Fahrerstand wie Gabelstapler nur, wenn Sie darin ausgebildet und dazu ausdrücklich beauftragt sind.
- Wenn Sie einen Aufstieg benötigen, holen Sie sich stets einen Tritt oder eine Leiter – steigen Sie nie auf Hocker, Stühle, Tische oder Kisten.
- Benutzen Sie Leitern nur ihrer Bauart entsprechend, verwenden Sie also eine Stehleiter nie als Anlegeleiter.
- Stellen Sie Leitern stets standsicher auf. Benutzen Sie keine Leitern mit Mängeln oder schadhaften Teilen.
- Beachten Sie, dass Sie sich beim Aufenthalt auf der Leiter nicht zu weit seitlich hinausbeugen.
- Steigen Sie nicht von Stehleitern auf höher gelegene Arbeitsplätze über.
- Sichern Sie auf Verkehrswegen aufgestellte Leitern ausreichend ab, z. B. durch Warnposten.
- Sorgen Sie dafür, dass Sie sich beim Besteigen der Leiter mindestens mit einer Hand festhalten können.
- Tragen Sie beim Benutzen von Leitern festes, den Fuß umschließendes Schuhwerk.
- Achten Sie darauf, dass Sie beim Tragen von Leitern keine anderen Personen gefährden.
- Schaffen Sie keine Stolperstellen. Sorgen Sie für die Beseitigung vorhandener Stolperstellen, z. B. auf dem Fußboden herumliegende Anschluss- und Verlängerungsleitungen, Verpackungsmaterial wie leere Kartons, Schnüre, Bänder oder Folien.

Wissen anwenden

- Sorgen Sie für die Beseitigung verschütteter Flüssigkeiten oder heruntergefallener Lebensmittelreste, damit niemand darauf ausrutscht.
- Verwenden Sie zum Öffnen von Kisten, Kartons, Verschnürungen, Dosen, Flaschen usw. nur dafür geeignetes und einwandfreies Werkzeug.
- Trennen Sie Kartondeckel mit einem Kartonmesser etwa 1 bis 2 cm unterhalb der Kartonoberkante ab und ziehen Sie dabei den Daumen auf dem Deckel entlang. So können Sie das Messer gerade führen. Halten Sie mit der anderen Hand den Karton so, dass er nicht rutschen und insbesondere nicht kippen kann.
- Beim Durchtrennen von Verschnürungen aus Kunststoffbändern heben Sie das Band in der Nähe der Schnittstelle mit einer Hand an und halten Sie es fest, damit es nicht wegschnellen und Sie dabei verletzen kann.
- Führen Sie das Messer nie in Richtung der Hand, die den Karton hält.

30. Erläutern Sie die Bedeutung der Sicherheitskennzeichen:

31. a) Nehmen Sie Stellung zu dem Entsorgungs- und Abfallwirtschaftskonzept der TRIAL GmbH im Kapitel Sicherheit und Umweltschutz im Lager – sicher ist sicher.
b) Beschreiben Sie das Entsorgungs- und Abfallwirtschaftskonzept Ihres Ausbildungsbetriebes.

32. Begründen Sie die Notwendigkeit der Grundsätze „Vermeiden geht vor Verwerten“ und „Verwerten geht vor Entsorgen“.

33. Die Verpackung kann aus den Materialien Papier, Karton, Flüssigkeitskarton, Glas, Kunststoff, PET-Flasche, Weißblech, Aluminium usw. bestehen und kann folgende Aufgaben haben: Schutz-, Lager-, Transport-, Manipulations-, Informationsfunktion.

Ergänzen Sie die Tabelle um weitere Artikel aus Ihrem Ausbildungsbetrieb.

Artikel	Art des Verpackungsmaterials	Hauptaufgaben der Verpackung	Ökologische Einschätzung der Verpackung
Milch	Flüssigkeitskarton mit Kunststoffdeckel	Schutz-, Lager-, Transportfunktion, Deckel zur Manipulation (Entleerung)	Leicht wiederverwertbar (Recycling), ökologisch unbedenklich, da aus nachwachsendem Rohstoff Holz gewonnen
…			
…			

5 Wirtschaftlichkeit der Lagerhaltung

Wissen erarbeiten

1. Die Lagerung von Waren ist mit **Lagerrisiken** verbunden. Geben Sie einige versicherbare und nicht versicherbare Lagerrisiken an.

Versicherbare Lagerrisiken	
Nicht versicherbare Lagerrisiken	

2. Ordnen Sie die **Lagerhaltungskosten** nach ihrer Entstehung drei Gruppen zu.

Entstehung für	Beispiele

3. Ermitteln Sie den **durchschnittlichen Lagerbestand (Ø LB)** auf verschiedene Weise.

Jahresinventur	Der Ø LB ergibt sich aus dem Mittel aus Jahresanfangsbestand (am 01.01.) und dem Jahresschlussbestand (am 31.12.). **Ø LB** =
Vierteljährliche Inventur (Quartalsinventur)	Der Ø LB ergibt sich aus dem Mittel aus Jahresanfangsbestand (am 01.01.) und den 4 Quartalsschlussbeständen (am 31.03., 30.06., 30.09. und 31.12.). **Ø LB** =
Monatliche Inventur	Der Ø LB ergibt sich aus dem Mittel aus Jahresanfangsbestand (am 01.01.) und den 12 Monatsschlussbeständen (am 31.01., 28.02., 31.03., 30.04. usw.) **Ø LB** =

4. Geben Sie die Berechnungsweise bzw. Formeln für die **Lagerkennzahlen** an:

Lagerkennzahl	Berechnungsweise
Wareneinsatz	
Umschlagshäufigkeit (UH) bzw. Lagerum-schlagsgeschwindigkeit (LUG)	Die UH gibt an, wie oft der __________ in einem Jahr umgeschlagen, d. h. verkauft wird. **UH** = __________
Durchschnittliche Lagerdauer (Ø LD)	Die Ø LD gibt an, wie lange der __________ lagert, bis er umgeschlagen, d. h. verkauft wird. **Ø LD** = __________
Lagerzinssatz	Der Lagerzinssatz ist der an die __________ angepasste Jahresmarktzinssatz für kurzfristige Geldanlagen. **Lagerzinssatz** = __________
Lagerzinsen	Die Lagerzinsen geben an, wie viel Zinskosten in Euro das im Lager gebundene Kapital (Ø LB in EUR) verursacht. **Lagerzinsen** =
Lagerreichweite	Die Lagerreichweite gibt an, wie lange der Lagerbestand reicht, bis er verbraucht ist. **Lagerreichweite** = __________ Ø Verbrauch/Tag = __________

5. **Ergänzen Sie die Textlücken im Satz.**

Sortimentsentscheidungen (z. B. Auslistung von Artikeln) dürfen nicht allein auf der Grundlage der __________ getroffen werden, denn Artikel mit __________ Umschlagshäufigkeit (Langsamdreher, Penner) können im Jahr mehr __________ erwirtschaften als Artikel mit __________ Umschlagshäufigkeit (Schnelldreher, Renner), wenn sie sehr gut kalkuliert sind.

6. Machen Sie Vorschläge zur **Verbesserung der Wirtschaftlichkeit** im Lager.

Vorschlag	Maßnahmen zur Umsetzung des Vorschlags
Erhöhung des Wareneinsatzes Wirkung: Erhöhung der UH	
Senkung der Lagerbestände Wirkung: Erhöhung der UH	
Überprüfung des Lieferantenkonzepts Wirkung: Erhöhung der Versorgungssicherheit	
Crossdocking-Konzept Wirkung: bestandsloses Kommissionieren	

Wissen trainieren

7. **Schreiben Sie jeden der aufgelisteten Begriffe auf die Kopfzeile eines DIN-A6-Kärtchens:**

> Lagerrisiko, Lagerhaltungskosten, durchschnittlicher Lagerbestand, Lagerwert, Wareneinsatz, Umschlagshäufigkeit, durchschnittliche Lagerdauer, Lagerzinssatz, Lagerzinsen, Lagerreichweite, Flächennutzungsgrad, Raumnutzungsgrad, Transportmitteleinsatzgrad, Transportmittelausfallgrad, Rohgewinn, Wirtschaftlichkeit (Begriff), Rahmenvertrag, Kauf auf Abruf, Teillieferungsvertrag (Sukzessivkauf), Spezifikationskauf, Multiple Sourcing (Begriff, Vor-, Nachteile), Single Sourcing (Begriff, Vor-, Nachteile), Global Sourcing (Begriff, Vor-, Nachteile), Crossdocking (Begriff), Just-in-time-Belieferung

Sortieren Sie die Begriffskärtchen nach den Kriterien „weiß ich" oder „weiß ich nicht".
Bilden Sie Kleingruppen mit höchstens drei Mitgliedern. Erklären Sie sich gegenseitig die „Weiß-ich-nicht"-Kärtchen. Schlagen Sie dabei die ungeklärten Begriffe im Schulbuch nach oder nehmen Sie Kontakt zu einer anderen Kleingruppe auf.
Schreiben Sie die Begriffserklärungen auf die Rückseite Ihrer Kärtchen und ordnen Sie die Kärtchen unter der Leitkarte „Wirtschaftlichkeit der Lagerhaltung" alphabetisch in Ihren Lernkartei-Behälter ein.

8. **Bilden Sie Teams mit jeweils drei Mitgliedern (Stammgruppen). Schreiben Sie jeden Begriff aus Aufgabe 7 auf ein extra Stück Papier und fügen Sie diese Papierkärtchen zu einer sinnvollen Struktur zusammen. Die Struktur kann durch Pfeile, Farben, Symbole, Texte (z. B. Überschriften), Bilder oder weitere Begriffe ergänzt werden.**

9. **a) Erläutern Sie, wie sich die Lagerhaltungskosten zusammensetzen.**
   b) Machen Sie Vorschläge, wie die Lagerhaltungskosten gesenkt werden können.
   c) Beschreiben Sie den Zusammenhang zwischen Lagerdauer und Lagerkosten.
   d) Erläutern Sie, wie ein vorsichtiger Einkaufsleiter dazu beitragen kann, das Lagerrisiko zu verringern.

10. **a) Begründen Sie die Notwendigkeit der Ermittlung von Lagerkennziffern.**
    b) Beweisen Sie die Aussage: *„Je höher die Umsatzhäufigkeit, desto niedriger ist der Kapitaleinsatz zur Erreichung einer bestimmten Gewinnhöhe."*
    c) Durch welche Maßnahmen kann eine unterdurchschnittliche LUG erhöht werden?
    d) Warum kann die Höhe der LUG für Sortimentsentscheidungen nicht allein ausschlaggebend sein?

11. **Trotz weiterer Umsatzsteigerungen stellt die Geschäftsleitung fest, dass sich die Kosten-Gewinn-Situation nicht zufriedenstellend entwickelt hat. Interne Untersuchungen ergaben, dass u. a. die Umsätze bei Freizeitjacken, die als Handelswaren geführt werden und bisher 15 % des Gesamtumsatzes ausmachten, weiter zu wünschen übrig lassen. Der Verkaufsleiter fordert deshalb eine Überprüfung der Lagerkennziffern. Die Lagerverwaltung liefert Zahlen:**

Anfangsbestand:	320 000 Stück
Endbestand 31.03.:	280 000 Stück
Endbestand 30.06.:	240 000 Stück
Endbestand 30.09.:	300 000 Stück
Endbestand 31.12.:	360 000 Stück

Zugänge während des laufenden Geschäftsjahres: 2 140 000 Stück

a) **Ermitteln Sie die Umschlagshäufigkeit.**
b) **Der Verkaufsleiter stellt fest, dass die Umschlagshäufigkeit gegenüber dem Vorjahr stark gesunken ist. Erläutern Sie vier Ursachen, die zu dieser Entwicklung geführt haben könnten.**
c) **Unterbreiten Sie zwei Vorschläge, die geeignet sind, dieser Entwicklung entgegenzuwirken.**

12. **Die Max Reinstein GmbH, Schmuckhändler, Pforzheim, hat in den letzten fünf Jahren ihr Sortiment unkontrolliert ausgedehnt. Dies führte insgesamt zu einer unübersichtlichen und schwerfälligen Bearbeitung von Aufträgen im Lager.**

a) **Beschreiben Sie zwei Probleme, die sich aus dieser Lagersituation ergeben können.**
b) **Wie könnten die genannten Probleme gelöst werden?**
c) **Für den Artikel „Damen-Armband, echt Gold 585" ergeben sich aus der Lagerdatei für das abgelaufene Jahr als Bestände in Stück:**

Datum	Eingang	Ausgang	Bestand	Datum	Eingang	Ausgang	Bestand
01-01			10	08-17		5	14
01-14	7		17	09-04		4	10
01-18		3	14	09-16	7		17
01-28	7		21	10-01		2	15
02-07		2	19	10-12		4	11
02-16		5	14	11-03	7		18
03-11	7		21	11-15		10	8
04-19		4	17	12-04	14		22
05-04		5	12	12-11		12	10
05-25	7		19	12-14	14		24
06-03		3	16	12-16		12	12
07-02		4	12	12-18	3		15
08-03	7		19				

Berechnen Sie aus den Zahlen dieser Lagerdatei die Lagerkennziffern:
(1) **durchschnittlicher Lagerbestand**
(2) **durchschnittliche Lagerdauer**
(3) **Lagerzinssatz bei einem Jahreszinsfuß von 7,5%**
(4) **Lagerreichweite**
(5) **Kapitaleinsatz zur Finanzierung des durchschnittlichen Lagerbestandes bei einem Lagerwert von 1 000,00 EUR pro Stück**

d) **Die IHK ermittelte für die Schmuckbranche eine durchschnittliche Umschlagshäufigkeit von 6,0.**

- Welche Gründe kann die Abweichung der durchschnittlichen Lagerdauer der Max Reinstein GmbH vom Branchendurchschnitt haben? Erläutern Sie drei Gründe.
- Welcher Zinsgewinn oder Zinsverlust ergibt sich für den oben errechneten Kapitaleinsatz durch die Abweichung vom Branchendurchschnitt?

Wissen anwenden

13. Die MIC-Elektronik GmbH, Mosbach, handelt mit Geräten und Ersatzteilen der Informations- und Kommunikationstechnik. Das Unternehmen ist für zuverlässige Lieferung und flexibles Reagieren auf Kundenwünsche bekannt. Am Markt ist ein ständiger Preisverfall zu beobachten. Die unbefriedigende Gewinnsituation zwingt zu einer Überprüfung des Beschaffungs- und Lagerhaltungsbereichs im Segment Ersatzteile. Bei einer Abteilungsleiterkonferenz werden mögliche Schwachstellen diskutiert. Nach Durchsicht der zur Verfügung stehenden Unterlagen aus dem Ersatzteilbereich (siehe Anlagen) fällt das Gehäuse (Teil-Nr. 2007) als Problemteil auf.

Die Geschäftsleitung macht der Abteilung Einkauf Vorwürfe:

- Die **Umschlagshäufigkeit** ist zu gering, der Branchendurchschnitt liegt bei 12.
- Es wird das falsche **Bestellverfahren** verwendet.
- Die **Bestellmenge** ist nicht optimal (vgl. Anlage 3).
- Die **Einstandspreise** bei Teil-Nr. 2007 und 2015 wurden seit Jahren nicht überprüft (vgl. Anlage 2).
- Die **Lieferantenauswahl** erfolgt zu oberflächlich (vgl. Anlage 4).

a) Nehmen Sie zu den einzelnen Vorwürfen Stellung. Verwenden Sie dabei alle Ihnen zur Verfügung stehenden Informationen und führen Sie, soweit erforderlich, entsprechende Berechnungen durch. Gehen Sie auf die Folgen ein.
b) Unterbreiten Sie Verbesserungsvorschläge für die einzelnen Punkte aus dem Bereich der Beschaffung und der Lagerhaltung.

Anlage 1

Lagerfachkarte		**MIC-Elektronik GmbH**	
Teilebez.: Gehäuse		**Teile-Nr. 2007**	**Lager-Nr.: 4529**
Datum	**Zugang in Stück**	**Abgang in Stück**	**Bestand in Stück**
01.01			2000
10.01		600	?
14.02	1500		?
03.03		800	?
20.03		700	?
15.05	1500		?
23.05		650	?
18.07		670	?
15.08	1500		?
08.09		730	?
26.09		690	?
13.10		400	?
14.11	1500		?
09.12		1110	?

Wissen anwenden

Anlage 2
Statistik der Jahresbedarfswerte aller Teile

Artikelnummer	Jahresbedarf in Stck.	Preise je Stck. in EUR	Jahresbedarfswert in EUR	Jahresbedarfswert in %
2001	1997	130,00	259610,00	33,43
2002	3000	0,70	2100,00	0,27
2003	4035	15,00	60525,00	7,79
2004	250	125,00	31250,00	4,02
2005	100	10,00	1000,00	0,13
2006	420	1,25	525,00	0,07
2007	6350	50,00	317500,00	40,88
2008	270	5,50	1485,00	0,19
2009	88080	0,10	8808,00	1,13
2010	2415	2,40	5796,00	0,75
2011	12428	0,50	6214,00	0,80
2012	15510	0,20	3102,00	0,40
2013	3075	1,00	3075,00	0,40
2014	3660	0,65	2379,00	0,31
2015	5200	0,005	260,00	0,03
2016	20	2,95	59,00	0,01

Anlage 3
Optimale Bestellmenge

Anzahl der Bestellungen	Bestell-menge in Stück	Durchschnittl. Lagerbestand	Durchschnittl. Lagerbestand in EUR	Lagerhaltungskosten	Bestell-kosten	Gesamt-kosten
		Bestell-menge/2		Lager-haltungs-kostensatz 10%	200,00 EUR pro Bestellung	
1						

Anlage 4
Bisherige Entscheidungsbewertungstabelle für Lieferantenbeurteilung:

Entscheidungskriterium	Lieferer A	Lieferer B
Einstandspreis		
Qualität		

Wissen anwenden

14. Erläutern Sie einige Kennzahlen zur Überwachung der
a) Lagernutzung,
b) Transportmittelnutzung.

15. Berechnen Sie anhand der Abbildung im Kapitel Lagerkennzahlen im Lehrbuch S. 397 den Lagernutzungsgrad des
a) Hochregallagers insgesamt,
b) Palettenlagers,
c) Gitterboxlagers.

16. Erläutern Sie Möglichkeiten zur
a) Senkung der Bestellmengen,
b) Senkung des Sicherheitsbestands,
c) Verbesserung der technischen Ausstattung des Lagers.

17. a) Weshalb wird durch die kontinuierliche Anlieferung die Wirtschaftlichkeit des Lagers verbessert?
b) Beschreiben Sie einige Vertragsformen, mit denen sich ein Großhändler die kontinuierliche Belieferung sichern kann. Gehen Sie dabei auf Unterschiede ein.

18. Begründen Sie, weshalb Streckengeschäfte zur Verbesserung der Wirtschaftlichkeit des Lagers beitragen.

19. Beschreiben und beurteilen Sie das Beschaffungskonzept Ihres Ausbildungsbetriebs.

Geschäftsprozesse erfassen und kontrollieren

Lernfeld 8

1 Die Pflicht zur Buchführung im Einzelhandelsunternehmen

Wissen erarbeiten

Situation im Lehrbuch Seite 402

Markus Wildemann ist frustriert. Er möchte den Outdoorshop seines Freundes übernehmen, doch die Bank verweigert ihm ein Existenzgründerdarlehen und fordert von ihm, sich zunächst einmal über seine Buchführungspflichten zu informieren. Tatsächlich war es Markus nie klar, dass sein Laden „AdventureMountain" gesetzlich zur Buchhaltung verpflichtet ist. Die Jungs im Verkäuferteam nahmen es mit dem Schreibkram nie so genau. Vieles muss in dem kleinen Laden nun anders werden.

Finden Sie heraus, gegen welche Grundsätze der ordnungsgemäßen Buchführung die Adventure-Mountain GmbH bisher verstoßen hat, und schreiben Sie auf, was genau in Zukunft anders gemacht werden muss.

1.	Die Kassenbonrollen, Eingangsrechnungen, Tankbelege usw. lagen bisher mindestens ein halbes Jahr auf dem Schreibtisch des Chefs, bevor sie gebucht wurden.	Verstoß gegen ...
2.	Geschäfte mit Stammkunden liefen bisher auf Vertrauensbasis, d. h., die Ware wurde ohne Registrierkasse und Kassenzettel gegen bar verkauft.	Verstoß gegen ...
3.	Da keiner der Mitarbeiter weiß, wie man Buchungen macht, wurden die Einnahmen und Ausgaben des Ladens bisher auf Zettel geschrieben. Die Zettel wurden in einen großen Karton gelegt. „Vielleicht haben wir mal Zeit das zu ordnen", sagt der Chef schon seit Jahren.	Verstoß gegen ...
4.	Nachdem die Einnahmen und Ausgaben auf Zettel notiert sind, werden Bonrollen, Rechnungen und Quittungen weggeworfen, damit das Papierchaos im Büro nicht zu groß wird.	Verstoß gegen ...
5.	Leider kann die Kasse der AdventureMountain GmbH keine Stornos durchführen. Deshalb werden fehlerhafte Kassenbons sauber mit Tipp-Ex verbessert.	Verstoß gegen ...
6.	Vor vier Jahren hatte die AdventureMountain GmbH einen Computer angeschafft, um die Buchhaltung damit zu machen. Nach 1½ Jahren stürzte der Computer aber immer häufiger ab. Schließlich verkaufte der Chef den Computer mit dem Buchhaltungsprogramm und den bis dahin erfassten Buchhaltungsdaten an einen südafrikanischen Freund.	Verstoß gegen ...

Die gesetzliche Buchfühungspflicht:

Paragraf 238 Handelsgesetzbuch (HGB)

„Jeder Kaufmann ist verpflichtet, Bücher zu führen. Dabei muss er die Grundsätze ordnungsgemäßer Buchführung beachten.“

Grundsatz der Zeitgerechtigkeit
Die Geschäftsvorfälle müssen in Zukunft sofort und in der richtigen zeitlichen Reihenfolge erfasst werden.

Grundsatz der ______________________________

Grundsatz der ______________________________

Grundsatz der ______________________________

Grundsatz der ______________________________

Grundsatz der ______________________________

2 Die Inventur im Einzelhandelsunternehmen

Warenbestände mit Einzelinventarlisten erfassen

Situation im Lehrbuch Seite 405

Sie unterstützen Markus Wildemann und Jan Bruncken bei der Inventur in der AdventureMountain GmbH. Deren Aufgabe ist es, die Warenvorräte der Warengruppe 2 und 3 zu zählen und die Einzelinventarliste auszufüllen. Ergänzen Sie die Einzelinventarlisten 2 und 3.

Beispiel: Inventarliste der Warengruppe 1

Einzelinventarliste 1 –	**Warengruppe 1: Zelte**		
aufgenommen am:	30.06.20..		
Aufnahme durch	Jan Bruncken		
Bezeichnung	Stück	Einstandspreis	Gesamtwert
Jack Wolfskin Moonshine	1	394,20 EUR	394,20 EUR
VauDe Pathfinder IV	2	273,80 EUR	547,60 EUR
Tatonka Blue Spirit	1	286,30 EUR	286,30 EUR
			1 228,10 EUR

Einzelinventarliste 2 –	**Warengruppe 2: Wanderschuhe**		
aufgenommen am:	30.06.20..		
Aufnahme durch	Jan Bruncken		
Bezeichnung	Stück	Einstandspreis	Gesamtwert
Hanwag Alaska GTX	8	97,35 EUR	
Lowa Renegade GTX Mid	9	74,65 EUR	
Lowa Saphir	12	78,42 EUR	
Meindl Arlberg	6	36,36 EUR	
Meindl Air Revolution 3.1	14	90,61 EUR	
Meindl Perfekt	12	120,38 EUR	

Einzelinventarliste 3 –	Warengruppe 3: Schlafsäcke		
aufgenommen am:	30.06.20..		
Aufnahme durch	Markus Wildemann		
Bezeichnung	Stück	Einstandspreis	Gesamtwert
Deuter Dreamlite	1	26,90 EUR	
Deuter Kids	2	15,44 EUR	
Helsport Lofoten	3	53,64 EUR	
Helsport Breheimen	1	71,95 EUR	
Helsport Alta Short	1	84,27 EUR	
Fjällräven Kamas M5	2	99,87 EUR	
Fjällräven Distance P5	1	67,75 EUR	
Joutsen Halla	1	160,70 EUR	

Inventar gliedern

In der Tabelle finden Sie das Inventar des Lederwarengeschäfts Andreas Haberer KG. Die Vermögensgegenstände und Schulden des Unternehmens sind durch Fotos angedeutet.

a) Schreiben Sie in die zweite Spalte der Tabelle die korrekten Begriffe für die Vermögensgegenstände und Schulden.
Achten Sie darauf, die exakt richtigen Begriffe zu verwenden, und auf die korrekte Reihenfolge der Vermögensgegenstände und Schulden.

Hinweis: Die Andreas Haberer KG unterscheidet zwischen den Warengruppen
(1) Koffer und Reisetaschen sowie
(2) Handtaschen und Aktentaschen.

b) Schreiben Sie in die dritte Spalte, wie die Inventurwerte der Vermögensgegenstände bzw. Schulden ermittelt werden (körperliche Bestandsaufnahme oder Buchinventur).

Inventar zum 31.12.20..		
der Andreas Haberer KG, Marktplatz 26, 55130 Mainz		
I. Anlagevermögen		
	Grundstücke und Bauten	Buchinventur

II. Umlaufvermögen		
	Warenbestände	

B. Schulden		

Inventar der AdventureMountain GmbH aufstellen

Inzwischen haben Jan Bruncken und Markus Wildemann die Zählung der Warenbestände abgeschlossen und möchten aus den einzelnen Inventarlisten nun ein zusammengefasstes Inventar für die AdventureMountain GmbH zusammenstellen.

3. **Helfen Sie den beiden bei der Aufstellung des Inventars. Füllen Sie das Inventarschema auf der folgenden Seite aus. Die dafür notwendigen Informationen entnehmen Sie der Anlagekartei der AdventureMountain GmbH (siehe unten) und den Inventurlisten für Forderungen, Bankguthaben, Kassenbestand und Schulden sowie den Einzelinventarlisten aus Aufgabe 1.**

Anlagekartei				
Anlagegut	Anzahl	Zustand, Beschreibung	Einzelwert	Gesamtwert
Ladenregalsystem	3	gebraucht, 3 Jahre	1 500,00 EUR	4 500,00 EUR
Warenpräsentationssystem für Wände	15	gebraucht, 3 Jahre	540,00 EUR	8 100,00 EUR
Indoor-Kletterwand im Laden	1	gebraucht, 1 Jahr	7 500,00 EUR	7 500,00 EUR
Ladentheke Eukalyptusholz	2	gebraucht, 3 Jahre	13 350,00 EUR	26 700,00 EUR
Registrierkasse	1	gebraucht, 6 Jahre	3 000,00 EUR	3 000,00 EUR
Lagerregale	5	gebraucht, 6 Jahre	450,00 EUR	2 250,00 EUR
Lieferwagen, KN-AM 76	1	gebraucht, 6 Jahre	15 000,00 EUR	15 000,00 EUR
Grundstück Habsburger Str. 15 mit Flachbau				285 000,00 EUR

Inventurliste Forderungen gegenüber Kunden (noch nicht bezahlte Rechnungen):

Kundennr.	Name	Rechnungsnr.	Datum	Betrag
240056	DAV Sektion Singen	2600472	30.06.20..	1 159,49 EUR
240127	Wildnis Trekking GmbH	2600373	30.06.20..	560,19 EUR
240026	Peter Schwarze	2600428	30.06.20..	366,92 EUR
Summe				**2 086,60 EUR**

Inventurliste Bankguthaben:

Bank	Datum	Guthaben
Sparkasse Bodensee	30.06.20..	2 584,23 EUR

Inventurliste Kassenbestand:

Datum	Bestand
30.06.20..	2 481,93 EUR

Inventurliste Schulden des Unternehmens:

Kreditor	Restlaufzeit	Restschuld
VauDe GmbH	25 Tage	3 459,00 EUR
Jack Wolfskin GmbH	10 Tage	10 984,23 EUR
Sparkasse Bodensee	24 Monate	340 400,00 EUR
Summe		**354 843,23 EUR**

Inventar zum 30.06.20..
der AdventureMountain GmbH, Habsburger Str. 15, 78462 Konstanz

A. Vermögen		
I. Anlagevermögen:		
1. Grundstücke und Bauten		
2. Ladenausstattung lt. Anlagekartei		
3. Lagerausstattung lt. Anlagekartei		
4. Kassensysteme lt. Anlagekartei		
5. Fuhrpark Pkw KN-AM 76		
II. Umlaufvermögen		
6. Warenbestände		
Warengruppe 1 lt. Einzelinventarliste 1	1228,10 EUR	
Warengruppe 2 lt. Einzelinventarliste 2		
Warengruppe 3 lt. Einzelinventarliste 3		
7. Forderungen		
8. Kassenbestand		
9. Bankguthaben		
Summe des Vermögens (Rohvermögens)		
B. Schulden		
1. langfristige Verbindlichkeiten		
2. kurzfristige Verbindlichkeiten		
Summe der Schulden		
C. Ermittlung des Reinvermögens		
Summe des Vermögens		
– Summe der Schulden		
Reinvermögen (Eigenkapital)		

Wissen trainieren

4. Erklären Sie die Unterschiede zwischen den Begriffen Anlagevermögen und Umlaufvermögen.

5. Das Damenbekleidungsgeschäft „Mode Meile“ in 24103 Kiel, Am Hafen 22, schließt am 17. Oktober sein Geschäft, um die Jahresinventur durchzuführen.

a) Darf die „Mode Meile“ bereits am 17. Oktober ihre Inventur durchführen?
b) Um welche Inventurart handelt es sich?

6. Bei der Inventur im Damenbekleidungsgeschäft „Mode Meile“ haben sich die aufgelisteten Werte ergeben: Stellen Sie das Inventar auf der „Mode Meile“ auf.

Summe der Inventarliste „Ladeneinrichtung“	**35 000,00 EUR**
Summe der Inventarliste „Lagereinrichtung“	**3 700,00 EUR**
Summe der Inventarliste „Kassensysteme“	**12 340,00 EUR**
Kassenbestand	**6 356,00 EUR**
Zeitwert des Lieferwagens	**22 600,00 EUR**
Bankguthaben	**8 423,43 EUR**
Summe der Inventarliste „Warengruppe 1“	**43 234,74 EUR**
Summe der Inventarliste „Warengruppe 2“	**72 938,24 EUR**
Darlehen der Kieler Volksbank	**50 000,00 EUR**
Unbezahlte Rechnungen an Kunden	**3483,99 EUR**
Unbezahlte Lieferantenrechnungen	**6 342,34 EUR**

7. Der Bürofachmarkt PELIKANO BÜROBEDARF GmbH führt eine nachverlegte Inventur am 11.02.20.. durch. Dabei wird ein Lagerbestand von 8 acht Geräten gezählt.

Betrachten Sie die Lagerkarte des Artikels „All in One TI 190SX“. Sie zeigt die Warenzugänge und die Warenabverkäufe im Zeitraum 31.12. bis 28.02. Wie viele Geräte waren am Bilanzstichtag 31.12. vorhanden? Wie hoch war der Bestand am 31.12. in Euro?

Lagerkarte All in One TI 190SX		
Verkaufspreis brutto: 199,99 EUR	Einstandspreis netto: 98,00 EUR	
Datum	Wareneingang	Warenabgang
04.01.		1
12.01.		2
14.01.		1
18.01.		2
18.01.	15	
22.01.		1
28.01.		2

Fortsetzung nächste Seite

Lagerkarte All in One TI 190SX		
Verkaufspreis brutto: 199,99 EUR	Einstandspreis netto: 98,00 EUR	
Datum	Wareneingang	Warenabgang
01.02.		1
03.02.		1
05.02.		1
10.02.		3
17.02.		1
22.02.		2
27.02.	15	
28.02.		1

8. Ordnen Sie die Vermögensgegenstände und Schulden einer Inventarposition zu. Geben Sie an, ob die Inventarposition zum Anlagevermögen, zum Umlaufvermögen oder zu den Schulden gehört.

	Inventarposition	Anlagevermögen, Umlaufvermögen, Schulden
Guthaben auf dem Bankkonto bei der Hausbank des Unternehmens		
Stehpult am Wareneingang des Lagers		
Computer im Regal eines Elektronik-Fachmarktes		
Darlehen einer Bank (Laufzeit von 5 Jahren)		
Computer im Kassenbereich eines Lebensmittelmarktes		
Unbezahlte Rechnung an den Kunden Grauer GmbH		
Gabelstapler		
Lagerhalle		
Unbezahlte Rechnung des Lieferanten Gebauer Großmärkte AG		
6 384,24 EUR Tagesendbestand in der Registrierkasse		
18 leere Mineralwasserkästen		

3 Die Bilanz des Einzelhandelsunternehmens

Wissen erarbeiten

Eine Bilanz erstellen

Situation im Lehrbuch Seite 415

1. Sie unterstützen Markus Wildemann und Jan Bruncken bei der Erstellung der Bilanz der Adventure-Mountain GmbH. Grundlage dafür ist das Inventar, das Sie im vorangegangenen Kapitel erstellt haben.

Folgen Sie dabei der folgenden Arbeitsanweisung:

1. **Tragen Sie die Namen der Bilanzseiten ein.**
2. **Tragen Sie den Namen des Unternehmens und das Datum der Bilanzerstellung ein.**
3. **Tragen Sie die notwendigen Bilanzposten ein. Achten Sie auf die richtige Reihenfolge. Schlagen Sie dazu im Lehrbuch nach.**
4. **Schreiben Sie die Werte der einzelnen Bilanzposten aus dem Inventar in Aufgabe 3 im vorhergehenden Kapitel in die Bilanz.**
5. **Berechnen Sie die Bilanzsumme auf der Aktivseite.**
6. **Die Bilanzsumme ist auf jeder Seite der Bilanz gleich („Goldene Bilanzgleichung"). Schreiben Sie daher die Bilanzsumme der Aktivseite auch unter die Passivseite der Bilanz.**
7. **Berechnen Sie das Eigenkapital. (Schlagen Sie dazu nochmals nach, wie Sie das Reinvermögen berechnet wird.)**
8. **Zeichnen Sie die „Buchhalternase" über die frei gebliebenen Zeilen der Passivseite der Bilanz.**
9. **Unterstreichen Sie die Bilanzsummen auf beiden Seiten der Bilanz.**
10. **Unterschreiben Sie die Bilanz.**

Bilanz der AdventureMountain GmbH
zum ____________________

I. Anlagevermögen	**I. Eigenkapital**
	II. Verbindlichkeiten
II. Umlaufvermögen	
______	______

Ort: ____________________ Datum: ____________________ Unterschrift: ____________________

2. Das Unternehmen Drogeriemarkt Maier GmbH & Co. KG besitzt ein Grundstück in der Torgauer Innenstadt im Wert von 121 180,00 EUR, das darauf gebaute Geschäftsgebäude ist ebenfalls im Eigentum des Unternehmens und hat einen Wert von 535 925,00 EUR. Die Ladeneinrichtung des Marktes hat einen Gesamtwert von 68 000,00 EUR, die Lagereinrichtung wurde mit einem Wert von 6 540,00 EUR bewertet. Die Registrierkassen sind mit einem Wert von 16 800,00 EUR angesetzt. Der Mercedes-Lieferwagen der Firma Maier hat einen Zeitwert von 26 500,00 EUR, der Dienstwagen des Geschäftsführers hat einen Zeitwert von 19 400,00 EUR.

Die Warenbestände wurden in der Inventur gezählt und mit insgesamt 51 250,00 EUR bewertet. Die Kunden des Drogeriemarktes Maier haben Rechnungen im Gesamtwert von 6 510,00 EUR noch nicht bezahlt. In den Kassen und im Tresor der Firma Maier befanden sich am Bilanzstichtag 8 520,00 EUR, auf dem Bankkonto seiner Hausbank hat das Unternehmen ein Guthaben von 19 990,00 EUR.

Die Deutsche Bank finanzierte den Bau des Geschäftshauses. Dieser Kredit ist bis auf einen Restbetrag von 428 000,00 EUR abbezahlt. Am Bilanzstichtag hatte die Drogeriemarkt Maier GmbH & Co. KG Lieferantenrechnungen im Gesamtwert von 190 700,00 EUR noch nicht bezahlt.

Erstellen Sie unter Beachtung der im Lehrbuch beschriebenen Gliederungsvorschriften die Bilanz des Unternehmens Drogeriemarkt Maier GmbH & Co. KG zum 31. Dezember 20..

Bilanz der

Aktiva Drogeriemarkt Maier GmbH & Co. KG zum 31.12.20.. *Passiva*

I. Anlagevermögen	I. Eigenkapital
	II. Verbindlichkeiten
II. Umlaufvermögen	

Ort: ____________ Datum: ____________ Unterschrift: ____________

3. Erstellen Sie die Bilanz für das Modehaus Sylvia Maler OHG anhand der aufgelisteten Angaben.

Bilanzposten	Betrag
Hypothekkredit Deutsche Bank	522 000,00 EUR
Grundstücke	540 000,00 EUR
Verbindlichkeiten aus Lieferungen und Leistungen	200 000,00 EUR
Lagerausstattung	120 000,00 EUR
Kassenbestand	12 000,00 EUR
Ladenausstattung	42 000,00 EUR
Kassensysteme	19 000,00 EUR
Warengruppe I	112 000,00 EUR
Eigenkapital	?
Warengruppe II	65 000,00 EUR
Fuhrpark	67 000,00 EUR
Darlehen Sparkasse	423 000,00 EUR
Warengruppe III	8 000,00 EUR
Forderungen aus Lieferungen und Leistungen	13 000,00 EUR
Gebäude	480 000,00 EUR
Bankguthaben	67 000,00 EUR

Bilanz der

Aktiva **Modehaus Sylvia Maler OHG** zum 31.12.20.. *Passiva*

I. Anlagevermögen	**I. Eigenkapital**
	II. Verbindlichkeiten
II. Umlaufvermögen	

Ort: ____________ Datum: ____________ Unterschrift: ____________

Wissen trainieren

4. Sie sind der/die neue Buchhalter/-in der Rudis Fahrradladen GmbH.
Entscheiden Sie, ob es sich bei den Inventurposten um Aktiva oder Passiva handelt, nennen Sie den zugehörigen Bilanzposten und ordnen Sie die Inventurposten den Begriffen Anlagevermögen (AV), Umlaufvermögen (UV) und Fremdkapital (FK) zu.

Inventurposten	Aktiva oder Passiva	Bilanzposten	AV, UV oder FK?
Bargeld in der Kasse			
Vorräte an Reifen			
Kopiergerät			
Warenaufzug			
Unbezahlte Liefererrechnung			
Bauplatz für die Firmenerweiterung			
Darlehen der Commerzbank			
Gabelstapler			
Fahrräder im Lager der Versandabteilung			
Unbezahlte Rechnung eines Kunden			

5. Erstellen Sie die Bilanz für den Elektronikmarkt Universum Koblenz GmbH anhand der Angaben.

Bilanzposten	Betrag in EUR
Grundstücke	540 000,00
Gebäude	480 000,00
Lagerausstattung	120 000,00
Fuhrpark	67 000,00
Büromaschinen	42 000,00
Warengruppe I	112 000,00
Warengruppe II	65 000,00
Forderungen aus Lieferungen und Leistungen	213 000,00
Kassenbestand	12 000,00
Bankguthaben	67 000,00
Hypothekendarlehen	522 000,00

Bilanzposten	Betrag in EUR
Darlehen mit 10 Jahren Laufzeit	423 000,00
Verbindlichkeiten aus Lieferungen und Leistungen	200 000,00
Eigenkapital	?

6. **Finden Sie die Fehler in Form und Inhalt der folgenden Bilanz.**

Bilanz der
der Rudis Fahrradladen GmbH

Aktiva		*Passiva*	
I. Anlagevermögen		**II. Verbindlichkeiten**	
1. Ladenausstattung	79 500,00	1. gegenüber Kreditinstituten	601 100,00
2. Waren	205 300,00	2. Verbindlichkeiten aus Lief. u. Leist.	87 552,00
3. Grundstücke und Bauten	482 000,00	3. Sonstige Verbindlichkeiten	20 000,00
II. Umlaufvermögen			
1. Technische Anlagen, Kassensysteme	180 600,00		
2. Fuhrpark	55 780,00		
3. Forderungen a. Lief. und Leist.	18 985,00		
4. Kassenbestand	5 202,00		
5. Guthaben bei Kreditinstituten	23 610,00		
	1 050 976,00		712 652,00

7. **Wo liegen die Unterschiede zwischen den Begriffen Inventur, Inventar und Bilanz?**

8. **Füllen Sie die freien Felder in den folgenden verkürzten Bilanzen aus. Nutzen Sie für Ihre Rechnungen die Bilanzgleichungen, die Sie im Lehrbuch finden.**

a)

Bilanz	
Anlagevermögen 30 000,00	Eigenkapital 35 000,00
Umlaufvermögen	Fremdkapital
80 000,00	

b)

Bilanz	
Anlagevermögen 10 000,00	Eigenkapital
Umlaufvermögen 20 000,00	Fremdkapital 15 000,00

c)

Bilanz	
Anlagevermögen	Eigenkapital
Umlaufvermögen 40 000,00	Fremdkapital 30 000,00
75 000,00	

d)

Bilanz	
Anlagevermögen 18 000,00	Eigenkapital 25 000,00
Umlaufvermögen	Fremdkapital 35 000,00

4 Wertveränderungen in der Bilanz durch Geschäftsvorfälle

Wissen erarbeiten

Situation im Lehrbuch Seite 419

Sie unterstützen Lisa Mayenkamp bei der Aktualisierung der Bilanz des Lebensmittelmarktes Ackermann GmbH. Lisa hat am 31. Dezember eine Bilanz aufgestellt:

Bilanz der
Aktiva **Lebensmittelmarkt Ackermann GmbH** zum 31.12.20.. *Passiva*

Aktiva		Passiva	
I. Anlagevermögen		**I. Eigenkapital**	786 806,03
1. Grundstücke und Bauten	430 400,00		
2. Ladenausstattung lt. Anlage 1	225 826,00	**II. Verbindlichkeiten**	
3. Lagerausstattung lt. Anlage 2	86 547,00	1. Verbindlichkeiten gegenüber Kreditinstituten	948 226,48
4. Büromaschinen lt. Anlage 3	5 890,00	2. Verbindlichkeiten aus Lieferungen und Leistungen	545 525,49
5. Kassensysteme lt. Anlage 4	48 423,00		
6. Fuhrpark	86 693,00		
II. Umlaufvermögen			
1. Waren	1 312 851,00		
2. Forderungen a. Lief. und Leist.	1 181,00		
3. Kassenbestand	7 485,00		
4. Guthaben bei Kreditinstituten	75 262,00		
	2 280 558,00		2 280 558,00

1. **Der Marktleiter Manfred Redwitz hat am 2. Januar 4 000,00 EUR aus dem Kassentresor entnommen und zur Bank gebracht. Verändern Sie die Zahlen in der Bilanz so, dass die Auswirkungen dieses Geschäftsfalls dokumentiert werden.**

Bilanz der
Aktiva Lebensmittelmarkt Ackermann GmbH zum **02.01.20..** um **7.30** Uhr *Passiva*

Aktiva		Passiva	
I. Anlagevermögen		**I. Eigenkapital**	______
1. Grundstücke und Bauten	______		
2. Ladenausstattung lt. Anlage 1	______	**II. Verbindlichkeiten**	
3. Lagerausstattung lt. Anlage 2	______	1. Verbindlichkeiten gegenüber Kreditinstituten	______
4. Büromaschinen lt. Anlage 3	______	2. Verbindlichkeiten aus Lieferungen und Leistungen	______
5. Kassensysteme lt. Anlage 4	______		
6. Fuhrpark	______		
II. Umlaufvermögen			
1. Waren	______		
2. Forderungen a. Lief. und Leist.	______		
3. Kassenbestand	______		
4. Guthaben bei Kreditinstituten	______		
	______		______

2. Um 07.40 Uhr bezahlt der Marktleiter Herr Redwitz dem Lieferanten Herrn Große 300,00 EUR in bar für die soeben angelieferten Bio-Eier. Verändern Sie die Zahlen in der Bilanz erneut, sodass die Auswirkungen dieses zweiten Geschäftsfalls ebenfalls dokumentiert werden.

Bilanz der

Aktiva Lebensmittelmarkt Ackermann GmbH zum **02.01.20..** um **7.40** Uhr *Passiva*

Aktiva		Passiva	
I. Anlagevermögen		**I. Eigenkapital**	______
1. Grundstücke und Bauten	______		
2. Ladenausstattung lt. Anlage 1	______	**II. Verbindlichkeiten**	
3. Lagerausstattung lt. Anlage 2	______	1. Verbindlichkeiten gegenüber Kreditinstituten	______
4. Büromaschinen lt. Anlage 3	______	2. Verbindlichkeiten aus Lieferungen und Leistungen	______
5. Kassensysteme lt. Anlage 4	______		
6. Fuhrpark	______		
II. Umlaufvermögen			
1. Waren	______		
2. Forderungen a. Lief. und Leist.	______		
3. Kassenbestand	______		
4. Guthaben bei Kreditinstituten	______		
	______		______

3. Fallstudie MUSTERMARKT GmbH

Sie sind Buchhalter/-in der MUSTERMARKT GmbH. Während der ersten Woche im neuen Geschäftsjahr gibt es nur einen Geschäftsfall pro Tag. Stellen Sie nach jedem Geschäftsfall die Bilanz neu auf und markieren Sie die Bilanzposten, welche von dem Geschäftsfall betroffen waren. Welcher Bilanzposten wurde vermehrt, welcher vermindert?

0. Ausgangsbilanz der MUSTERMARKT GmbH am Sonntagabend:

Aktiva **0. Bilanz der MUSTERMARKT GmbH zum Sonntagabend** *Passiva*

Aktiva		Passiva	
I. Anlagevermögen		**I. Eigenkapital**	1 905 350,00
1. Grundstücke und Bauten	1 070 800,00		
2. Ladenausstattung	1 200 400,00	**II. Verbindlichkeiten**	
3. Lagerausstattung	157 350,00	1. Verbindl. gegenüber Kreditinst.	810 000,00
		2. Verbindl. aus Lief. u. Leist.	975 000,00
II. Umlaufvermögen		3. Sonst. Verbindl.	97 700,00
1. Warengruppe 1	490 500,00		
2. Warengruppe 2	688 600,00		
3. Forderungen a. Lief. und Leist.	115 000,00		
4. Kassenbestand	17 000,00		
5. Guthaben bei Kreditinstituten	48 400,00		
	3 788 050,00		3 788 050,00

1. Geschäftsfall:
Am Montag kauft die MUSTERMARKT GmbH Waren der WGR 1 im Wert von 1 800,00 EUR und bezahlt sie in bar. Sonst finden am Montag keine weiteren Geschäftsfälle statt. Stellen Sie die Bilanz am Montagabend auf.

Nr.	Betroffene Bilanzposten	Aktivposten oder Passivposten	Mehrung oder Minderung	Charakterisierung solcher Geschäftsfälle
1.				

Merke

Merke: Bei einem Aktivtausch nimmt ein Aktivposten im gleichen Maße zu, wie ein anderer Aktivposten vermindert wird. Die Summe des Vermögens und damit auch die Bilanzsumme ändern sich nicht.

Aktiva	**1. Bilanz der MUSTERMARKT GmbH zum ....**		*Passiva*
I. Anlagevermögen		**I. Eigenkapital**	1 905 350,00
1. Grundstücke und Bauten	1 070 800,00		
2. Ladenausstattung	1 200 400,00	**II. Verbindlichkeiten**	
3. Lagerausstattung	157 350,00	1. Verbindl. gegenüber Kreditinst.	810 000,00
		2. Verbindl. aus Lief. u. Leist.	975 000,00
II. Umlaufvermögen		3. Sonst. Verbindl.	97 700,00
1. Warengruppe 1	....		
2. Warengruppe 2	688 600,00		
3. Forderungen a. Lief. und Leist.	115 000,00		
4. Kassenbestand	....		
5. Guthaben bei Kreditinstituten	48 400,00		
	3 788 050,00		3 788 050,00

2. Geschäftsfall:
Am Dienstag bittet der Geschäftsführer der MUSTERMARKT GmbH einen Lieferanten, eine Verbindlichkeit in Höhe von 5 000,00 EUR in ein kurzfristiges verzinstes Darlehen umzuwandeln. Sonst finden am Dienstag keine weiteren Geschäftsfälle statt. Stellen Sie die Bilanz am Dienstagabend auf.

Nr.	Betroffene Bilanzposten	Aktivposten oder Passivposten	Mehrung oder Minderung	Charakterisierung solcher Geschäftsfälle
2.				

Merke

Merke: Bei einem Passivtausch nimmt ein Passivposten im gleichen Maße zu, wie ein anderer Passivposten vermindert wird. Die Summe des Kapitals und damit auch die Bilanzsumme ändern sich nicht.

Aktiva	**2. Bilanz der MUSTERMARKT GmbH zum ....**		*Passiva*
I. Anlagevermögen		**I. Eigenkapital**	1 905 350,00
1. Grundstücke und Bauten	1 070 800,00		
2. Ladenausstattung	1 200 400,00	**II. Verbindlichkeiten**	
3. Lagerausstattung	157 350,00	1. gegenüber Kreditinstituten	810 000,00
		2. Verbindl. aus Lief. u. Leist.	....
II. Umlaufvermögen		3. Sonst. Verbindl.	....
1. Warengruppe 1	492 300,00		
2. Warengruppe 2	688 600,00		
3. Forderungen a. Lief. und Leist.	115 000,00		
4. Kassenbestand	15 200,00		
5. Guthaben bei Kreditinstituten	48 400,00		

3. Geschäftsfall:
Am Mittwoch wird eine Lieferantenrechnung in Höhe von 3 000,00 EUR durch Banküberweisung bezahlt. Sonst finden am Mittwoch keine weiteren Geschäftsfälle statt. Stellen Sie die Bilanz am Mittwochabend auf.

Nr.	Betroffene Bilanzposten	Aktivposten oder Passivposten	Mehrung oder Minderung	Charakterisierung solcher Geschäftsfälle
3.				

Merke: Bei einer Bilanzverkürzung nimmt auf der Aktiv- und auf der Passivseite der Bilanz jeweils ein Posten ab. Die Gesamtsumme des Vermögens und die Gesamtsumme des Kapitals werden im gleichen Maße verringert. Die Bilanzsumme verringert sich.

Aktiva **3. Bilanz der MUSTERMARKT GmbH zum** ______________ *Passiva*

Aktiva		Passiva	
I. Anlagevermögen		**I. Eigenkapital**	1 905 350,00
1. Grundstücke und Bauten	1 070 800,00		
2. Ladenausstattung	1 200 400,00	**II. Verbindlichkeiten**	
3. Lagerausstattung	157 350,00	1. gegenüber Kreditinstituten	810 000,00
		2. Verbindl. aus Lief. u. Leist.	....
II. Umlaufvermögen		3. Sonst. Verbindl.	102 700,00
1. Warengruppe 1	492 300,00		
2. Warengruppe 2	688 600,00		
3. Forderungen a. Lief. und Leist.	115 000,00		
4. Kassenbestand	15 200,00		
5. Guthaben bei Kreditinstituten	....		

4. Geschäftsfall:
Am Donnerstag kauft die MUSTERMARKT GmbH Waren der WGR 1 im Wert von 6 000,00 EUR auf Rechnung. Der Lieferant räumt der MUSTERMARKT GmbH eine Zahlungsfrist (Zahlungsziel) von 60 Tagen ein. Sonst finden am Donnerstag keine weiteren Geschäftsfälle statt. Stellen Sie die Bilanz am Donnerstagabend auf.

Nr.	Betroffene Bilanzposten	Aktivposten oder Passivposten	Mehrung oder Minderung	Charakterisierung solcher Geschäftsfälle
4.				

Merke: Bei einer Bilanzverlängerung nimmt auf der Aktiv- und auf der Passivseite der Bilanz jeweils ein Posten zu. Die Gesamtsumme des Vermögens und die Gesamtsumme des Kapitals werden im gleichen Maße erhöht. Die Bilanzsumme erhöht sich um genau diesen Betrag.

Aktiva **4. Bilanz der MUSTERMARKT GmbH zum** ______________ *Passiva*

Aktiva		Passiva	
I. Anlagevermögen		**I. Eigenkapital**	1 905 350,00
1. Grundstücke und Bauten	1 070 800,00		
2. Ladenausstattung	1 200 400,00	**II. Verbindlichkeiten**	
3. Lagerausstattung	157 350,00	1. gegenüber Kreditinstituten	810 000,00
		2. Verbindl. aus Lief. u. Leist.	....
II. Umlaufvermögen		3. Sonst. Verbindl.	102 700,00
1. Warengruppe 1	....		
2. Warengruppe 2	688 600,00		
3. Forderungen a. Lief. und Leist.	115 000,00		
4. Kassenbestand	15 200,00		
5. Guthaben bei Kreditinstituten	45 400,00		

Wissen trainieren

4. Zu Beginn des Geschäftsjahres (zum 01.01.) stellt die Modemarkt GmbH in Lübeck die Eröffnungsbilanz auf. Nehmen Sie an, dass während des Geschäftsjahres nur zehn Geschäftsfälle stattfinden. Geben Sie für jeden der Geschäftsfälle jeweils die Änderung der Bilanzposten an und notieren Sie, zu welcher Art von Geschäftsfällen das jeweilige Beispiel gehört. Stellen Sie am Ende des Geschäftsjahres die Schlussbilanz auf.

Aktiva **Bilanz der Modemarkt GmbH zum** 01.01.20.. *Passiva*

Aktiva		Passiva	
I. Anlagevermögen		**I. Eigenkapital**	1 905 350,00
1. Grundstücke und Bauten	1 070 800,00		
2. Ladenausstattung	1 200 400,00	**II. Verbindlichkeiten**	
3. Lagerausstattung	157 350,00	1. gegenüber Kreditinstituten	810 000,00
		2. Verbindl. aus Lief. u. Leist.	975 000,00
II. Umlaufvermögen		3. Sonst. Verbindl.	97 700,00
1. Warengruppe 1	490 500,00		
2. Warengruppe 2	688 600,00		
3. Forderungen a. Lief. und Leist.	115 000,00		
4. Kassenbestand	17 000,00		
5. Guthaben bei Kreditinstituten	48 400,00		
	3 788 050,00		3 788 050,00

a)

Geschäftsfall:	Bezahlung einer Lieferantenrechnung (4 500,00 EUR)			
Betroffene Bilanzposten	**Aktivposten oder Passivposten**	**Mehrung oder Minderung**	**Betrag**	**Charakterisierung**

b)

Geschäftsfall:	Barkauf eines Lagerregals (1 020,00 EUR)			
Betroffene Bilanzposten	**Aktivposten oder Passivposten**	**Mehrung oder Minderung**	**Betrag**	**Charakterisierung**

c)

Geschäftsfall:	Barkauf von Waren der Warengruppe 1 (821,00 EUR)			
Betroffene Bilanzposten	**Aktivposten oder Passivposten**	**Mehrung oder Minderung**	**Betrag**	**Charakterisierung**

d)

Geschäftsfall:	teilweise Rückzahlung eines Bankdarlehens durch Banküberweisung (9 500,00 EUR)			
Betroffene Bilanzposten	**Aktivposten oder Passivposten**	**Mehrung oder Minderung**	**Betrag**	**Charakterisierung**

e) Geschäftsfall: Kunde zahlt einen Rechnungsbetrag durch Banküberweisung (1 100,00 EUR)

Betroffene Bilanzposten	Aktivposten oder Passivposten	Mehrung oder Minderung	Betrag	Charakterisierung

f) Geschäftsfall: Barkauf eines Lagerscanners (845,00 EUR)

Betroffene Bilanzposten	Aktivposten oder Passivposten	Mehrung oder Minderung	Betrag	Charakterisierung

g) Geschäftsfall: Barabhebung vom Bankkonto zum Auffüllen der Kasse (300,00 EUR)

Betroffene Bilanzposten	Aktivposten oder Passivposten	Mehrung oder Minderung	Betrag	Charakterisierung

h) Geschäftsfall: Umwandlung einer Verbindlichkeit in ein Liefererdarlehen (12 000,00 EUR)

Betroffene Bilanzposten	Aktivposten oder Passivposten	Mehrung oder Minderung	Betrag	Charakterisierung

i) Geschäftsfall: Bareinzahlung auf das Bankkonto (3 400,00 EUR)

Betroffene Bilanzposten	Aktivposten oder Passivposten	Mehrung oder Minderung	Betrag	Charakterisierung

j) Geschäftsfall: Verkauf eines alten Lagerschranks gegen Bankscheck (250,00 EUR)

Betroffene Bilanzposten	Aktivposten oder Passivposten	Mehrung oder Minderung	Betrag	Charakterisierung

Aktiva	Schlussbilanz der Modemarkt GmbH zum 31.12.20..		*Passiva*
I. Anlagevermögen		**I. Eigenkapital**	____
1. Grundstücke und Bauten	____		
2. Ladenausstattung	____	**II. Verbindlichkeiten**	
3. Lagerausstattung	____	1. gegenüber Kreditinstituten	____
		2. Verbindl. aus Lief. u. Leist.	____
II. Umlaufvermögen		3. Sonst. Verbindl.	____
1. Warengruppe 1	____		
2. Warengruppe 2	____		
3. Forderungen a. Lief. und Leist.	____		
4. Kassenbestand	____		
5. Guthaben bei Kreditinstituten	____		
	____		____

Ort: ____________ Datum: ____________ Unterschrift: ____________

5. Kreuzen Sie die richtigen Aussagen an (Mehrfachnennungen möglich).

	Vermehrt das Vermögen	Verringert das Vermögen	Vermehrt das Kapital	Verringert das Kapital	Erhöht die Bilanzsumme	Verringert die Bilanzsumme	Verändert das Bilanzgleichgewicht
Ein Aktivtausch …							
Ein Passivtausch …							
Eine Aktiv-Passiv-Minderung …							
Eine Aktiv-Passiv-Mehrung …							
Das Unternehmen kauft einen Computer auf Rechnung.							
Der Buchhalter zahlt Bargeld auf das Bankkonto ein.							
Der Geschäftsführer hebt bei der Bank Bargeld ab, um eine Verbindlichkeit bei einem Lieferanten zu begleichen.							
Ein Kunde bezahlt eine Rechnung per Überweisung.							

Wissen anwenden

6. Beobachten Sie den Geschäftsalltag in Ihrem Ausbildungsbetrieb. Notieren Sie typische Geschäftsfälle und versuchen Sie, deren Auswirkungen auf die Bilanz mithilfe des Vier-Fragen-Schemas zu bestimmen. Um welche Art von Geschäftsfällen handelt es sich?
Stellen Sie die von Ihnen gefundenen Geschäftsfälle in der Klasse vor. Zeigen Sie dabei auch, wenn möglich, Kopien der zugehörigen Belege.

5 Geschäftsfälle auf Bestandskonten buchen

Wissen erarbeiten

5.1 Formelle Regeln beim Führen eines Bestandskontos

Situation im Lehrbuch Seite 426

1. Erstellen Sie das Kassenbuch.

Kassenbuch AdventureMountain GmbH — Datum: 2. Januar 20..

Datum	Nr.	Geschäftsfall	Einnahmen brutto	Ausgaben brutto	Kassenbestand
02.01.	---------	Anfangsbestand	1 435,48 EUR		1 435,48 EUR
02.01.	1				
02.01.	2				
02.01.	3				
02.01.	4				
02.01.	5				

2. Erstellen Sie das Kassenkonto.

3. Führen Sie den Kontoabschluss durch.

Kasse

5.2 Buchen auf Bestandskonten

Situation im Lehrbuch Seite 429

1. Geschäftsfall: Einkauf von Rucksäcken

Wir kaufen Rucksäcke von der Herstellerfirma im Wert von 3 500,00 EUR, bezahlen die Ware aber erst nach Ablauf des Zahlungsziels von 10 Tagen.

1.	Goldene Frage des Buchhalters: Welche Konten sind betroffen?	
	Vorgehen:	1. Fragen Sie sich, welche Bilanzposten durch den Geschäftsfall verändert werden. 2. Schlagen Sie dann im Kontenplan am Ende Ihres Lehrbuchs nach, welche Konten zu diesen Bilanzposten gehören. 3. Notieren Sie sich Kontennummern und Kontenbezeichnungen.
	Lösung:	

2.	Goldene Frage des Buchhalters: Um welche Kontenart handelt es sich?	
	Vorgehen:	Die erste Ziffer der Kontonummer verrät die Kontenklasse (Aktiv- oder Passivkonto) Auf dem Kontenplan finden Sie eine Einteilung in Aktiva (Kontenklasse 0 und 2) und Passiva (Kontenklasse 3 und 4).
	Lösung:	

3.	**Goldene Frage des Buchhalters: Werden die betroffenen Bilanzposten vermehrt oder vermindert?**	
	Vorgehen:	Stellen Sie sich den Vorgang ganz praktisch vor: 1. Haben wir mehr oder weniger Ware, nachdem die neuen Rucksäcke geliefert wurden? 2. Haben wir mehr oder weniger Verbindlichkeiten, nachdem die Computerkasse die Rechnung gebucht hat?
	Lösung:	______________________ ______________________ ______________________ ______________________

4.	**Goldene Frage des Buchhalters: Werden die betroffenen Konten auf der Soll- oder auf der Habenseite bebucht?**	
	Vorgehen:	Wenden Sie einfach die auswendig gelernten Buchungsregeln an: 1. Buchungsregel: Eine Mehrung auf einem Aktivkonto wird im Soll gebucht. 2. Buchungsregel: Eine Minderung auf einem Aktivkonto wird im Haben gebucht. 3. Buchungsregel: Eine Mehrung auf einem Passivkonto wird im Haben gebucht. 4. Buchungsregel: Eine Minderung auf einem Passivkonto wird im Soll gebucht.
	Lösung:	______________________ ______________________ ______________________ ______________________

5.	**Auf die T-Konten buchen (kein Kontenabschluss nötig)**

2. Geschäftsfall: Aufnahme eines Darlehens

Wir schließen mit unserer Hausbank einen Vertrag über ein Darlehen in Höhe von 10 000,00 EUR ab. Die Bank schreibt uns den Betrag auf unserem Bankkonto gut. Gleichzeitig erhöhen sich unsere Schulden bei der Bank.

1. Goldene Frage des Buchhalters: Welche Konten sind betroffen?

Lösung: ______________________

2. Goldene Frage des Buchhalters: Um welche Kontenart handelt es sich?

Lösung: ______________________

3. Goldene Frage des Buchhalters: Werden die betroffenen Bilanzposten vermehrt oder vermindert?

Lösung: ______________________

4. Goldene Frage des Buchhalters: Werden die betroffenen Konten auf der Soll- oder auf der Habenseite bebucht?

Lösung: ______________________

5. Auf die T-Konten buchen

3. Geschäftsfall: Abschöpfung der Tageseinnahmen

Wir entnehmen die Tageseinnahmen in Höhe von 10 250,00 EUR aus der Kasse und übergeben sie der Bank. Diese schreibt uns die Einzahlung auf unser Bankkonto gut.

1. Goldene Frage des Buchhalters: Welche Konten sind betroffen?

Lösung: ______________________________

____

____

2. Goldene Frage des Buchhalters: Um welche Kontenart handelt es sich?

Lösung: ______________________________

____

____

3. Goldene Frage des Buchhalters: Werden die betroffenen Bilanzposten vermehrt oder vermindert?

Lösung: ______________________________

____

____

4. Goldene Frage des Buchhalters: Werden die betroffenen Konten auf der Soll- oder auf der Habenseite bebucht?

Lösung: ______________________________

____

____

5. Auf die T-Konten buchen

4. Geschäftsfall: Zahlung einer Lieferantenrechnung

Nach Ablauf der Zahlungsfrist von zehn Tagen überweisen wir den Rechnungsbetrag von 3 500,00 EUR an den Rucksackhersteller.

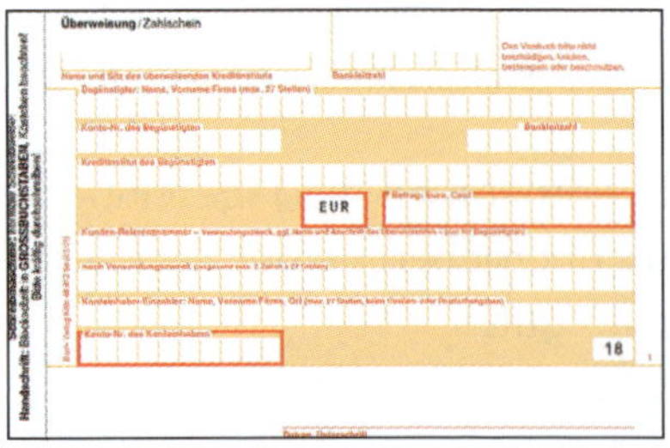

1. Goldene Frage des Buchhalters: Welche Konten sind betroffen?

Lösung: ______________________________

____

____

2. Goldene Frage des Buchhalters: Um welche Kontenart handelt es sich?

Lösung: ______________________________

____

____

3. Goldene Frage des Buchhalters: Werden die betroffenen Bilanzposten vermehrt oder vermindert?

Lösung: ______________________________

____

____

4. Goldene Frage des Buchhalters: Werden die betroffenen Konten auf der Soll- oder auf der Habenseite bebucht?

Lösung: ______________________________

____

____

5. Auf die T-Konten buchen

Wissen trainieren

4. Sie sind der/die Kassenverwalter/-in im Großmarkt Hammer & Sohn in Hildesheim. Sie bezahlen Rechnungen der Metzger, Bäcker und Gärtner, die Frischwaren anliefern, grundsätzlich in bar. Gleichzeitig nehmen Sie größere Zahlungen aller Kunden entgegen, die ihre Rechnungen in bar begleichen.

Erstellen Sie das Konto Kasse unter Berücksichtigung Ihres Kassenbuchs.

Datum	Beleg-Nr.	Belegart	Ausgaben	Einnahmen
Anfangsbestand 01.01.20..				**6 331,00 EUR**
07.01.20..	1	Quittung	1 980,97 EUR	
10.01.20..	2	EINKAUFSRECHNUNG	880,00 EUR	
11.01.20..	3	VERKAUFSRECHNUNG		1 519,73 EUR
23.01.20..	4	Quittung	236,00 EUR	
24.01.20..	5	EINKAUFSRECHNUNG	1 030,20 EUR	
10.02.20..	6	VERKAUFSRECHNUNG		3329,25 EUR
15.02.20..	7	Quittung	172,00 EUR	
17.02.20..	8	Quittung	650,40 EUR	
03.03.20..	9	Bescheinigung	1 450,00 EUR	
17.03.20..	10	VERKAUFSRECHNUNG		2 462,27 EUR
18.03.20..	11	Quittung	311,00 EUR	
21.03.20..	12	Quittung	920,35 EUR	

Kasse

5. **Wie bezeichnet man die linke Seite und die rechte Seite eines Kontos?**

6. **Nennen Sie die vier Buchungsregeln.**

-
-
-
-

7. **Wie wird der Schlussbestand rechnerisch ermittelt?**

8. **a) Zu welcher Kontoart (Aktiv- oder Passivkonto) gehören die nachstehenden Konten?**
   b) Auf welcher Seite werden auf den obigen Konten (Aufgabe 4) die Anfangsbestände gebucht?
   c) Auf welcher Kontenseite der obigen Konten (Aufgabe 4) werden die Zugänge gebucht? Begründen Sie Ihre Antwort.

	Aktivkonto	Passivkonto	Anfangsbestand	Zugänge
Eigenkapital				
Verbindlichkeiten				
Darlehen				
Grundstücke				
Bank				
Büromöbel				
Betriebsausstattung				

	Aktivkonto	Passivkonto	Anfangsbestand	Zugänge
Leergut				
Betriebsstoffe				
Büromaschinen				
Forderungen				
Gebäude				
Waren				
Kasse				
Fuhrpark				

9. Wo liegen die Unterschiede zwischen Aktiv- und Passivkonten?

Aktivkonten	Passivkonten
Die Anfangsbestände der Aktivkonten stehen auf der ______________ der Konten, da sie von der ______________ der Bilanz abgeleitet werden.	Die Anfangsbestände der Passivkonten stehen auf der ______________ der Konten, da sie von der ______________ Seite der Bilanz abgeleitet werden.
Die Zugänge werden auf der ______________ erfasst, weil sie die Anfangsbestände (AB) ______________.	Die Zugänge werden auf der ______________ erfasst, weil sie die Anfangsbestände (AB) ______________.

10. a) Bereiten Sie die Buchung der Geschäftsfälle vor, indem Sie für jeden Geschäftsfall die vier goldenen Fragen des Buchhalters beantworten.

b) Buchen Sie die Geschäftsfälle anschließend in die unten abgebildeten T-Konten.

c) Schließen Sie die Konten ab.

a)	Banküberweisung eines Kunden	12 600,00 EUR	
1.	Welche Konten werden durch den Geschäftsfall betroffen?		
2.	Handelt es sich um Aktiv- oder Passivkonten?		
3.	Liegt ein Zugang (+) oder ein Abgang (–) auf dem entsprechenden Konto vor?		
4.	Auf welcher Kontoseite (Soll oder Haben) wird gebucht?		

b)	Wir begleichen die Einkaufsrechnung ER2 durch Banküberweisung.	25 700,00 EUR	
1.	Welche Konten werden durch den Geschäftsfall betroffen?		
2.	Handelt es sich um Aktiv- oder Passivkonten?		
3.	Liegt ein Zugang (+) oder ein Abgang (–) auf dem entsprechenden Konto vor?		
4.	Auf welcher Kontoseite (Soll oder Haben) wird gebucht?		
c)	Wir kaufen Waren ein und zahlen in bar.	9 800,00 EUR	
1.	Welche Konten werden durch den Geschäftsfall betroffen?		
2.	Handelt es sich um Aktiv- oder Passivkonten?		
3.	Liegt ein Zugang (+) oder ein Abgang (–) auf dem entsprechenden Konto vor?		
4.	Auf welcher Kontoseite (Soll oder Haben) wird gebucht?		
d)	Aufnahme eines Darlehens. Der Darlehensbetrag wird unserem Bankkonto gutgeschrieben.	76 000,00 EUR	
1.	Welche Konten werden durch den Geschäftsfall betroffen?		
2.	Handelt es sich um Aktiv- oder Passivkonten?		
3.	Liegt ein Zugang (+) oder ein Abgang (–) auf dem entsprechenden Konto vor?		
4.	Auf welcher Kontoseite (Soll oder Haben) wird gebucht?		
e)	Barkauf eines Laserdruckers	820,00 EUR	
1.	Welche Konten werden durch den Geschäftsfall betroffen?		
2.	Handelt es sich um Aktiv- oder Passivkonten?		
3.	Liegt ein Zugang (+) oder ein Abgang (–) auf dem entsprechenden Konto vor?		
4.	Auf welcher Kontoseite (Soll oder Haben) wird gebucht?		
f)	Teilrückzahlung des Darlehens aus Aufgabe d) per Banküberweisung	21 000,00 EUR	
1.	Welche Konten werden durch den Geschäftsfall betroffen?		
2.	Handelt es sich um Aktiv- oder Passivkonten?		
3.	Liegt ein Zugang (+) oder ein Abgang (–) auf dem entsprechenden Konto vor?		
4.	Auf welcher Kontoseite (Soll oder Haben) wird gebucht?		

g)	Kauf eines Ladenregals per EC-Karte	3 000,00 EUR	
1.	Welche Konten werden durch den Geschäftsfall betroffen?		
2.	Handelt es sich um Aktiv- oder Passivkonten?		
3.	Liegt ein Zugang (+) oder ein Abgang (–) auf dem entsprechenden Konto vor?		
4.	Auf welcher Kontoseite (Soll oder Haben) wird gebucht?		
h)	Bareinzahlung auf das Bankkonto	540,00 EUR	
1.	Welche Konten werden durch den Geschäftsfall betroffen?		
2.	Handelt es sich um Aktiv- oder Passivkonten?		
3.	Liegt ein Zugang (+) oder ein Abgang (–) auf dem entsprechenden Konto vor?		
4.	Auf welcher Kontoseite (Soll oder Haben) wird gebucht?		
i)	Kauf von Verpackungsmaterial (Zahlungsziel: 30 Tage)	7200,00 EUR	
1.	Welche Konten werden durch den Geschäftsfall betroffen?		
2.	Handelt es sich um Aktiv- oder Passivkonten?		
3.	Liegt ein Zugang (+) oder ein Abgang (–) auf dem entsprechenden Konto vor?		
4.	Auf welcher Kontoseite (Soll oder Haben) wird gebucht?		
j)	Umschuldung: Unsere Schulden bei einem Lieferanten werden in ein Bankdarlehen umgewandelt.	15 600,00 EUR	
1.	Welche Konten werden durch den Geschäftsfall betroffen?		
2.	Handelt es sich um Aktiv- oder Passivkonten?		
3.	Liegt ein Zugang (+) oder ein Abgang (–) auf dem entsprechenden Konto vor?		
4.	Auf welcher Kontoseite (Soll oder Haben) wird gebucht?		
k)	Der Geschäftsführer hebt Bargeld vom Bankkonto ab.	175,00 EUR	
1.	Welche Konten werden durch den Geschäftsfall betroffen?		
2.	Handelt es sich um Aktiv- oder Passivkonten?		
3.	Liegt ein Zugang (+) oder ein Abgang (–) auf dem entsprechenden Konto vor?		
4.	Auf welcher Kontoseite (Soll oder Haben) wird gebucht?		

Kontenvordrucke für Aufgabe 10 b) und c): Bitte ergänzen Sie die Kontonummern.

S	Lagerausstattung		H
A	70 000,00		

S	Verb. geg.üb. Kred.inst.		H
		A	180 700,00

S	Büromaschinen		H
A	26 000,00		

S	Verpackungsmaterial		H
A	3 260,00		

S			H
		A	49 800,00

S	Waren		H
A	113 850,00		

S	Forderungen		H
A	21 320,00		

S	Bank		H
A	2 600,00		

S	Kasse		H
A	15 400,00		

6 Geschäftsfälle mit Buchungssätzen beschreiben

Wissen erarbeiten

Situation im Lehrbuch Seite 435

1. Jessica Gerlinger ist Auszubildende bei der Möbelhaus Mammut GmbH und soll den Buchungssatz für folgende Geschäftsfälle bilden:

a) Geschäftsfall:
Die Möbelhaus Mammut GmbH kauft Kinderschreibtische (Warengruppe I) für eine Sonderaktion. Das Zahlungsziel beträgt 30 Tage, der Rechnungsbetrag 21 000,00 EUR.

Konto	Betrag Soll	Betrag Haben
an		

b) Geschäftsfall:
Die Möbelhaus Mammut GmbH zahlt einen Teil seiner Verbindlichkeiten gegenüber der Sparkasse per Banküberweisung in Höhe von 5 000,00 EUR zurück.

Konto	Betrag Soll	Betrag Haben
an		

c) Geschäftsfall:
Die Möbelhaus Mammut GmbH bezahlt die ER2122 des Lieferanten Sägewerk Lampartsheim in Höhe von 16 000,00 EUR per Banküberweisung.

Konto	Betrag Soll	Betrag Haben
an		

d) Geschäftsfall:
Die Möbelhaus Mammut GmbH zahlt die Kassenumsätze des Tages auf sein Bankkonto ein (68 000,00 EUR).

Konto	Betrag Soll	Betrag Haben
an		

e) Geschäftsfall:
Die Möbelhaus Mammut GmbH erhält eine Überweisung des Großkunden Maier in Höhe von 48 000,00 EUR. Damit bezahlt Maier die Ausgangsrechnung AR2207348.

Konto	Betrag Soll	Betrag Haben
an		

f) Geschäftsfall:
Die Möbelhaus Mammut GmbH wandelt eine Verbindlichkeit aus Lieferungen und Leistungen in eine langfristige Verbindlichkeit gegenüber Kreditinstituten (Darlehen) in Höhe von 50 000,00 EUR um.

Konto	Betrag Soll	Betrag Haben
an		

2. Betrachten Sie den Beleg auf Lehrbuch Seite 435 und bilden Sie den Buchungssatz. Tragen Sie den Buchungssatz in den Kontierungsstempel ein.

Konto	Soll	Haben
gebucht am:	von:	

Wissen trainieren

3. Bilden Sie die Buchungssätze für die nachstehenden Geschäftsfälle.

a) Barverkauf eines Scanners 76,00 EUR

Konto	Betrag Soll	Betrag Haben
an		

b) Kunde begleicht unsere Ausgangsrechnung Nr. 24123 per Banküberweisung 278,00 EUR.

Konto	Betrag Soll	Betrag Haben
an		

c) Kauf eines Geschäftswagens gegen Bankeinzug 41 000,00 EUR

Konto	Betrag Soll	Betrag Haben
an		

d) Rückzahlung eines Darlehens durch Banküberweisung 56 000,00 EUR

Konto	Betrag Soll	Betrag Haben
an		

e) Kauf eines Grundstücks durch Banküberweisung 560 000,00 EUR

Konto	Betrag Soll	Betrag Haben
an		

f) Aufnahme eines Hypothekendarlehens bei der Volksbank 350 000,00 EUR

Konto	Betrag Soll	Betrag Haben
an		

g) Kauf eines Kopierers für das Büro gegen Rechnung (Zahlungsziel: 10 Tage) 2 700,00 EUR

Konto	Betrag Soll	Betrag Haben
an		

h) Wir begleichen die fällige Eingangsrechnung ER2345 per Banküberweisung 978,00 EUR.

Konto	Betrag Soll	Betrag Haben
an		

i) Barkauf von Verpackungsmaterial 123,00 EUR

Konto	Betrag Soll	Betrag Haben
an		

j) Bareinzahlung auf das Bankkonto 67,00 EUR

Konto	Betrag Soll	Betrag Haben
an		

k) Kauf einer Ladenausstattung gegen Rechnung (Zahlungsziel: 90 Tage) 38 000,00 EUR

Konto	Betrag Soll	Betrag Haben
an		

l) Die Ausgangsrechnung AR321 über 457,00 EUR wird von unserem Kunden per Banküberweisung beglichen.

Konto	Betrag Soll	Betrag Haben
an		

m) Barabhebung von unserem Girokonto 213,00 EUR

Konto	Betrag Soll	Betrag Haben
an		

4. Welche Geschäftsfälle gehören zu den Buchungssätzen? Beschreiben Sie die Geschäftsfälle in einem Satz.

a)

Konto	**Betrag Soll**	**Betrag Haben**
240 Bank	450,00 EUR	
an 240 Forderungen		450,00 EUR

Geschäftsfall: ______________________________

b)

Konto	**Betrag Soll**	**Betrag Haben**
087 Büromöbel	660,00 EUR	
an 440 Verbindlichkeiten aus Lieferungen und Leistungen		660,00 EUR

Geschäftsfall: ______________________________

c)

Konto	**Betrag Soll**	**Betrag Haben**
200 Waren	2 300,00 EUR	
an 440 Verbindlichkeiten aus Lieferungen und Leistungen		2 300,00 EUR

Geschäftsfall: ______________________________

d)

Konto	**Betrag Soll**	**Betrag Haben**
440 Verbindlichkeiten aus Lieferungen und Leistungen	567,00 EUR	
an 280 Bank		567,00 EUR

Geschäftsfall: ______________________________

e)

Konto	**Betrag Soll**	**Betrag Haben**
280 Bank	123,00 EUR	
an 282 Kasse		123,00 EUR

Geschäftsfall: ______________________________

f)

Konto	Betrag Soll	Betrag Haben
282 Kasse	340,00 EUR	
an 280 Bank		340,00 EUR

Geschäftsfall: ______________________________

g)

Konto	Betrag Soll	Betrag Haben
084 Fuhrpark	10 200,00 EUR	
an 282 Bank		10 200,00 EUR

Geschäftsfall: ______________________________

h)

Konto	Betrag Soll	Betrag Haben
282 Kasse	730,00 EUR	
an 086 Büromaschinen		730,00 EUR

Geschäftsfall: ______________________________

i)

Konto	Betrag Soll	Betrag Haben
210 Betriebsstoffe	1 600,00 EUR	
an 440 Verbindlichkeiten aus Lieferungen und Leistungen		1 600,00 EUR

Geschäftsfall: ______________________________

5. In den folgenden Geschäftsfällen erfolgt die Zahlung in zwei Teilbeträgen (z. B. ein Teil in bar, ein Teil per Banküberweisung). Solche Geschäftsfälle müssen mithilfe eines zusammengesetzten Buchungssatzes beschrieben werden. Bilden Sie die zusammengesetzten Buchungssätze für die Geschäftsfälle.

a) Kauf eines Netzwerkservers — **per Bank 2 000,00 EUR**
gegen bar 500,00 EUR

Konto	Betrag Soll	Betrag Haben

b) Teiltilgung eines Bankkredits — per Banküberweisung 13 000,00 EUR
bar 5 600,00 EUR

Konto	Betrag Soll	Betrag Haben

c) Kauf von Waren — bar 600,00 EUR
gegen Banküberweisung 1 400,00 EUR

Konto	Betrag Soll	Betrag Haben

d) Kunde begleicht Ausgangsrechnung AR 2399. — gegen bar 300,00 EUR
gegen Banküberweisung 1 700,00 EUR

Konto	Betrag Soll	Betrag Haben

e) Wir begleichen Eingangsrechnung ER 7788. — durch Banküberweisung 3 500,00 EUR
bar 600,00 EUR

Konto	Betrag Soll	Betrag Haben

f) Kauf von Schreibtischen — bar 800,00 EUR
per Banküberweisung 1 200,00 EUR

Konto	Betrag Soll	Betrag Haben

g) **Verkauf eines gebrauchten Geschäftswagens** — **bar 1 500,00 EUR gegen Bankscheck 4 000,00 EUR**

Konto	Betrag Soll	Betrag Haben

7 Belege bearbeiten und für die Buchung vorbereiten

Wissen erarbeiten

Situation im Lehrbuch Seite 439

1. Schrittfolge bei der Bearbeitung eines Belegs:

Nr.	Arbeitsschritt
1.	
2.	
3.	
4.	
5.	
6.	
7.	
8.	
9.	
10.	

Lösung zum Beleg im Lehrbuch Seite 439

Es handelt sich um ____.

Empfänger ist ____.

Absender ist ____.

2. Kontierungsstempel

Konto	Soll	Haben
gebucht am:	von:	

Wissen trainieren

3. Sie sind Buchhalter/-in der Modehaus Wiegert GmbH, Wiesbaden. Bearbeiten Sie bitte die Belege und beschreiben Sie die dahinter stehenden Geschäftsfälle.

1. Geschäftsfallbeschreibung:	
Beleg-Nr.: ____________ vom ____________	Kontierungsstempel:

Konto	Soll	Haben
gebucht am:	von:	

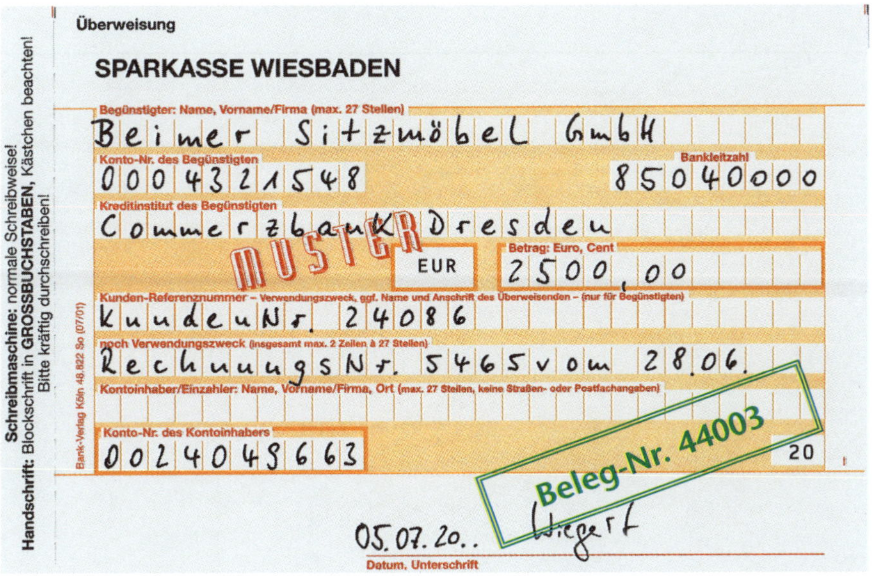
Überweisung

SPARKASSE WIESBADEN

Begünstigter: Name, Vorname/Firma (max. 27 Stellen)
Beimer Sitzmöbel GmbH

Konto-Nr. des Begünstigten
000 4321548

Bankleitzahl
85040000

Kreditinstitut des Begünstigten
Commerzbank Dresden

EUR

Betrag: Euro, Cent
2500,00

Kunden-Referenznummer – Verwendungszweck, ggf. Name und Anschrift des Überweisenden – (nur für Begünstigten)
KundenNr. 24086

noch Verwendungszweck (insgesamt max. 2 Zeilen à 27 Stellen)
RechnungsNr. 5465 vom 28.06.

Kontoinhaber/Einzahler: Name, Vorname/Firma, Ort (max. 27 Stellen, keine Straßen- oder Postfachangaben)

Konto-Nr. des Kontoinhabers
0024049663

20

MUSTER

Beleg-Nr. 44003

05.07.20.. Wiegert

Datum, Unterschrift

Schreibmaschine: normale Schreibweise! Handschrift: Blockschrift in GROSSBUCHSTABEN, Kästchen beachten! Bitte kräftig durchschreiben!

Bank-Verlag Köln 48.822 So (07/01)

2. Geschäftsfallbeschreibung:	
Beleg-Nr.: ______ vom ______	Kontierungsstempel:

Konto	**Soll**	**Haben**
gebucht am:	von:	

Modehaus Wiegert GmbH

Modehaus Wiegert GmbH, Faulhaber Str. 13, 65184 Wiesbaden

VfB Wiesbaden
Herr Greilich
Am Sportplatz 1
65187 Wiesbaden

Wiesbaden, den 25.06.20..

Rechnung Nr. 24056

Menge	Bezeichnung	Stückpreis	Gesamt
10	Herrenhemden div. Größen	418,00 EUR	418,00 EUR
	Warenwert		418,00 EUR
	Rechnungsbetrag		418,00 EUR

zahlbar innerhalb von 30 Tagen

3. Geschäftsfallbeschreibung:

Beleg-Nr.:

vom

Kontierungsstempel:

Konto	Soll	Haben

gebucht am: von:

Quittung Nr. 100423

EUR 418 Ct. 00

Gesamtbetrag EUR in Worten

Vierhundert und achtzehn

Cent wie oben

von VfB Wiesbaden, Herr Greilich

für Rechnung Nr. 24056 (Herrenhemden)

dankend erhalten.

Ort 65184 Wiesbaden Datum 23.07.20..

Buchungsvermerke

Stempel/Unterschrift des Empfängers

Bitte bestätigen Sie den Empfang des Geldes mit Ihrer Unterschrift.

4. Geschäftsfallbeschreibung:	
Beleg-Nr.: .... vom	Kontierungsstempel:

Konto	**Soll**	**Haben**
gebucht am:	von:	

Einzahlung auf eigenes Konto

SPARKASSE WIESBADEN

Anbei erhalten Sie zur Gutschrift auf

Konto-Nummer	Euro, Cent
0024049663	6.380,00

in Worten: Euro, Cent
sechstausenddreihundertundachtzig

Name des Kontoinhabers
Modehaus Wiegert GmbH

Datum, Unterschrift
29.06.20.. Wiegert

MUSTER

Beleg-Nr. 280 23 47

Bank-Verlag Köln 46.303 (12/01)

5. Geschäftsfallbeschreibung:

Beleg-Nr.: ....

vom ....

Kontierungsstempel:

Konto	**Soll**	**Haben**

gebucht am: von:

Nassauische SPARKASSE Wiesbaden **BLZ 510 500 15** **Kontoauszug**

Buch-Tag	Wert	PN-Nr.	Text/Verwendungszweck	S = Lastschrift H = Gutschrift
01.07.	01.07.		Bereitstellung der Kreditsumme Kreditvertrag vom 30.06.20..	30 000,00 H

Beleg-Nr.: 280264

HERRN/FRAU/FIRMA
Modehaus Wiegert GmbH

111701

Auszug vom	Versandart	Kontonummer	Belege	Ausz.Nr.	Bl.-Nr.	
01.07.20..	08 421	24049663		87	1	Wir bitten, den Auszug sofort nachzuprüfen und sorgfältig aufzubewahren. Bei etwaigen Beanstandungen wenden Sie sich bitte an unsere Revisionsabteilung.

6. Geschäftsfallbeschreibung:

Beleg-Nr.: ....

vom ....

Kontierungsstempel:

Konto	**Soll**	**Haben**

gebucht am: von:

Nassauische SPARKASSE Wiesbaden **BLZ 510 500 15** **Kontoauszug**

Buch-Tag	Wert	PN-Nr.	Text/Verwendungszweck	S = Lastschrift H = Gutschrift
01.08.	01.08.		Kreditrate (Tilgung und Zinsen) Kreditvertrag vom 30.06.20..	900,00 S

Beleg-Nr.: 280593

HERRN/FRAU/FIRMA
Modehaus Wiegert GmbH

111701

Auszug vom	Versandart	Kontonummer	Belege	Ausz.Nr.	Bl.-Nr.	
01.08.20..	08 421	24049663		93	1	Wir bitten, den Auszug sofort nachzuprüfen und sorgfältig aufzubewahren. Bei etwaigen Beanstandungen wenden Sie sich bitte an unsere Revisionsabteilung.

7. Geschäftsfallbeschreibung:

Beleg-Nr.: ______________________

vom ______________________

Kontierungsstempel:

Konto	Soll	Haben
gebucht am:	von:	

Freedom GmbH & Co. KG Freedom Allee Frankfurt/Main

Modehaus Wiegert GmbH
Faulhaber Str. 13
65184 Wiesbaden

Beleg-Nr.:
ER 03287

LIEFERSCHEIN / Rechnung

Ihre Bestellung vom 15.06.20..

Rechnungs-Nr.:	Kunden-Nr.:	Rechnungsdatum:
2403554	248615	20.08.20..

zahlbar innerhalb von 10 Tagen

Beschreibung		Betrag
Jeansjacken div. Größen	95 Stück	3 745,00 EUR
	Warenwert	3 745,00 EUR
	Rechnungsbetrag	3 745,00 EUR

8 Buchungen im Grund- und Hauptbuch

Wissen erarbeiten

Situation im Lehrbuch Seite 442

Im vorangegangenen Kapitel haben Sie Belege vorkontiert, d. h., Sie haben die eigentliche Buchung bereits vorbereitet. Nun werden Sie die Belege zu den Geschäftsfällen 1 bis 7 auf Seite 271 - 276 im Grund- und Hauptbuch buchen. Nutzen Sie dafür die folgenden Vordrucke.

1. **Sortieren Sie die sieben Belege nach Datum und buchen Sie diese zeitgerecht ins Grundbuch.**

2. **Eröffnen Sie die notwendigen T-Konten im Hauptbuch. Gehen Sie dabei von diesen Anfangsbeständen aus:**

Waren (WGR 1)	**40 000,00 EUR**
Forderungen aus L. u. L.	**1 000,00 EUR**
Bank	**8 000,00 EUR**
Kasse	**12 000,00 EUR**
Verb. gegenüber Kreditinstituten	**240 000,00 EUR**
Verbindlichkeiten aus L. u. L.	**30 000,00 EUR**

3. **Buchen Sie die sieben Belege aus Kapitel 7 nun sachlich geordnet im Hauptbuch.**

4. **Schließen Sie die T-Konten ab.**

Grundbuch (Journal) der Modehaus Wiegert GmbH, Wiesbaden					
Datum	Beleg-Nr.	Text	Konten	Soll	Haben

Hauptbuch der Modehaus Wiegert GmbH, Wiesbaden

Aktivkonten		Passivkonten	
Soll	Haben	Soll	Haben
Soll	Haben	Soll	Haben
Soll	Haben	Soll	Haben
Soll	Haben	Soll	Haben
Soll	Haben	Soll	Haben

9 Ergebniskonten

Wissen erarbeiten

Situation im Lehrbuch Seite 444

Der Kontoauszug, den Markus Wildemann buchen wollte, belegt zwei Geschäftsfälle:

SPARKASSE Bodensee **BLZ 690 500 01** **Kontoauszug**

Buch-Tag	Wert	PN-Nr.	Text/Verwendungszweck	S = Lastschrift	H = Gutschrift
			Beleg-Nr.: 280264		
30.01.	30.01.	9315	Jeffery Marker Gehaltsabrechnung Januar 20..	1 610,17 S	
29.01.	30.01.	9315	Mountainbike Blitzreparatur-Service GmbH Untermiete für Geschäftsräume im Januar 20..		560,00 H

HERRN/FRAU/FIRMA
AdventureMountain GmbH

111701

Auszug vom	Versandart	Kontonummer	Belege	Ausz.Nr.	Bl.-Nr.	
30.01.20..	08 421	4862894		15	1	Wir bitten, den Auszug sofort nachzuprüfen und sorgfältig aufzubewahren. Bei etwaigen Beanstandungen wenden Sie sich bitte an unsere Revisionsabteilung.

1. **Buchen Sie die beiden Geschäftsfälle zeitgerecht in das abgebildete Grundbuch (siehe nächste Seite).**

2. **Buchen Sie die beiden Geschäftsfälle anschließend sachlich geordnet in das Hauptbuch. Gehen Sie von diesen Anfangsbeständen aus:**
   Bank 8 000,00 EUR
   Eigenkapital 70 000,00 EUR

3. **Schließen Sie das Konto 280 – Bank ab.**

4. **Schließen Sie die Ergebniskonten über das GuV-Konto ab.**

5. **Stellen Sie sich vor, das Geschäftsjahr der AdventureMountain GmbH enthielte nur diese beiden Geschäftsfälle. Hätte das Unternehmen einen Gewinn oder einen Verlust gemacht?**

   ____

   ____

6. **Buchen Sie den Gewinn/Verlust auf das Konto 300 – Eigenkapital und schließen Sie das Konto ab.**

7. **Ist das Eigenkapital nach den beiden Geschäftsfällen höher oder niedriger oder gleich geblieben?**

   ____

   ____

8. **Buchen Sie die Abschlussbuchungen der Ergebniskonten und den Abschluss auch im Grundbuch (doppelte Buchführung!).**

Grundbuch (Journal) der AdventureMountain GmbH, Hanau					
Datum	Beleg Nr.	Text	Konten	Soll	Haben

Hauptbuch der AdventureMountain GmbH, Hanau

Bestandskonten

Aktivkonten

Soll Haben

Passivkonten

Soll Haben

Erfolgskonten

Aufwandskonten

Soll Haben

Ertragskonten

Soll Haben

Soll 802 Gewinn und Verlust Haben

Abschlussbuchungen im Grundbuch					
Datum	Beleg-Nr.	Text	Konten	Soll	Haben
--	--				
--	--				
--	--				

Wissen trainieren

9. Bilden Sie die Buchungssätze für die Geschäftsfälle:

a) Wir überweisen die Geschäftsmiete durch Banküberweisung: 3 600,00 EUR

Konto	Betrag Soll	Betrag Haben

b) Barkauf von Büromaterial: 650,00 EUR

Konto	Betrag Soll	Betrag Haben

c) Gehaltszahlung per Banküberweisung: 12 800,00 EUR

Konto	Betrag Soll	Betrag Haben

d) Eine Fondgesellschaft überweist die jährlichen Zinserträge auf unser Bankkonto: 540,00 EUR

Konto	Betrag Soll	Betrag Haben

e) Wir erhalten Mieteinnahmen durch Banküberweisung: 890,00 EUR

Konto	Betrag Soll	Betrag Haben

f) Lohnüberweisung per Bank: 7 900,00 EUR

Konto	Betrag Soll	Betrag Haben

g) Ein Handelsvertreter zahlt uns Provisionen bar: 480,00 EUR

Konto	Betrag Soll	Betrag Haben

h) Wir erhalten per Überweisung den Gewinnanteil aus einer 20%igen Beteiligung an einem befreundeten Unternehmen: 16 000,00 EUR

Konto	Betrag Soll	Betrag Haben

i) Wir bezahlen die Leasinggebühren für die DV-Anlage per Bank: 1 100,00 EUR

Konto	Betrag Soll	Betrag Haben

j) Reisekostenabrechnung eines Außendienstmitarbeiters (Barauszahlung): 170,00 EUR

Konto	Betrag Soll	Betrag Haben

k) Ausgaben für Werbung bar: 590,00 EUR

Konto	Betrag Soll	Betrag Haben

l) Wir überweisen die Versicherungsbeiträge: 250,00 EUR

Konto	Betrag Soll	Betrag Haben

m) Die Heizungsanlage der Geschäftsräume musste repariert werden. Wir überweisen den Rechnungsbetrag des Heizungsbauers: 310,00 EUR

Konto	Betrag Soll	Betrag Haben

n) Wir begleichen die Grundsteuer durch Banküberweisung: 1 400,00 EUR

Konto	Betrag Soll	Betrag Haben

o) Die Kfz-Steuer bezahlen wir durch Banküberweisung: 700,00 EUR

Konto	Betrag Soll	Betrag Haben

p) Die Bank zieht die Zinsen für ein Darlehen von unserem Bankkonto ein: 680,00 EUR

Konto	Betrag Soll	Betrag Haben

q) Einkauf von Waren gegen Rechnung mit einem Zahlungsziel: 80 180,00 EUR

Konto	Betrag Soll	Betrag Haben

r) Aufnahme eines langfristigen Kredits bei einer Bank. Der Kreditbetrag wird unserem Bankkonto gutgeschrieben: 56 000,00 EUR

Konto	Betrag Soll	Betrag Haben

s) Wir heben Wechselgeld vom Bankkonto ab und legen es in den Kassentresor: 3 500,00 EUR

Konto	Betrag Soll	Betrag Haben

t) Ein Kunde begleicht eine Ausgangsrechnung: 6 900,00 EUR

Konto	Betrag Soll	Betrag Haben

u) Der Kioskbesitzer im Eingangsbereich des Warenhauses überweist seine Pacht: 4 400,00 EUR

Konto	Betrag Soll	Betrag Haben

v) **Wir erhalten eine Lieferung Sommerkleider (Warengruppe I) auf Rechnung ER 3724: 55 300,00 EUR**

Konto	Betrag Soll	Betrag Haben

w) **Wir erhalten eine Lieferung Herrenanzüge (Warengruppe II) auf Rechnung ER 7632: 33 150,00 EUR**

Konto	Betrag Soll	Betrag Haben

x) **Überweisung der Wareneingangsrechnung ER 3724: 9 580,00 EUR**

Konto	Betrag Soll	Betrag Haben

y) **Überweisung der Speditionsrechnung für die Lieferung der Sommerkleider und Herrenanzüge: 2 430,00 EUR**

Konto	Betrag Soll	Betrag Haben

z) **Begleichung der Restaurantrechnung nach einem Geschäftsessen in bar: 463,71 EUR**

Konto	Betrag Soll	Betrag Haben

10. Bilden Sie die Abschlussbuchungssätze für die GuV-Konten.

a)

S	802 GuV-Konto		H
Gehälter	300 000,00	Provisionserträge	80 000,00
Werbung	1 000,00	Erträge aus Vermietung	90 000,00
Versicherungsbeiträge	9 000,00	Zinserträge	30 000,00

b)

S	802 GuV-Konto		H
Gehälter	50 000,00	Provisionserträge	10 000,00
Werbung	60 000,00	Erträge aus Vermietung	190 000,00
Versicherungsbeiträge	90 000,00	Zinserträge	50 000,00

zu a)

Konto	Soll	Haben

zu b)

Konto	Soll	Haben

11. Schließen Sie die Ergebniskonten über das Konto Gewinn und Verlust ab. Ermitteln Sie den Gewinn bzw. Verlust, indem Sie das GuV-Konto abschließen. Der Anfangsbestand des Eigenkapitals beträgt 130 000,00 EUR.

Abschlussbuchungen im Grundbuch

Konto	Soll	Haben

Abschlussbuchungen im Hauptbuch siehe folgende Seite.

Bestandskonten

Passivkonten

Soll	300 Eigenkapital	Haben

Erfolgskonten

Aufwandskonten

Soll	630 Gehälter	Haben
	90 000,00	

Soll	687 Werbung	Haben
	1 500,00	

Soll	690 Versicherungsbeiträge	Haben
	9 500,00	

Ertragskonten

Soll	550 Erträge aus Beteiligungen	Haben
		10 000,00

Soll	540 Erträge aus Vermietung	Haben
		9 000,00

Soll	571 Zinserträge	Haben
		11 000,00

Soll	802 Gewinn und Verlust	Haben

12. Warum stehen die Aufwendungen immer auf der Sollseite und die Erträge immer auf der Habenseite?

Preispolitische Maßnahmen vorbereiten und durchführen

Lernfeld 9

1 Kalkulation von Verkaufspreisen

Wissen erarbeiten

Situation im Lehrbuch Seite 453

Die Auszubildenden des Kaiserslauterer Möbelhauses Gruner haben von ihrem Chef Herrn Hausmann den Auftrag erhalten, im Rahmen eines Projekts zu prüfen, ob das Möbelhaus in Zukunft auch Autos eines chinesischen Herstellers anbieten sollte.

1. **Gemäß Ihrem Handlungsauftrag im Lehrbuch sollen Sie Faktoren finden, die die Auszubildenden bei der Festlegung des Produktpreises beachten sollten. Tragen Sie diese Größen in die folgende Übersicht ein.**

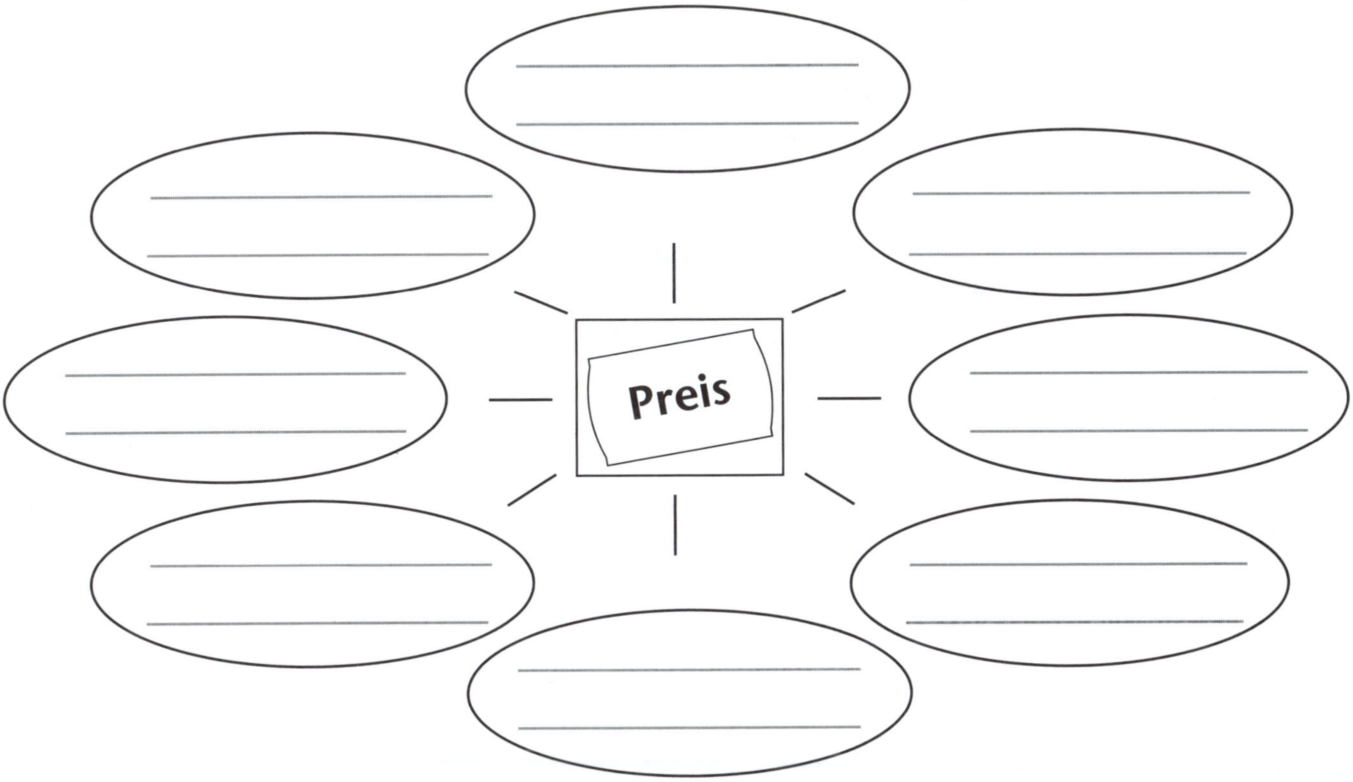

Wissen trainieren

2. **Nennen Sie die innerbetrieblichen Einflussgrößen auf den Verkaufspreis.**

3. **Durch welches Gesetz lässt sich die Reaktion der Nachfrager auf Preisveränderungen beschreiben?**

4. **Stellen Sie fest, ob es sich in den folgenden Fällen um Käufer- oder Verkäufermärkte handelt und in welche Richtung sich der Preis entwickeln wird.**

   a) **Nach einem Orkan müssen plötzlich große Mengen Holz geschlagen und verkauft werden.**

   b) **Infolge von Überfischung sinken die Fangmengen von Kabeljau und Seelachs im Atlantik.**

   c) **Aufgrund eines Modetrends steigt die Nachfrage nach tragbaren Sonnenschirmen plötzlich.**

   d) **Nachrichten über Tierseuchen erzeugen eine Angst vor dem Verzehr von Milchprodukten.**

   e) **Da seit zwei Jahren viele Prominente auf der Insel Norderstrand Urlaub machen, wollen viele Einzelhandelsketten dort eine Filiale eröffnen. Es gibt aber einen Baustopp auf der Insel.**

   f) **Nachdem die Mineralölindustrie großtechnische Anlagen zur Gewinnung von Benzin aus Mais und Raps entwickelt hat, kauft sie plötzlich riesige Mengen der Mais- und Rapsernte auf.**

5. **Handelt es sich bei den Beispielen um einen Konkurrenzmarkt, einen Oligopolmarkt oder einen Monopolmarkt? Würden Sie als Existenzgründer in diesem Markt eigene Preise durchsetzen können?**

   a) **Der Markt für Laptops im Internet**

   b) **Der Markt für Lebensmittel auf der Nordseeinsel Juist**

   c) **Der Markt für Ski in Berlin**

   d) **Der Markt für Ski im Wintersportort Garmisch-Partenkirchen**

   e) **Der Markt für Eintrittskarten für die Fußballweltmeisterschaft**

6. In welcher Konjunkturphase befindet sich die deutsche Wirtschaft zurzeit? Wie werden sich folglich die Preise im Einzelhandel in den kommenden Monaten entwickeln?

Wissen anwenden

Praxisprojekt zur Preisgestaltung

7. Bilden Sie Projektgruppen zu maximal vier Auszubildenden aus verschiedenen Ausbildungsbetrieben. Beantworten Sie in der Schule die Fragen:

Wie werden in Ihren Ausbildungsbetrieben die Verkaufspreise gebildet?
Verändern sich die Verkaufspreise von Produkten (abgesehen von Sonderangeboten)?
Wodurch könnten diese Preisveränderungen ausgelöst werden?

8. Finden Sie heraus, wer in Ihrem Ausbildungsbetrieb für die Preiskalkulation verantwortlich ist. Interviewen Sie diese Personen, machen Sie sich Notizen u. a. zu folgenden Fragen:

Welche Einflussgrößen berücksichtigen sie bei der Preisgestaltung?
Welche Einflussgrößen, die Sie kennengelernt haben, sind bei der Preisgestaltung wichtig?
Welche Einflussgrößen werden nicht berücksichtigt?

9. Stellen Sie die Ergebnisse der Interviews in Ihrer Arbeitsgruppe vor. Entwerfen Sie gemeinsam ein Plakat, auf dem die Einflussgrößen auf die Preisgestaltung in den Ausbildungsbetrieben deutlich werden.

10. Machen Sie eine Plakatausstellung aller Arbeitsgruppen in Ihrer Klasse. Finden Sie andere Auszubildende, in deren Betrieben bei der Preisgestaltung ähnlich vorgegangen wird wie in Ihrem Betrieb.

11. Bereiten Sie gemeinsam mit diesen Auszubildenden eine Präsentation vor, in der die Preisfindung eines typischen Produkts möglichst praxisnah beschrieben wird.

12. Präsentieren Sie die verschiedenen Arten der Preisfindung vor der Klasse. Diskutieren Sie in der Klasse, welche Art der Preisfindung Sie für die beste halten.

2 Vorwärtskalkulation

Wissen erarbeiten

Situation im Lehrbuch Seite 459

1. **Unterstützen Sie die Auszubildenden des Kaiserslauterer Möbelhauses Gruner bei der Kalkulation des Verkaufspreises des chinesischen Roadsters „Challanger“.**
   Im Lehrbuch finden Sie ein Angebot des Importeurs sowie alle weiteren gegebenen Größen.

   a) **Füllen Sie das Kalkulationsschema aus und fügen Sie die gegebenen Größen ein.**

TIPP: *Nutzen Sie die beiden zusätzlichen Spalten, um die Prozentsätze einzutragen, die Sie für den Ansatz der Dreisätze verwenden müssen. So vermeiden Sie von Anfang an ärgerliche Fehler.*

		Einkaufspreis		
		– Liefererrabatt		
		= Zieleinkaufspreis		
		– Liefererskonto		
		= Bareinkaufspreis		
		+ Bezugskosten		
		= Einstandspreis		
		+ Handlungskostenzuschlag		
		= Selbstkosten		
		+ Gewinnzuschlag		
		= Nettoverkaufspreis		
		+ Umsatzsteuer		
		= Bruttoverkaufspreis		

b) Berechnen Sie schrittweise mithilfe von fünf Dreisätzen die Abzüge und Zuschläge in Euro. Nutzen Sie für die Ansätze der Dreisätze die folgenden Vorlagen. Tragen Sie Zieleinkaufspreis, Bareinkaufspreis, Einstandspreis, Selbstkosten und Nettoverkaufspreis und den Bruttoverkaufspreis in das Kalkulationsschema ein.

1. Dreisatz: Berechnung des Rabatts in Euro:

≙
≙
x = ——— • ———
x =

2. Dreisatz: Berechnung des Skontos in Euro:

≙
≙
x = ——— • ———
x =

3. Dreisatz: Berechnung des Handlungskostenzuschlags in Euro:

≙
≙
x = ——— • ———
x =

4. Dreisatz: Berechnung des Gewinnzuschlags in Euro:

≙
≙
x = ——— • ———
x =

5. Dreisatz: Berechnung der Umsatzsteuer in Euro:

≙
≙
x = ——— • ———
x =

Antwort: ______________________________

2. Das Musikhaus Kretsch & Müller in Eschwege erhält ein Angebot über einen Flügel zum Einkaufspreis von 1 000,00 EUR, Liefererrabatt 15 %, Liefererskonto 2,5 %. Für die Zufuhr des Flügels stellt die Spedition 180,00 EUR in Rechnung. Zu welchem Bruttoverkaufspreis kann das Instrument angeboten werden, wenn das Musikhaus mit 20 % HKZ, 11 % Gewinnzuschlag und 19 % Umsatzsteuer kalkuliert (auf volle Euro abrunden)?

Kalkulationsschema		
Einkaufspreis		
– Liefererrabatt		
= Zieleinkaufspreis		
– Liefererskonto		
= Bareinkaufspreis		
+ Bezugskosten		
= Einstandspreis		
+ Handlungskostenzuschlag		
= Selbstkosten		
+ Gewinnzuschlag		
= Nettoverkaufspreis		
+ Umsatzsteuer		
= Bruttoverkaufspreis		

1. Dreisatz: Berechnung des Rabatts in Euro:

≙

≙

x = ———— • ————

x =

2. Dreisatz: Berechnung des Skontos in Euro:

≙

≙

x = ———— • ————

x =

3. Dreisatz: Berechnung des Handlungskostenzuschlags in Euro:

≙

≙

x = ———— • ————

x =

4. Dreisatz: Berechnung des Gewinnzuschlags in Euro:

≙

≙

x = ———— • ————

x =

5. Dreisatz: Berechnung der Umsatzsteuer in Euro:

≙

≙

x = ———— • ————

x =

Antwort: ____________________

Wissen trainieren

3. **Das Schuhgeschäft Schuh-Eder, Frankfurt (Main), erhielt von einer Pirmasenser Schuhfabrik 100 Paar Herrenschuhe in verschiedenen Größen zu 35,30 EUR je Paar ab Werk, Liefererskonto 2 %. Die Bezugskosten betragen 1 % des Einkaufspreises. Welcher Bruttoverkaufspreis ergibt sich je Paar, wenn Eder mit 20 % HKZ, 8 % Gewinnzuschlag und 19 % Umsatzsteuer kalkuliert?**

Einkaufspreis		
– Liefererrabatt		
= Zieleinkaufspreis		
– Liefererskonto		
= Bareinkaufspreis		
+ Bezugskosten		
= Einstandspreis		
+ Handlungskostenzuschlag		
= Selbstkosten		
+ Gewinnzuschlag		
= Nettoverkaufspreis		
+ Umsatzsteuer		
= Bruttoverkaufspreis		

Antwort: ______________________________

4. **Das Sanitätshaus Kleiner, Frankfurt/Main, bezieht 50 Bikinis in verschiedenen Designs zu je 40,00 EUR ab Werk mit 10 % Liefererrabatt und 2 % Liefererskonto. Für die Sendung fallen 15,00 EUR Fracht und 3,00 EUR Zustellgebühr an. Zu welchem Bruttoverkaufspreis kann ein Bikini ausgezeichnet werden, wenn das Sanitätshaus mit 50 % HKZ, 30 % Gewinnzuschlag und 19 % Umsatzsteuer kalkuliert?**

5. **Der Raiffeisenmarkt in Schwerin erhält ein Angebot über Werkzeugschränke zum Preis von 120,00 EUR je Stück ab Werk. Der Lieferer gewährt 12,5 % Liefererrabatt und 2,5 % Liefererskonto. Für die Zufuhr werden bei Abnahme von 12 Schränken 42,00 EUR berechnet. Die Konkurrenz verkauft einen ähnlichen Schrank zu 155,00 EUR. Kann das Einzelhandelsgeschäft diesen Bruttoverkaufspreis ebenfalls einhalten, wenn es mit 19 % HKZ, 8 % Gewinnzuschlag und 19 % Umsatzsteuer kalkuliert?**

6. **Der Schmuck-Discounter Glanz in Leipzig bezieht aus Pforzheim fünf Damenarmbänder aus 14 Karat Gold zum Einkaufspreis von 170,00 EUR mit 5 % Liefererrabatt und 1,5 % Liefererskonto. Die Bezugskosten betragen für die fünf Bänder 5,60 EUR Fracht und 1,50 EUR Versicherung. Zu welchem Bruttoverkaufspreis kann ein Armband angeboten werden, wenn der Discounter mit 30 % HKZ, 20 % Gewinnzuschlag und 19 % Umsatzsteuer kalkuliert?**

7. Der Kassler Feinkosthändler „Gourmetküche" erhält aus dem Allgäu 50 kg Geflügelfleisch von freilaufenden Hühnern zum Paketfestpreis von 350,00 EUR. An Bezugskosten zahlt er 74,50 EUR. Die Geflügelhandlung kalkuliert mit 10 % HKZ, 20 % Gewinnzuschlag und 7 % Umsatzsteuer. Wie hoch ist der Bruttoverkaufspreis für 1 kg?

8. Eine Drogerie erhält: 1 Gebinde (4 x 12 Stück) Eau de Toilette „White Diamond" zu 126,00 EUR je Dutzend sowie 1 Gebinde (5 x 12 Stück) Eau de Toilette „Luxor" zu 132,00 EUR je Dutzend mit 12,5 % Liefererrabatt und 3 % Liefererskonto. Der Spediteur legt eine Frachtrechnung in Höhe von 43,45 EUR vor.

   a) Berechnen Sie den Einstandspreis jeder Sorte. Die Bezugskosten sind im Verhältnis 3 : 2 auf die beiden Sorten zu verteilen.

   b) Wie hoch ist der Bruttoverkaufspreis je Stück bei 35 % HKZ, 7,5 % Gewinnzuschlag und 19 % Umsatzsteuer?

9. Die Einzelhandels-KG Gebrüder Ulrich, Kiel, erhielt von der Süßwarenfabrik Stingel und Zeller, Nürnberg, ein Angebot: 5 Kartons gemischte Lebkuchen zu je 100 Stück 250-Gramm-Packungen, zu 6,00 EUR je kg, Liefererrabatt 2,5 % und Liefererskonto 1 %; oder 5 Kartons Lebkuchen zu je 100 Stück 250-Gramm-Packungen, zu 6,00 EUR je kg, Liefererskonto 1 %. Anstelle des Liefererrabatts werden bei 100 Packungen jeweils 10 als Warendraufgabe geliefert.

   a) Berechnen Sie den Einstandspreis je Packung für jedes Angebot und wählen Sie das günstigste Angebot aus (Bezugskosten 10,43 EUR).
   b) Kalkulieren Sie den Bruttoverkaufspreis bei 32 % HKZ, 15 % Gewinnzuschlag und 7 % Umsatzsteuer.

10. Redlefsen & Söhne, Fleischwarenfabrik, Flensburg, sandten der Kaufhalle GmbH in Schwäbisch Hall: 193 kg Dauerwurst, Nettogewicht, zu 7,20 EUR je kg; 2 Kisten Wurstkonserven zu je 100 Dosen, je Dose 450 g, zu 12,00 EUR je kg. Wie hoch ist der Bruttoverkaufspreis je Kilogramm Dauerwurst und je Dose Wurstkonserve, wenn die Lieferfirma bei der Dauerwurst 5 % Liefererrabatt und 2 % Liefererskonto gewährt, bei den Wurstkonserven jedoch je Kiste nur 95 Dosen in Rechnung stellt und ebenfalls 2 % Skonto gewährt? Bezugskosten: keine, da frei Haus, HKZ 28 %, Gewinnzuschlag 12,5 %, Umsatzsteuer 7 %; Dauerwurst 1,06 kg Verschnitt.

Wissen anwenden

In der Praxis bleibt oft nicht die Zeit für die Vorwärtskalkulation einzelner Artikel. Der Kaufmann ist hier auf Software angewiesen, die ihm die zeitraubende Rechenarbeit abnimmt.

11. Erstellen Sie eine Excel-Tabelle, in die Sie nur den Einkaufspreis und die gegebenen Werte eingeben müssen. Dank der hinterlegten Formeln soll die Excel-Tabelle die Kalkulation dann automatisch durchrechnen.

Ihre Excel-Tabelle sollte in etwa so aussehen:

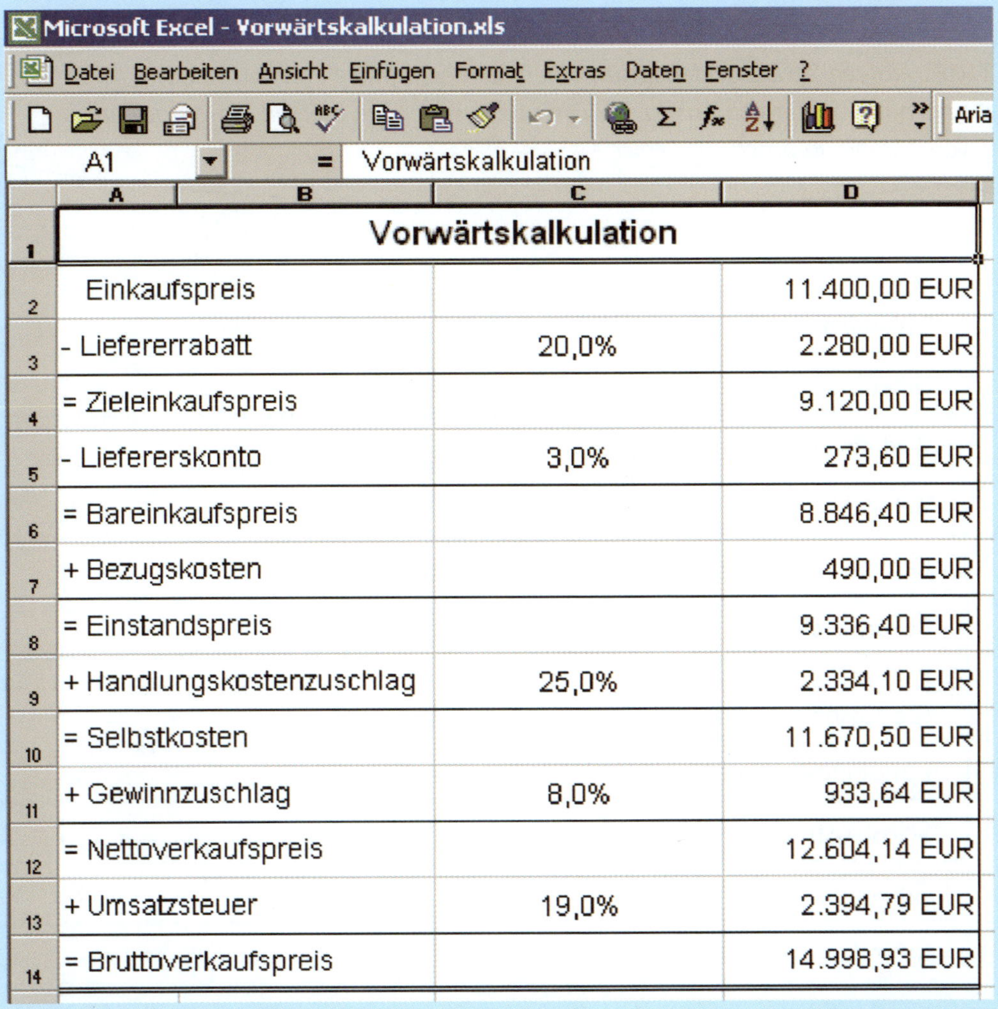

	A/B	C	D
1	**Vorwärtskalkulation**		
2	Einkaufspreis		11.400,00 EUR
3	- Liefererrabatt	20,0%	2.280,00 EUR
4	= Zieleinkaufspreis		9.120,00 EUR
5	- Liefererskonto	3,0%	273,60 EUR
6	= Bareinkaufspreis		8.846,40 EUR
7	+ Bezugskosten		490,00 EUR
8	= Einstandspreis		9.336,40 EUR
9	+ Handlungskostenzuschlag	25,0%	2.334,10 EUR
10	= Selbstkosten		11.670,50 EUR
11	+ Gewinnzuschlag	8,0%	933,64 EUR
12	= Nettoverkaufspreis		12.604,14 EUR
13	+ Umsatzsteuer	19,0%	2.394,79 EUR
14	= Bruttoverkaufspreis		14.998,93 EUR

3 Kalkulation des Bruttoverkaufspreises unter Berücksichtigung von Preisnachlässen an die Kunden

Wissen erarbeiten

Situation im Lehrbuch Seite 465

1. a) **Unterstützen Sie Herrn Werneke bei der Kalkulation eines Biedermeier-Schrankes. Berücksichtigen Sie dabei Kundenrabatt und Kundenskonto in der Höhe, die im Lehrbuch angegeben ist.**

TIPP: *Nutzen Sie die beiden zusätzlichen Spalten, um die Prozentsätze einzutragen, die Sie für den Ansatz der Dreisätze verwenden müssen. So vermeiden Sie von Anfang an ärgerliche Fehler.*

		Einkaufspreis		
		– Liefererrabatt		
		= Zieleinkaufspreis		
		– Liefererskonto		
		= Bareinkaufspreis		
		+ Bezugskosten		
		= Einstandspreis (Bezugspreis)		
		+ Handlungskostenzuschlag		
		= Selbstkosten		
		+ Gewinnzuschlag		
		= Barverkaufspreis		
		+ Kundenskonto		
		= Zielverkaufspreis		
		+ Kundenrabatt		
		= Nettoverkaufspreis		
		+ Umsatzsteuer		
		= Bruttoverkaufspreis		

b) Berechnen Sie schrittweise mithilfe von sieben Dreisätzen die Abzüge und Zuschläge in Euro. Nutzen Sie für die Ansätze der Dreisätze die Vorlagen. Tragen Sie Zieleinkaufspreis, Bareinkaufspreis, Einstandspreis, Selbstkosten, Barverkaufspreis, Zielverkaufspreis, Nettoverkaufspreis und den Bruttoverkaufspreis in das Kalkulationsschema ein.

1. Dreisatz: Berechnung des Rabatts in Euro:

$\widehat{=}$

$\widehat{=}$

x = ______ •

x =

2. Dreisatz: Berechnung des Skontos in Euro:

$\widehat{=}$

$\widehat{=}$

x = ______ •

x =

3. Dreisatz: Berechnung des Handlungskostenzuschlags in Euro:

$\widehat{=}$

$\widehat{=}$

x = ______ •

x =

4. Dreisatz: Berechnung des Gewinnzuschlags in Euro:

$\widehat{=}$

$\widehat{=}$

x = ______ •

x =

5. Dreisatz: Berechnung des Kundenskontos in Euro:

$\widehat{=}$

$\widehat{=}$

x = ______ •

x =

6. Dreisatz: Berechnung des Kundenrabatts in Euro:

$\widehat{=}$

$\widehat{=}$

x = ______ •

x =

7. Dreisatz: Berechnung der Umsatzsteuer in Euro:

$\widehat{=}$

$\widehat{=}$

x = ______ •

x =

Antwort: ______

2. Der Feinkost-Spezialist Leben & Genießen GmbH aus Wiesbaden möchte die Weine des Weinguts Klingenberger, Worms, in sein Sortiment aufnehmen. Das Weingut hat ein Angebot erstellt:

a) Spätburgunder Blanc de Noir Qualitätswein trocken, die 0,75 l Flasche für 4,80 EUR
b) Grauer Burgunder trocken, die 0,75 l Flasche 5,00 EUR
c) Gewürztraminer Kabinett trocken, die 0,75 l Flasche 5,30 EUR

Lieferung mit 30 % Einzelhändlerrabatt und 1 % Liefererskonto

Zu welchem Bruttoverkaufspreis kann die Flasche angeboten werden, wenn Feinkost-Müller mit 20 % HKZ, 20 % Gewinnzuschlag, 3 % Kundenrabatt und 19 % Umsatzsteuer kalkuliert?

		a)	b)	c)
Einkaufspreis				
– Liefererrabatt	30,0 %			
= Zieleinkaufspreis				
– Liefererskonto	1,0 %			
= Bareinkaufspreis				
+ Bezugskosten				
= Einstandspreis				
+ Handlungskostenzuschlag	20,0 %			
= Selbstkosten				
+ Gewinnzuschlag				
= Barverkaufspreis				
+ Kundenskonto	0,0 %			
= Zielverkaufspreis				
+ Kundenrabatt	3,0 %			
= Nettoverkaufspreis				
+ Umsatzsteuer	19,0 %			
= Bruttoverkaufspreis				

Antwort: ______________________________

Wissen trainieren

3. Der Obsthändler André Onyskow, Meißen, kauft beim Dresdner Großmarkt 20 Kisten Äpfel, zusammen 1 000 kg zu 0,60 EUR je Kilogramm netto mit 2 % Liefererskonto und 8 % Liefererrabatt bei 3 kg Tara je Kiste, Bezugskosten für die gesamte Lieferung: 63,04 EUR.
Zu welchem Bruttoverkaufspreis kann der Obsthändler 1 kg Äpfel anbieten, wenn er mit 25 % HKZ, 15,5 % Gewinnzuschlag, 3 % Kundenrabatt und 7 % Umsatzsteuer kalkuliert?

HINWEIS: *Tara ist die Differenz zwischen Brutto- und Nettogewicht eines Wägegutes (hier: Äpfel). Im Beispiel ist das Tara das Gewicht der Obstkiste.*

Nebenrechnung:

Einkaufspreis		
– Liefererrabatt		
= Zieleinkaufspreis		
– Liefererskonto		
= Bareinkaufspreis		
+ Bezugskosten		
= Einstandspreis		
+ Handlungskostenzuschlag		
= Selbstkosten		
+ Gewinnzuschlag		
= Barverkaufspreis		
+ Kundenskonto		
= Zielverkaufspreis		
+ Kundenrabatt		
= Nettoverkaufspreis		
+ Umsatzsteuer		
= Bruttoverkaufspreis		

Bruttoverkaufspreis je Kilo: ______________________________

4. **Das Kaufland Mainz erhält zwei Kisten à 53 kg Lachsforelle, Tara 3 kg je Kiste, zu 10,00 EUR je kg. Der Lieferer gewährt 15 % Rabatt und 2,5 % Skonto und liefert frei Haus. Zu welchem Bruttoverkaufspreis können 100 g angeboten werden, wenn das Kaufland mit 38,35 % HKZ, 11 % Gewinnzuschlag, 3 % Kundenrabatt und 7 % Umsatzsteuer kalkuliert?**

5. **Der Herrenausstatter René Galtor, Bad Homburg, bezieht 25 Sakkos zum Preis von 95,00 EUR je Stück bei 25 % Liefererrabatt und 2 % Liefererskonto. Die Bezugskosten teilen sich auf in Verpackung (1,30 EUR pro Stück), Fracht (45,00 EUR) und Transportversicherung (12,02 EUR). Zu welchem Ladenpreis kann René Galtor ein Sakko anbieten, wenn man mit 70 % HKZ, 20 % Gewinnzuschlag, 2,5 % Kundenskonto, 10 % Kundenrabatt und 19 % Umsatzsteuer kalkuliert?**

6. **Das Zoo-Fachgeschäft Ebner in Schwerin erhält ein Angebot über ein Sortiment aus zehn Außengehegen für Kleinnager. Das Sortiment kostet insgesamt 560,00 EUR. Der Importeur der asiatischen Gehege gewährt einen großzügigen Neukundenrabatt von 35 % auf den Listenpreis sowie 3 % Skonto. Die Verpackungs- und Versandpauschale beträgt 68,32 EUR für die gesamte Lieferung.**
   Ein benachbarter Baumarkt bietet ein ähnliches Freigehege zum Preis von 65,95 EUR an. Kann das Fachgeschäft den Preis unterbieten? Zoo Ebner kalkuliert mit folgenden Zuschlagssätzen: Handlungskostenzuschlag 23 %, Gewinnzuschlag 8 %, Kundenrabatt 3 %, Umsatzsteuer 19 %.

4 Rückwärtskalkulation

Wissen erarbeiten

Situation im Lehrbuch Seite 470

1. **Unterstützen Sie Katrin Kieser bei der Preisverhandlung mit dem Handelsvertreter für Peter-Blau-Markenschuhe. Rechnen Sie mithilfe der Rückwärtskalkulation aus, welchen Einkaufspreis Frau Kieser fordern sollte, damit sie künftig die Damenschuhe für 99,00 EUR anbieten kann.**

   a) **Füllen Sie das Kalkulationsschema aus und fügen Sie die im Lehrbuch gegebenen Größen ein.**

TIPP: *Nutzen Sie die beiden zusätzlichen Spalten, um die Prozentsätze einzutragen, die Sie für den Ansatz der Dreisätze verwenden müssen. So vermeiden Sie von Anfang an ärgerliche Fehler.*

		Einkaufspreis		
		– Liefererrabatt		
		= Zieleinkaufspreis		
		– Liefererskonto		

		= Bareinkaufspreis		
		+ Bezugskosten		
		= Einstandspreis (Bezugspreis)		
		+ Handlungskostenzuschlag		
		= Selbstkosten		
		+ Gewinnzuschlag		
		= Barverkaufspreis		
		+ Kundenskonto		
		= Zielverkaufspreis		
		+ Kundenrabatt		
		= Nettoverkaufspreis		
		+ Umsatzsteuer		
		= Bruttoverkaufspreis		

b) Berechnen Sie schrittweise mithilfe von sieben Dreisätzen von unten nach oben die Abzüge und Zuschläge in Euro. Nutzen Sie für die Ansätze der Dreisätze die folgenden Vorlagen.

1. Dreisatz: Berechnung der Umsatzsteuer in Euro:

≙
≙
x = ——— •
x =

2. Dreisatz: Berechnung des Kundenrabatts in Euro:

≙
≙
x = ——— •
x =

3. Dreisatz: Berechnung des Kundenskontos in Euro:

≙
≙
x = ——— •
x =

4. Dreisatz: Berechnung des Gewinnzuschlags in Euro:

≙
≙
x = ——— •
x =

5. Dreisatz: Berechnung des Handlungskostenzuschlags in Euro

≙
≙
x = ——— • ———
x =

6. Dreisatz: Berechnung des Liefererskontos

≙
≙
x = ——— • ———
x =

7. Dreisatz: Berechnung des Liefererrabatts

≙
≙
x = ——— • ———
x =

Antwort: ______________________________

Wissen trainieren

2. **Aufgrund der Preisempfehlungen der Herstellervorgaben sollte das Haushaltswarenfachgeschäft Salzberger in Saarbrücken ein Marken-Fondueset mit elf Teilen mit einem Bruttoverkaufspreis von 179,00 EUR auszeichnen.**

   Welchen Einkaufspreis kann das Kaufhaus höchstens akzeptieren, wenn es mit 19 % Umsatzsteuer, 15 % Gewinnzuschlag, 30 % HKZ und 2,00 EUR Bezugskosten rechnen muss? Der Hersteller räumt 25 % Rabatt und 3 % Skonto ein. Die Bezugskosten summieren sich auf 2,41 EUR pro Stück.

Einkaufspreis		
– Liefererrabatt		
= Zieleinkaufspreis		
– Liefererskonto		
= Bareinkaufspreis		
+ Bezugskosten		
= Einstandspreis (Bezugspreis)		
+ Handlungskostenzuschlag		
= Selbstkosten		
+ Gewinnzuschlag		

= Barverkaufspreis		
+ Kundenskonto		
= Zielverkaufspreis		
+ Kundenrabatt		
= Nettoverkaufspreis		
+ Umsatzsteuer		
= Bruttoverkaufspreis		

Antwort: ______________________________

3. **Wegen starken Wettbewerbs kann die Firma Elektro-Maquart in Rostock eine Kühl-Gefrier-Kombination nur zu 499,95 EUR anbieten.**

   Zu welchem Einkaufspreis darf Elektro-Maquart die Kühl-Gefrier-Kombination höchstens einkaufen, wenn man mit 19 % Umsatzsteuer, 5 % Kundenrabatt, 10 % Gewinnzuschlag, 25 % HKZ rechnet? Der Großhändler gewährt 25 % Einzelhändlerrabatt, 2 % Liefererskonto und Lieferung zum vergünstigten Pauschalpreis von 3,62 EUR.

4. **Das Schreibwarengeschäft Helene Knitzki, Idar-Oberstein, könnte 1 000 Ringbücher DIN A4 an einen Großkunden liefern, wenn der Preis unter 1,20 EUR bleibt. Welchen Einkaufspreis muss das Schreibwarengeschäft vom Hersteller zugestanden bekommen, um diesen Preis einhalten zu können? Zuschlagssätze: 19 % Umsatzsteuer, 5 % Kundenrabatt, 10 % Gewinnzuschlag, 17 % HKZ. Vom Lieferer wird Lieferung frei Haus mit 3 % Skonto und 20 % Liefererrabatt erwartet.**

5. **Der Markthändler Fritz Fröhlich, Berlin, verkauft Bio-Honig auf verschiedenen Wochenmärkten in Berlin. Nach einem schlechten Imkersommer steigen die Einkaufspreise für Honig. Welchen Einstandspreis kann Fritz Fröhlich für ein 500-g-Glas Bienenhonig gerade noch akzeptieren, wenn der Bruttoverkaufspreis für dieses Glas nicht über 4,99 EUR steigen soll?**
   Herr Fröhlich kalkuliert mit 7 % Umsatzsteuer, 15 % Gewinnzuschlag und 30 % HKZ. Der Imker gewährt ihm einen Stammkundenrabatt von 5 % und 2 % Skonto.

Wissen anwenden

In der Praxis bleibt oft nicht die Zeit für die Rückwärtskalkulation einzelner Artikel. Der Kaufmann ist hier auf Software angewiesen, die ihm die zeitraubende Rechenarbeit abnimmt.

6. Erstellen Sie eine Excel-Tabelle, in die Sie nur den Bruttoverkaufspreis und die gegebenen Werte eingeben müssen. Dank der hinterlegten Formeln soll die Excel-Tabelle die Rückwärtskalkulation dann automatisch durchrechnen.

Ihre Excel-Tabelle sollte in etwa so aussehen:

Microsoft Excel - Rückwärtskalkulation.xls

A1 = Rückwärtskalkulation bis zum Einkaufspreis

	A	C	D
1	**Rückwärtskalkulation bis zum Einkaufspreis**		
2	Einkaufspreis		82,00 EUR
3	- Liefererrabatt	30,00%	24,60 EUR
4	= Zieleinkaufspreis		57,40 EUR
5	- Liefererskonto	2,00%	1,15 EUR
6	= Bareinkaufspreis		56,25 EUR
7	+ Bezugskosten		0,79 EUR
8	= Einstandspreis (=Bezugspreis)		57,04 EUR
9	+ Handlungskostenzuschlag	20,00%	11,41 EUR
10	= Selbstkosten		68,45 EUR
11	+ Gewinnzuschlag	12,00%	8,21 EUR
12	= Barverkaufspreis		76,66 EUR
13	+ Kundenskonto	3,00%	2,37 EUR
14	= Zielverkaufspreis		79,03 EUR
15	+ Kundenrabatt	5,00%	4,16 EUR
16	= Nettoverkaufspreis		83,19 EUR
17	+ Umsatzsteuer	19,00%	15,81 EUR
18	= Bruttoverkaufspreis		99,00 EUR

5 Verkürzte Kalkulationsverfahren

Kalkulationszuschlag – Zuschlagssätze gegeben

Wissen erarbeiten

Situation im Lehrbuch Seite 474

1. **Kalkulieren Sie die Verkaufspreise der Artikel der Abteilung Autozubehör mithilfe eines verkürzten Kalkulationsverfahrens. Der Kalkulationsaufschlag verkürzt die Kalkulationsarbeit erheblich. Allerdings setzt er voraus, dass Herr Plate alle Artikel der Abteilung Autozubehör mit denselben Zuschlagssätzen kalkuliert. Die Lösung erfolgt in fünf Schritten:**

   Schritt 1: Sie legen die Zuschlagssätze (HKZ, Gewinnzuschlag, Kundenrabatt usw.) für Ihr Unternehmen bzw. für die zu kalkulierende Warengruppe fest.

   Schritt 2: Sie setzen den Einstandspreis eines erdachten Artikels gleich 100,00 EUR.

   Schritt 3: Sie berechnen mithilfe der Vorwärtskalkulation den Bruttoverkaufspreis des erdachten Artikels.

Einstandspreis		
+ Handlungskostenzuschlag		
= Selbstkosten		
+ Gewinnzuschlag		
= Barverkaufspreis		
+ Kundenskonto		
= Zielverkaufspreis		
+ Kundenrabatt		
= Nettoverkaufspreis		
+ Umsatzsteuer		
= Bruttoverkaufspreis		

Antwort: ______________________________

Schritt 4: Sie ziehen vom Bruttoverkaufspreis den Einstandspreis ab. Dann erhalten Sie den Kalkulationszuschlag in Prozent. Hinweis: Dies gilt nur bei einem Einstandspreis von 100,00 EUR.

____

____

Schritt 5: Mithilfe des Kalkulationszuschlags berechnen Sie nun den Bruttoverkaufspreis der anderen Artikel mithilfe der Formel aus dem Lehrbuch:

Bruttoverkaufspreis = ______________________

Sitzbezüge Blau: Bruttoverkaufspreis = ______________ = ______________

Autoradio D 334: Bruttoverkaufspreis = ______________ = ______________

Subwoofer Dub 200 Bruttoverkaufspreis = ______________ = ______________

Kalkulationszuschlag – Bruttoverkaufspreis und Einstandspreis gegeben

Wissen erarbeiten

Situation im Lehrbuch Seite 477

1. Anika Müller kennt für das Schuhmodell SX-420 den Einstandspreis und den Bruttoverkaufspreis der anderen Sportschuh-Fachgeschäfte. Helfen Sie ihr, den Kalkulationszuschlag zu berechnen, mit dem sie die Bruttoverkaufspreise ihres gesamten Sortiments kalkulieren kann. Gegebene Größen:
Einstandspreis SX-420 = 60,00 EUR
Bruttoverkaufspreis SX-420 = 129,99 EUR

1. Schritt: Differenz zwischen Bruttoverkaufspreis und Einstandspreis berechnen

____

2. Schritt: Kalkulationszuschlag mithilfe des Dreisatzes berechnen

Bedingungssatz:		≙	
Fragesatz:		≙	x (Kalkulationszuschlag in %)

FAUSTREGEL: *Multiplikation der Werte in der Diagonalen und Division durch den dritten Wert*

Bruchsatz:	Kalkulationszuschlag = ________
	Kalkulationszuschlag =
Antwort: ________	

Kalkulationsfaktor

Wissen erarbeiten

Jessica Schwarz ist Auszubildende in einer Damen-Boutique. Beim Kontieren von Eingangsrechnungen findet sie die Rechnung eines Cocktailkleids der Marke Giselle Barquot, das sie gestern an eine Kundin für 649,00 EUR verkauft hat.

Rechnung Nr. 240937

Artikel-Nr.	Bezeichnung	Menge	Gesamt
000653	Cocktailkleid black, Gr. 38	1	238,00 EUR
	Expressversandpauschale		30,00 EUR
			268,00 EUR
	Umsatzsteuer 19 %		50,92 EUR
Rechnungsbetrag			318,92 EUR

Bei Zahlung innerhalb von 10 Tagen 3 % Skonto

1. **Berechnen Sie den Einstandspreis des Kleides.**
2. **Mit welchem Kalkulationsfaktor kalkuliert Jessicas Chefin?**

Zu 1. Einstandspreiskalkulation Cocktailkleid

Einkaufspreis		
– Liefererrabatt		
= Zieleinkaufspreis		
– Liefererskonto		
= Bareinkaufspreis		
+ Bezugskosten		
= Einstandspreis		

Antwort: ________

Zu 2. Berechnung des Kalkulationsfaktors

Kalkulationsfaktor = ———————————

Kalkulationsfaktor = ———————————	=	

Antwort: ______________________________

Wissen trainieren

3. **Nach ihrer Ausbildung erfüllt sich Frauke Brunokovskis einen Traum und eröffnet einen Laden für Umstands- und Babymode in Darmstadt. Als Existenzgründerin hat sie keine Erfahrung, welche Preise sie nehmen kann, und möchte das Sortiment daher zunächst mit einem gleichbleibenden Kalkulationszuschlag durchkalkulieren. Sie rechnet mit folgenden Zuschlagssätzen: Handlungskostenzuschlag 25 %, Gewinnzuschlag 15 %, Kundenrabatt 3 %, Umsatzsteuer 19 %.**

a) Welchen Kalkulationszuschlagssatz sollte Frauke verwenden?

b) Kalkulieren Sie die Produkte: Tunika, 9,00 EUR Einstandspreis; Jeans, 19,00 EUR Einstandspreis; Business-Hosenanzug, 169,00 EUR Einstandspreis; T-Shirt (2er-Pack) 22,00 EUR Einstandspreis; Latzhose, 45,00 EUR Einstandspreis.

Lösungsweg:

a) Kalkulation ab Einstandspreis		
= Einstandspreis		
+ Handlungskostenzuschlag		
= Selbstkosten		
+ Gewinnzuschlag		
= Barverkaufspreis		
+ Kundenskonto		
= Zielverkaufspreis		
+ Kundenrabatt		
= Nettoverkaufspreis		
+ Umsatzsteuer		
= Bruttoverkaufspreis		

Antwort: ______________________________

Zu b) Tunika: Bruttoverkaufspreis = ______________ = ______________

Artikel	Einstandspreis	Bruttoverkaufspreis
Jeans	19,00 EUR	
Business-Hosenanzug	169,00 EUR	
T-Shirt (2er-Pack)	22,00 EUR	
Latzhose	45,00 EUR	

4. Karoch ist Auszubildender bei der Warenhauskette Shoppingcity. Als er von seinem Chef eine Liste mit den Einstandspreisen einiger Artikel erhält, ist er überrascht, wie sich die Preiskalkulationen in den verschiedenen Abteilungen unterscheiden.
Berechnen Sie den Kalkulationszuschlag und den Kalkulationsfaktor der verschiedenen Artikel.

Artikel	Einstandspreis	Bruttoverkaufspreis	Kalkulationszuschlag	Kalkulationsfaktor
Geschirrservice	280,40 EUR	392,49 EUR		
Bettdecke	110,50 EUR	149,99 EUR		
Klassik-CD	8,32 EUR	12,99 EUR		
CD-Leerhüllen (3er-Pack)	0,44 EUR	0,99 EUR		
Couchgarnitur	1 670,30 EUR	2 999,00 EUR		
Markenanzug	210,00 EUR	499,00 EUR		
Modisches Damenshirt	12,88 EUR	49,90 EUR		
Nudelpackung	1,49 EUR	1,59 EUR		

5. Aus der Preisliste eines Lebensmitteldiscounters entnehmen Sie folgende Einstands- und Bruttoverkaufspreise:

a) Welche Artikel werfen scheinbar am meisten Gewinn ab? Berechnen Sie den Kalkulationszuschlag und vergeben Sie Platzierungen (1. Platz = profitabelster Artikel).

Artikel	Einstandspreis	Bruttoverkaufspreis	Kalkulationszuschlag	Platzierung
Äpfel (1 kg)	1,96 EUR	2,49 EUR		
CD-Marke	1,00 EUR	1,50 EUR		
Joghurt natur	1,00 EUR	1,41 EUR		
Deo-Roller	0,72 EUR	1,29 EUR		

b) Hinterfragen Sie Ihre Rechnung: Warum könnte die Rangfolge verfälscht sein?

6. **Das Fischgeschäft „Nordseekrabbe", Dagebüll, verkaufte den Krabbensalat „Hawaii" in der 200-g-Packung zu 3,99 EUR. Kann das Fischgeschäft diesen Preis halten, nachdem der Lieferant sein Angebot wie folgt verändert hat? Bei Abnahme von 100 Packungen, Einkaufspreis 3,60 EUR das Stück, bei 27 % Liefererrabatt und 3 % Liefererskonto 16,27 EUR Bezugskosten? Hinweis: Das Fischgeschäft kalkuliert mit einem Kalkulationszuschlag von 60 %, der nicht verändert werden soll.**

1. Schritt: Kalkulation des Einstandspreises

Einstandspreis		
– Liefererrabatt		
= Zieleinkaufspreis		
– Liefererskonto		
= Bareinkaufspreis		
+ Bezugskosten		
= Einstandspreis		

2. Schritt: Bruttoverkaufspreis errechnen

+ Kalkulationszuschlag		
= Bruttoverkaufspreis		

Bruttoverkaufspreis je Packung: ______

Antwort: ______

7. **Die Warenhauskette Kaufcenter bietet zum Jahreswechsel eine Kollektion von Sektgläsern der Eigenmarke Milano an. Vom Hersteller liegt ein Angebot vor: Preis je Karton zu 6 Stück 6,00 EUR, mit 20 % Liefererrabatt, 1 % Liefererskonto, Verpackung 1,00 EUR je Karton, Fracht je Versandkiste mit 20 Kartons 12,68 EUR.**

   a) **Angesichts der harten Konkurrenz möchte die Warenhauskette das Glas für 1,99 EUR anbieten. Können die Gläser zu diesem Preis angeboten werden, wenn der Kalkulationszuschlag von 80 % erhalten bleiben soll?**
   b) **Die Geschäftsleitung möchte den Bruttoverkaufspreis auf 1,49 EUR drücken. Welchen Einstandspreis pro Versandkiste muss die Einkaufsabteilung erzielen, wenn der Kalkulationszuschlag von 80 % erhalten bleiben soll?**
   c) **Berechnen Sie den Kalkulationsfaktor für den Bruttoverkaufspreis von 1,99 EUR pro Glas und für den Bruttoverkaufspreis von 1,49 EUR pro Glas. (Hinweis: Berechnen Sie zuerst den Einstandspreis pro Glas und runden Sie auf vier Stellen nach dem Komma.)**

Kalkulationsabschlag – Zuschlagssätze gegeben

Wissen erarbeiten

Situation im Lehrbuch Seite 479

1. **Kalkulieren Sie die gerade noch akzeptablen Einstandspreise der Betten Fuchs GmbH mithilfe eines verkürzten Kalkulationsverfahrens. Der Kalkulationsabschlag verkürzt die Kalkulationsarbeit erheblich. Allerdings setzt er voraus, dass die Betten Fuchs GmbH alle Artikel mit denselben Zuschlagssätzen kalkuliert. Die Lösung erfolgt in fünf Schritten:**

   Schritt1: Sie legen die Zuschlagssätze (HKZ, Gewinnzuschlag, Kundenrabatt usw.) für die zu kalkulierende Warengruppe fest.

   Schritt 2: Sie setzen den Bruttoverkaufspreis eines erdachten Artikels gleich 100,00 EUR.

   Schritt 3: Sie berechnen mithilfe der Rückwärtskalkulation den Bruttoverkaufspreis des erdachten Artikels.

= Einstandspreis		
+ Handlungskostenzuschlag		
= Selbstkosten		
+ Gewinnzuschlag		
= Barverkaufspreis		
+ Kundenskonto		
= Zielverkaufspreis		
+ Kundenrabatt		
= Nettoverkaufspreis		
+ Umsatzsteuer		
= Bruttoverkaufspreis		

Antwort: ____________________

Schritt 4: **Sie ziehen vom Bruttoverkaufspreis den errechneten Einstandspreis ab. Dann erhalten Sie den Kalkulationsabschlag in Prozent. Hinweis: Dies gilt nur bei einem Bruttoverkaufspreis von 100,00 EUR.**

Antwort: ______________________________

Schritt 5: **Mithilfe des Kalkulationsabschlags berechnen Sie nun den Bruttoverkaufspreis der anderen Artikel anhand der Formel aus dem Lehrbuch.**

Einstandspreis = ______________________________

Antischnarch-kissen Einstandspreis = ______________ = ______________

7-Zonen-Latex-Matraze Einstandspreis = ______________ = ______________

Nacken-stützkissen Einstandspreis = ______________ = ______________

Kalkulationsabschlag – Bruttoverkaufspreis und Einstandspreis gegeben

Wissen erarbeiten

Situation im Lehrbuch Seite 483

1. **Anika Müller kennt für das Schuhmodell SX-420 den Einstandspreis und den Bruttoverkaufspreis. Helfen Sie ihr, den Kalkulationsabschlag zu berechnen.**
   Gegebene Größen:
   Einstandspreis SX-420 = 60,00 EUR
   Bruttoverkaufspreis SX-420 = 129,99 EUR

   1. Schritt: Differenz zwischen Bruttoverkaufspreis und Einstandspreis berechnen

   ____

   2. Schritt: Kalkulationsabschlag mithilfe des Dreisatzes berechnen

Bedingungssatz:		≙	

Fragesatz:		≙	x (Kalkulationsabschlag in %)

FAUSTREGEL: *Multiplikation der Werte in der Diagonalen und Division durch den dritten Wert*

Bruchsatz:	Kalkulationszuschlag = ______________________
	Kalkulationsabschlag =
Antwort: ______________________	

Zusatzaufgabe

1. **Vergleichen Sie die Ergebnisse Ihrer Rechnung mit der Berechnung des Kalkulationszuschlags auf Seite 309 f. und notieren Sie sich die Ergebnisse. Kalkulationszuschlag und Kalkulationsabschlag drücken beide die Differenz zwischen Einstandspreis und Bruttoverkaufspreis in Euro aus. Diese beträgt in beiden Rechnungen 69,99 EUR. Wieso sind Kalkulationszuschlag und Kalkulationsabschlag dennoch unterschiedlich hoch?**

Sportschuhmodell SX-420			
Einstandspreis	**Bruttoverkaufspreis**	**Kalkulationszuschlag**	**Kalkulationsabschlag**
60,00 EUR	129,99 EUR		

Antwort:

____

____

____

____

____

____

____

____

____

2. **Sie eröffnen einen Onlineshop für Jeans und haben dabei das Ziel, immer genau 1,00 EUR unter dem Preis des günstigsten Onlinekonkurrenten anzubieten.**

   Ihr Freund und Geschäftspartner Thomas E. hat bereits Erfahrung im Onlinehandel und schlägt Zuschlagssätze für die Kalkulation vor: Handlungskostenzuschlag von 15 %, Gewinnzuschlag von 12 %, Kundenrabatt 10 % und Umsatzsteuer 19 %.

a) Berechnen Sie den Kalkulationsabschlag für Ihr Sortiment.

= Einstandspreis		
+ Handlungskostenzuschlag		
= Selbstkosten		
+ Gewinnzuschlag		
= Barverkaufspreis		
+ Kundenskonto		
= Zielverkaufspreis		
+ Kundenrabatt		
= Nettoverkaufspreis		
+ Umsatzsteuer		
= Bruttoverkaufspreis		

Antwort: ______________________________

b) Bei einer Internetrecherche haben Sie die Preise der Konkurrenz ermittelt. Ihr eigener Bruttoverkaufspreis soll noch einmal 1,00 EUR unter diesen Preisen liegen. Berechnen Sie die Einstandspreise, zu denen Sie die Ware beschaffen sollten.

Marke		Bruttoverkaufspreis der Konkurrenz	Ihr Bruttoverkaufspreis	Einstandspreis
DIESEL		43,99 EUR	42,99 EUR	
G-STAR		45,99 EUR	44,99 EUR	
Levi's		59,90 EUR	58,90 EUR	

Ihr Rechenweg:

DIESEL: Einstandspreis = ____________________

G-STAR: Einstandspreis = ____________________

Levi's: Einstandspreis = ____________________

3. *„Ein Artikel mit einem Kalkulationsabschlag von unter 55 % sollte aus dem Sortiment entfernt werden, da er zu wenig abwirft!"* **Diese Faustregel hat der Controller eines Schmuckfilialisten auf einer Filialleitertagung bekannt gegeben. Überprüfen Sie, ob die Artikel im Sortiment verbleiben können.**

Artikel		Einstandspreis	Bruttoverkaufspreis	Kalkulationsabschlag
Ohrringe	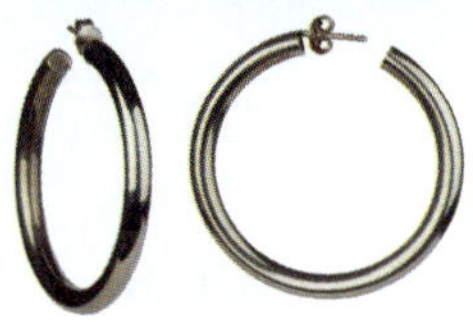	49,47 EUR	89,95 EUR	
Trauringe		279,60 EUR	699,00 EUR	
Edelstahlkette	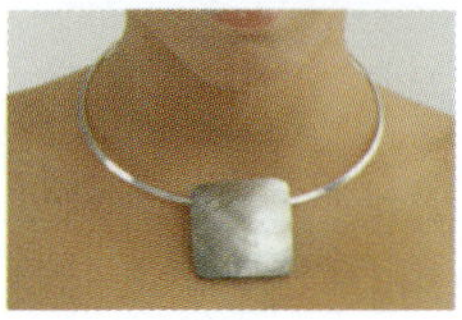	24,60 EUR	82,00 EUR	

Antwort: ____________________

4. **Aus der Preisliste eines Lebensmitteldiscounters entnehmen Sie Einstands- und Bruttoverkaufspreise (S. 318). Welche Artikel werfen am meisten Gewinn ab?**

   a) **Berechnen Sie den Kalkulationszuschlag und vergeben Sie Platzierungen (1. Platz = profitabelster Artikel).**

____

____

____

b) Berechnen Sie die Handelsspanne und prüfen Sie, welcher Artikel am meisten Gewinn abwirft. Vergeben Sie Platzierungen (1. Platz = profitabelster Artikel). Ändern sich die Platzierungen?

Artikel	Einstandspreis	Bruttoverkaufspreis	Kalkulationszuschlag	Platzierung
Äpfel (1 kg)	1,96 EUR	2,49 EUR		
CD Marker	1,00 EUR	1,50 EUR		
Joghurt natur	1,00 EUR	1,41 EUR		
Deo-Roller	0,72 EUR	1,29 EUR		

Artikel	Einstandspreis	Bruttoverkaufspreis	Handelsspanne	Platzierung
Äpfel (1 kg)	1,96 EUR	2,49 EUR		
CD Marker	1,00 EUR	1,50 EUR		
Joghurt natur	1,00 EUR	1,41 EUR		
Deo-Roller	0,72 EUR	1,29 EUR		

c) Ändern sich die Platzierungen? Warum ist das der Fall? ______________________

Zusammenfassende Aufgabe zum Thema verkürzte Kalkulationsverfahren

5. Das Fernsehfachgeschäft Neiler & Abel in Kassel verkauft hochwertige Heimkinoanlagen mit Beamer und Surround-Sound-Systemen an eine anspruchsvolle Kundschaft. Die Kalkulation zeigt einen typischen Artikel aus dem Sortiment.

= Einstandspreis		**927,89 EUR**
+ Handlungskostenzuschlag	**35,0 %**	**324,76 EUR**
= Selbstkosten		**1 252,65 EUR**
+ Gewinnzuschlag	**20,0 %**	**250,53 EUR**
= Barverkaufspreis		**1 503,18 EUR**
+ Kundenskonto	**3,0 %**	**46,49 EUR**
= Zielverkaufspreis		**1 549,67 EUR**
+ Kundenrabatt	**10,0 %**	**172,19 EUR**
= Nettoverkaufspreis		**1 721,85 EUR**
+ Umsatzsteuer	**19,0 %**	**327,15 EUR**
= Bruttoverkaufspreis		**2 049,00 EUR**

a) **Berechnen Sie den Kalkulationszuschlag und den Kalkulationsfaktor (Formel angeben). (Kalkulationsfaktor mit vier Stellen nach dem Komma angeben.)**

b) **Berechnen Sie die Handelsspanne und den Kalkulationsabschlag (Formel angeben).**

c) **Das Gerät des Herstellers „YoYo" soll neu in das Sortiment aufgenommen werden. Der Einstandspreis beträgt 1 300,00 EUR. Berechnen Sie den Bruttoverkaufspreis (Formel angeben).**

6. **Der Geschäftsführer Herr Neiler möchte den Preis der Konkurrenz unterbieten und den Fernseher des Herstellers „YoYo" für 2 499,99 EUR anbieten.**

   a) **Begründen Sie kurz, warum der Kampfpreis von 2 499,99 EUR für das Unternehmen schädlich sein könnte.**
   b) **Nehmen Sie an, die übliche Handelsspanne bei Neiler & Abel liegt bei 55 %.**
   c) **Berechnen Sie den Einstandspreis, den Herr Neiler mit dem Lieferanten aushandeln müsste, damit diese Handelsspanne auch bei dem Kampfpreis von 2 499,99 EUR erhalten bleibt.**

Lernfeld 10

Besondere Verkaufssituationen bewältigen

1 Auf unterschiedliches Kundenverhalten richtig reagieren

Wissen erarbeiten

Kunden zeigen bestimmte Verhaltensweisen (Rollen) in ganz bestimmten Situationen. Die Rolle kann sich jedoch schnell ändern. Darauf sollen Sie sich einstellen.

1. Nennen Sie Verhaltensweisen der Kunden und beschreiben Sie, wie Sie sich darauf einstellen.

a) ____________________

b) ____________________

c) ____________________

d) ____________________

e) ____________________

f) ____________________

g) ____________________

2. Die Tabelle gibt Auskunft über die Gruppenzugehörigkeit von Kunden. Ergänzen Sie diese.

Alter, z. B.	Geschlecht	Herkunft, z. B.	Häufigkeit des Einkaufs, z. B.

3. *„Das kann doch nicht sein!“*, **brüllt der Kunde.** *„Sie haben mir zugesagt, dass der Computer heute da sein wird! Jetzt bin ich total aufgeschmissen! So eine Unverschämtheit, das lass ich nicht mit mir machen!“*

a) Was wäre in dieser Situation eine falsche Reaktion des Verkäufers?

b) Auf welcher Ebene versuchen Sie das Gespräch, nachdem der Kunde sein Pulver verschossen hat, fortzusetzen?

c) Welche Lösungsansätze finden Sie nützlich?

- Kunde fragen, welche Lösung er sich vorstellt ○
- Als Verkäufer den Eindruck erwecken, als wäre er vom Blitz getroffen ○
- Als Verkäufer die Rolle des zu unrecht Beschuldigten einnehmen ○
- Den Kunden mit verständnisvollen Worten um Entschuldigung bitten ○

4. Welche Kundenäußerung lässt vermuten, dass der Kunde sparsam, rechthaberisch, misstrauisch, arrogant ist?

Kundenäußerung:	Der Kunde ist vermutlich:
a) *„Mir brauchen Sie nichts vorzumachen!“*	
b) *„Kann man das Kleid wirklich waschen?“*	
c) *„Wissen Sie, für mich ist das Beste gerade gut genug!“*	
d) *„Ich suche einen ganz einfachen Ordner ohne Extras.“*	

5. Ein älterer Kunde fragt nach einem Rasierapparat eines bestimmten Typs, den es seit Langem nicht mehr gibt. Sie führen im Sortiment ein Modell mit ähnlichen Eigenschaften. Was sagen Sie zu Ihrem Kunden?

6. Verkaufen macht nicht immer nur Spaß, denn es gibt auch schwierige Kunden.

a) Beschreiben Sie eine schwierige Situation, mit der Sie zu tun hatten.

b) Wie würden Sie heute reagieren?

7.

Nicht anbiedern!

Das Institut für Jugendforschung (IJF) in München untersucht seit 25 Jahren systematisch Einstellungen und das Verhalten von Kindern und Jugendlichen. Leiterin und Diplompsychologin Brigitte Melzer-Lena nennt die wichtigsten Punkte beim Umgang des Handels mit jungen Zielgruppen. Das Verkaufspersonal muss

- nicht zwangsläufig jung sein, aber „jung denken“,
- junge Kunden ernst nehmen und wirklich auf sie eingehen,
- kompetent beraten, da viele Kids bereits gut informiert sind,
- Souveränität ausstrahlen, anstatt sich übertrieben anzubiedern,
- Kaufdruck vermeiden, da sich junge Leute als kritische Verbraucher nichts „aufschwatzen“ lassen.

Quelle: Handelsjournal

Erläutern Sie und geben Sie jeweils ein Beispiel:

a) ***„Das Verkaufspersonal muss ‚jung denken‘!“***

b) ***„Das Verkaufspersonal muss Souveränität ausstrahlen.“***

8. Zwei Verkäuferinnen unterhalten sich über die Verhaltensweisen gegenüber Kindern im Geschäft. Welche Aussagen halten Sie für richtig, welche für falsch?

Aussagen:	richtig	falsch
a) *„Bei Kindern muss man sich im Verkaufsgespräch nicht so viel Mühe geben, die verstehen ja doch nichts."*	○	○
b) *„Zu Kindern sollte man besonders nett und freundlich sein."*	○	○
c) *„Kinder dürfen nicht vorlaut sein und mein Verkaufsgespräch unterbrechen."*	○	○
d) *„Kinder dürfen sich alles erlauben."*	○	○
e) *„Wenn ein Kind mit einem Eis oder einer Butterbrezel in der Hand zu uns ins Geschäft kommt, sage ich: ‚Pass auf, dass der Teppich nicht schmutzig wird'."*	○	○

Wissen trainieren

9. Weshalb soll man versuchen, beim Verkauf von erklärungsbedürftigen Produkten an Ausländer möglichst „das Produkt sprechen zu lassen"?

10. *„Welcher Typ mein Kunde ist, das sagt mir meine langjährige Erfahrung auf den ersten Blick!"* Was halten Sie von dieser Meinung eines Kollegen?

11. a) Woran erkennen Sie, dass Ihr Kunde sachverständig ist?
b) Wie reagieren Sie darauf?

12. *„Mit arroganten Typen lässt sich Umsatz machen!"* Wie erklärt sich dies?

13. Was können Sie tun, damit sich Senioren wohlfühlen?

14. Wie reagieren Sie, wenn eine Mutter, begleitet von ihrem fünfjährigen Kind, bei Ihnen ein festliches Kleid einkaufen möchte und das Kind dabei stört?

a) Sie empfehlen der Mutter, alleine wiederzukommen.
b) Sie sagen der Mutter, dass ihr Kind sich jetzt schon in den Flegeljahren befindet.
c) Sie spielen mit dem Kind, damit die Mutter sich dann in Ruhe etwas aussuchen kann.
d) Sie versuchen das Kind abzulenken, indem Sie ihm Spielzeug geben, mit dem es sich beschäftigen kann.

15. *„Kleine Geschenke erhalten die Freundschaft."* Überlegen Sie, welche kleinen Geschenke in Ihrem Geschäft sinnvoll wären.

16. Konsumententypen und ihr Konsumverhalten

Konsumententypen	
1. Freizeitorientierte Kunden	5. Bequemlichkeitsorientierte Kunden
2. Erlebnisorientierte Kunden	6. Genuss- und luxusorientierte Kunden
3. Gesundheitsbewusste Kunden	7. Ältere, aktive Kunden
4. Fitness- und wellnessorientierte Kunden	8. Umweltorientierte Kunden
	9. Die Zwei-Klassen-Gesellschaft und ihre Kunden

a) Erklären Sie die Begriffe
(1) Konsumententypen,
(2) Konsumverhalten.

b) Welche Merkmale prägen die individuellen Wünsche der Kunden?

c) Beschreiben Sie mündlich nach eigener Wahl das Konsumverhalten verschiedener Konsumententypen (Partner-, Gruppenarbeit bzw. vor der Klasse).

Wissen anwenden

17. Rollenspiel

Situation: Eine namentlich bekannte Kundin hat sich dekorative Fingerringe zeigen und ausführlich erklären lassen. Das besondere Interesse gilt zwei gut passenden Ringen. Obwohl alle wichtigen Argumente genannt wurden, kann sich die Kundin noch nicht entschließen.

Rolle Verkäuferin:	Rolle Kundin:
◆ Sie sind überzeugt, dass beide Ringe passen und dekorativ wirken. ◆ Neue Argumente fallen Ihnen nicht ein. ◆ Sie suchen nach Möglichkeiten, die Kaufentscheidung zu beeinflussen, und bieten diese an.	◆ Sie zeigen großes Interesse am Kauf. ◆ Mimik, Gestik und Worte machen deutlich, dass Sie sich noch nicht für einen bestimmten Ring entscheiden können.

Beobachtungsmerkmale

- Bestärkt die Verkäuferin die Kundin in der Vorentscheidung für beide Ringe?
- Bietet die Verkäuferin Entscheidungshilfen an?
- Haben die gegebenen Entscheidungshilfen Aussicht auf Erfolg?

2 Konflikte im Verkaufsgespräch rechtzeitig erkennen und richtig reagieren

Wissen erarbeiten

1. Im Sportfachgeschäft ergibt sich die Streitfrage, ob bei schweißtreibenden Aktivitäten die Sportwäsche aus der Naturfaser Baumwolle oder aus speziellen Chemiefasern besser ist. Hier die entsprechenden Aussagen:

Kunde: *„Für sportliche und schweißtreibende Aktivitäten ist immer noch Sportwäsche aus reiner Baumwolle das Beste. Wenn Sie das nicht wissen, haben Sie als Verkäufer keine Ahnung."*
Verkäufer: *„Völliger Quatsch, was Sie behaupten, Fachleute wie ich sind ganz anderer Meinung!"*

a) Worin besteht im obigen Beispiel der Konflikt

(1) auf der sachlichen Ebene? ______

(2) auf der emotionalen Ebene? ______

b) Wie wirken sich Konflikte zwischen Kunden und Verkäufer

(1) auf die Gesprächsatmosphäre aus? ______

(2) auf den beabsichtigten Kaufabschluss aus? ______

c) Wer hat den Konflikt Ihrer Meinung nach ausgelöst? ______

d) Wie beurteilen Sie die Aussagen des Verkäufers? ____________________

____

2. Ursache von Konflikten im Verkaufsgespräch sind allgemein Differenzen zwischen Kunde und Verkäufer. Zählen Sie sechs Gesichtspunkte auf, die zu solchen Differenzen führen können, z. B. unterschiedliche Meinungen.

____

____

____

3. Was glauben Sie: Welche Art von Konflikten verletzen Kunden und Verkäufer am stärksten?

____

____

4. a) Sie haben mehrere Strategien kennengelernt, um Konflikten auszuweichen bzw. diese zu bewältigen. Nennen Sie fünf Strategien/Wege, von denen Sie glauben, dass diese für Sie im Berufsalltag gut anwendbar sind.

(1) ____________________

(2) ____________________

(3) ____________________

(4) ____________________

(5) ____________________

b) Erläutern Sie mündlich in Parnter-/Gruppenarbeit die jeweilige Strategie und geben Sie ein Beispiel.

5. Wie sind Sprechweisen und Körpersprache eines Verkäufers,

a) der einen Konflikt austrägt,
b) der einen Konflikt erfolgreich bewältigt?

Merkmal	Konflikt wird ausgetragen.	Konflikt wird bewältigt.
Sprechweise		
Körpersprache		

Wissen trainieren

6. **Nennen Sie Konfliktursachen im Verkauf.**

7. **Mit welchen Konflikten bzw. drohenden Konflikten im Umgang mit Kunden haben Sie verstärkt zu tun?**

8. **Man sagt: Konflikte auf der emotionalen Ebene sind weit gefährlicher als auf der Sachebene. Begründen Sie dies.**

9. **Geben Sie fünf Beispiele für Wege/Strategien, wie Sie im Verkauf drohenden oder echten Konflikten mit Kunden ausweichen bzw. diese bewältigen.**

Wissen anwenden

10. Es gibt für das Verkaufsgespräch eine Reihe von konfliktbewältigenden Strategien. Hier zwei Beispiele:

(1) Beziehen Sie keine Machtpositionen, die Kunden bloßstellen.
(2) Lenken Sie Ihr Gespräch weg von der gefährlichen, meist verletzenden emotionalen Ebene auf die weniger verletzende sachliche Ebene.

Formulieren Sie zu den Situationen je eine konfliktbewältigende wörtliche Rede.

Situation		Konfliktbewältigende wörtliche Rede
Verkäufer:	*„Ich als Verkäufer bin der Fachmann, Sie haben doch keine Ahnung!"*	______ ______ ______
Kunde:	*„Sie wollen nicht verstehen, dass ich mir von Ihnen keinen teuren Computer aufschwatzen lasse!"*	______ ______ ______

3 Erfolgreich verkaufen bei Hochbetrieb

Wissen erarbeiten

1. **Wann herrscht in Ihrem Geschäft Hochbetrieb?**

2. **Wie bereiten Sie sich auf den Kundenandrang vor?**

3. **Welche Maßnahmen ergreift Ihr Geschäft, um den Kundenansturm zu bewältigen?**

4. **Unser Verhalten während des Hochbetriebs hemmt oder fördert die Kauflust.**

Welches Verhalten ist verkaufshemmend?	Welches Verhalten fördert die Kauflust?

5. Welche Auswirkungen könnte es haben, wenn Kunden längere Zeit auf ihre Bedienung und Beratung warten müssen?

---

6. Welche Möglichkeiten kennen Sie, ein Verkaufsgespräch zu beschleunigen, ohne dass die Qualität darunter leidet?

---

7. Während eines Beratungsgesprächs ergeben sich häufig Gelegenheiten, sich eines weiteren Kunden anzunehmen, um den Kundenandrang abzubauen. Nennen Sie solche Gelegenheiten.

Wissen trainieren

8. Kreuzen Sie das richtige Verkäuferverhalten an. Sie bedienen gerade einen Kunden, als ein zweiter hinzukommt.

a) Ich bediene den ersten Kunden zu Ende. Der zweite muss warten. ○
b) Ich bediene sofort den zweiten Kunden. ○
c) Ich sage: *„Bitte warten Sie einen Augenblick. Ich komme gleich."* ○
d) Ich gebe dem zweiten Kunden zu erkennen, dass ich ihn bemerkt habe, und bediene meinen ersten Kunden weiter. ○
e) Ich sage zum zweiten Kunden: *„Ich habe jetzt keine Zeit für Sie, bitte kommen Sie später wieder."* ○

9. Auf welche Weise können Sie weiteren Kunden die Wartezeit verkürzen?

10. Worauf führen Sie es zurück, dass trotz großer Anstrengungen der Geschäfte und des Verkaufspersonals immer wieder Kundenandrang entsteht?

11. Sie bedienen gerade einen Kunden, als ein zweiter hinzukommt und Sie fragt: *„Wo finde ich Gartenschläuche?"*

a) Wie reagieren Sie?
b) Begründen Sie Ihr Verhalten.

12. Herr Kühn bedient seit längerer Zeit einen Kunden, der sich nicht entscheiden kann. Zwei weitere Kunden warten bereits ungeduldig. Herr Kühn sagt zum ersten Kunden: *„Sie müssen mir schon sagen, ob Sie den Artikel nehmen. Dort drüben warten nämlich noch zwei Kunden, die auch bedient werden wollen."*

a) Beurteilen Sie das Verhalten von Herrn Kühn.
b) Wie wären Sie vorgegangen?

13. Während eines Verkaufsgesprächs gibt es immer wieder Gelegenheiten, die es erlauben, wartende Kunden zu berücksichtigen. Zählen Sie solche Gelegenheiten auf.

14. Welche Gründe sprechen

a) dafür bzw.
b) dagegen,
mehrere Kunden gleichzeitig zu bedienen?

Wissen anwenden

15. Bilden Sie drei (sechs) Arbeitsgruppen und ermitteln Sie in einem
- **Supermarkt,**
- **Textilfachgeschäft,**
- **Baumarkt**

a) Tageszeiten, Wochentage, Monate, in denen starker Kundenandrang (Hochbetrieb) herrscht.
b) Stellen Sie fest, welche externen (außerbetrieblichen) und internen (innerbetrieblichen) Ursachen für diese Situationen maßgeblich sind.
c) Beschreiben Sie, wie sich starker Kundenandrang auf Kunden und Personal auswirkt.
d) Entwickeln Sie Lösungsstrategien (Möglichkeiten) für die Geschäfte und das Personal, die helfen, solche Situationen zu meistern.
e) Präsentieren Sie Ihre Ergebnisse der Klasse.

4 Kunden bringen Begleitpersonen mit

Wissen erarbeiten

1. 

Bringen Kunden Begleitpersonen zum Einkaufen mit, hängt der Verkaufserfolg davon ab, ob es gelingt, die Rolle der Begleitperson zu erkennen und richtig darauf zu reagieren. Beschreiben Sie, woran man Begleitpersonen erkennt:

a) aktive ______________________________

____

____

____

b) passive ______________________________

____

____

____

c) fachkundige ______________________________

____

____

____

d) einflussreiche ______________________________

____

____

____

2. **Wie können Sie das Wissen und den Einfluss einer Begleitperson auf den Kunden im Verkaufsgespräch nutzen?**

____

____

____

3. **Welche Vorteile können sich ergeben, wenn ein Kunde einen erfahrenen Fachmann mitbringt?**

____

____

Wissen trainieren

4. Wie reagieren Sie in diesen Situationen?

   a) Ein Kunde drängt sich rücksichtslos vor.

   ____

   ____

   b) Sie wissen nicht mehr, wer als Nächster an der Reihe ist.

   ____

   ____

   c) Unter den wartenden Kunden befindet sich eine Dame im Rollstuhl.

   ____

   ____

5. Welche Vorgehensweise halten Sie in den Situationen für richtig?

   a) Eine einflussreiche Begleitperson rät vom Kauf eines vorgelegten Artikels ab.

   (1) Ich sage: *„Bitte halten Sie sich da raus."* ○

   (2) Ich frage die Kundin: *„Was meinen Sie?"* ○

   (3) Ich frage die Begleitperson: *„Welche Vorstellungen haben Sie?"* ○

   b) Ein fachkundiger Begleiter stellt Ihnen eine Frage, die Sie nicht beantworten können. Ich sage:

   (1) *„Darauf kommt es doch nicht an."* ○

   (2) *„Diese Frage kann ich Ihnen leider nicht beantworten."* ○

   (3) *„Bitte gedulden Sie sich einen Augenblick. Ich hole unseren Herrn Müller, der ist Fachmann auf diesem Gebiet. Er wird Ihnen weitere Einzelheiten erläutern."* ○

   c) Kunde und Begleitperson sind unterschiedlicher Meinung. Der Verkaufserfolg scheint gefährdet.

   (1) Ich unterstütze den Kunden, der schließlich die Ware bezahlen muss. ○

   (2) Ich gebe dem Kunden Gelegenheit, sich auszusprechen. ○

   (3) Ich versuche, durch Alternativangebote den Interessen beider gerecht zu werden. ○

Wissen anwenden

6. Ein Ehepaar betritt Ihr Geschäft. Die Ehefrau stürzt sich begeistert auf Ihre Auslagen. Der Ehemann sieht sich gelangweilt um. Wie verhalten Sie sich? Begründen Sie Ihre Vorgehensweise.

7. Manchmal kommt es während eines Verkaufsgesprächs vor, dass Kunden und Begleiter miteinander flüstern oder dass der eine den anderen beiseitezieht.
a) Was signalisiert dies?
b) Was tun Sie in diesem Fall?

8. Was unternehmen Sie, wenn dem Kunden ein Artikel gefällt, der Begleiter aber vom Kauf des Artikels abrät?

9. Ein Kollege gibt Ihnen einen Rat:
„Wenn sich Kunde und Begleiter streiten, gebe ich demjenigen recht, der die besten Argumente hat."
Wie ist Ihre Auffassung?

10. Auch Eltern möchten einmal ungestört einkaufen. Auf welche Weise können Sie dies erreichen, wenn Kinder zum Einkauf mitgebracht werden?

11. Beim Kauf für Begleitpersonen, insbesondere für Kinder und Jugendliche, ergeben sich häufig Meinungsverschiedenheiten über den zu kaufenden Artikel. Welche Möglichkeiten kennen Sie, um solche Situationen zu bereinigen und doch noch eine Kaufentscheidung herbeizuführen?

12. Beurteilen Sie die Aussage: *„Wenn für eine Begleitperson eingekauft wird, vertrete ich immer die Meinung des Kunden, der bezahlt. Schließlich muss der ja wissen, wofür er sein Geld ausgibt!"*

13. Situation: Zur Ausstattung eines gemeinsamen Haushalts benötigt ein junges Paar noch allerlei langlebige Gebrauchsgüter. Vom Verkäufer eines Haushaltswarengeschäfts lassen sie sich gerade über ein Service beraten.

Rolle Verkäufer:	Rolle Kundin:	Rolle Kunde:
	Sie wollen ein Speiseservice kaufen.	
Sie führen ein Beratungsgespräch über ein Speiseservice, das sich in der engeren Wahl befindet.	Als Kundin legen Sie Wert auf ein aktuelles, spülmaschinenfestes Dekor.	Sie wollen ein robustes, vom Dekor her zeitloses Service zu einem günstigen Preis.

Beobachtungsmerkmale
- Wurden die unterschiedlichen Rollen der Kunden richtig erkannt?
- Wie wurden die Kunden aktiviert?
- Mit welchen Argumenten gelang es, zwischen den Kunden zu vermitteln?
- Wodurch wurde der Verkaufsabschluss ermöglicht?

5 Verkaufen kurz vor Ladenschluss

Wissen erarbeiten

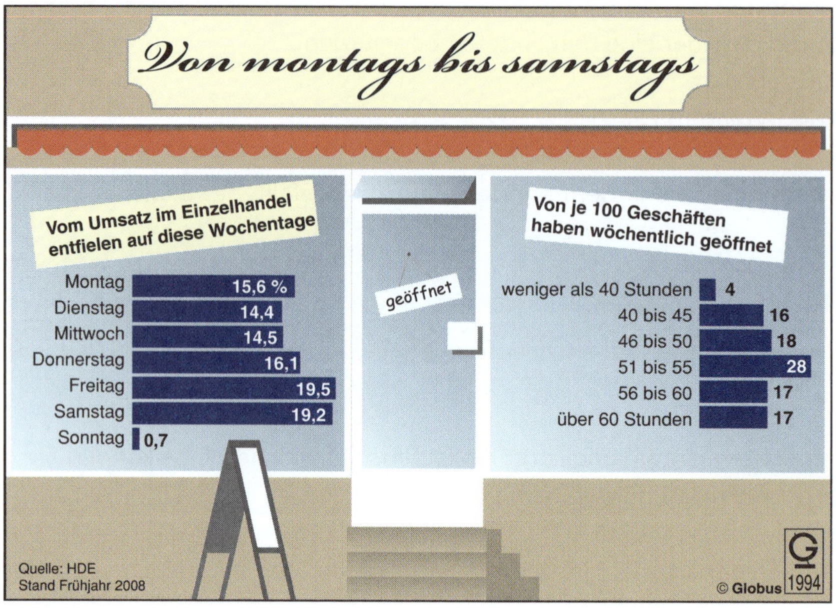

1. Was veranlasst Kunden, noch kurz vor Ladenschluss einzukaufen?

2.

Wie verhalten Sie sich richtig bei …	Beispiele
Kunden, die gelegentlich zu spät kommen?	
Kunden, die ständig zu spät kommen?	
Kunden, die sich bei Ladenschluss noch im Geschäft befinden?	

3. **Welche Vorteile und Nachteile können sich aus unterschiedlichen Öffnungszeiten für Kunden und Geschäfte ergeben?**

Vorteile	Kunden	Nachteile

Vorteile	Geschäft	Nachteile

4. **Welche Einkaufserleichterungen bietet Ihr Geschäft berufstätigen Kunden an?**

5. **Wie können Sie einem Kunden zeigen, dass er trotz des bevorstehenden Ladenschlusses willkommen ist?**

6. **Warum sollte ein Verkaufsgespräch bei Ladenschluss nicht einfach abgebrochen werden?**

Wissen trainieren

7. **Beurteilen Sie die Verhaltensweisen. Wie hätten Sie in diesen Situationen reagiert?**
   a) **Ein Kunde, der bereits seit längerer Zeit beraten wird, kann sich zur Ladenschlusszeit noch nicht entscheiden.**
   Verkäufer: *„Sie müssen mir schon sagen, ob Sie noch was kaufen. Wir schließen nämlich gleich."*
   „Wir schließen jetzt. Kommen Sie doch morgen früh wieder. Da habe ich mehr Zeit für Sie."

   b) **Eine Kundin betritt kurz vor Ladenschluss Ihr Geschäft.**
   Kundin: *„Ich hätte gerne noch zwei Flaschen Rotwein und etwas Salzgebäck. Es hat sich unerwartet Besuch angekündigt."*
   Verkäufer: *„Bitte machen Sie schnell, wir schließen gleich."*

8. **Nehmen Sie Stellung zu der Aussage eines Verkäufers:** *„Kunden, die kurz vor Ladenschluss kommen, stehen häufig unter Zeitdruck. Diese Gelegenheit nutze ich, um weniger gängige Artikel loszuwerden."*

9. **Beurteilen Sie die Aussagen einiger Kollegen:**
   a) *„Wenn ich sehe, dass kurz vor Ladenschluss noch ein Kunde kommt, beginne ich mit Aufräumarbeiten und tue so, als hätte ich ihn nicht gesehen."*
   b) *„Spätkunden fertige ich so schnell wie möglich ab. Ich lasse mir doch meinen Feierabend nicht verderben."*
   c) *„Kommt ein Kunde noch kurz vor Ladenschluss, sage ich zu ihm: ‚Tut mir leid, wir machen jetzt gleich zu. Kommen Sie doch morgen wieder.'"*

6 Kunden kaufen gerne Geschenke

Wissen erarbeiten

1.

Kunden, die Geschenke kaufen, wollen anderen eine Freude bereiten. Wie können Sie als Verkäufer oder Verkäuferin ihnen helfen, das passende Geschenk zu finden?

Situationen	Wie Sie sich richtig verhalten:
Der Kunde möchte ein bestimmtes Geschenk. 	

Situationen	Wie Sie sich richtig verhalten:
Der Kunde weiß nicht, was er schenken soll. 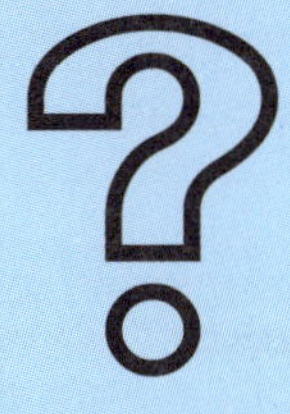	
Der Kunde kann sich nicht entscheiden. 	

2. *„Geschenkkäufe bieten Verkaufschancen."* **Beschreiben Sie, worin diese Verkaufschancen bestehen und wie diese genutzt werden können.**

3.

Prima Lösung

Ich ging in eine Buchhandlung, um ein Geburtstagsgeschenk für eine Kollegin zu kaufen. Da ich wusste, dass sie einen Neuseeland-Urlaub plant, fand ich Literatur darüber passend. Ich hatte ein Preislimit und bat eine Verkäuferin um ihre Hilfe. Sie war sehr freundlich und zeigte mir einige Bücher. So richtig zufrieden war ich aber nicht damit, weil ich nicht so genau wusste, was die Kollegin gebrauchen könnte. Die Verkäuferin bemerkte meine Unentschlossenheit und machte sich nun sehr viel Mühe, den Reiseverlauf zu erforschen. Aber den konnte ich ihr nicht sagen. Sie stellte mir daraufhin einiges zusammen und meinte: „Hier habe ich ein Buch zwischen Bildband und Reiseführer, eine Landkarte und ein Buch mit Kurzinformationen für den Urlauber. Damit machen Sie bestimmt nichts falsch. Ansonsten können Sie es selbstverständlich umtauschen." Ich kaufte das von der Verkäuferin Zusammengestellte und freute mich, dass sie so eine prima Lösung gefunden hatte.

a) Was ist ein Preislimit?

b) Weshalb ist die Kundin nicht zufrieden?

c) **Wie reagiert die Verkäuferin auf die Unentschlossenheit der Kundin?**

d) **Beurteilen Sie die Aussage: *„Damit machen Sie bestimmt nichts falsch."***

e) **Wie reagiert die Kundin auf den Vorschlag der Verkäuferin?**

f) **Welche Anforderungen sollte ein individuelles Geschenk erfüllen? Aus der Sicht des**

Schenkers:

Beschenkten:

4. **Tragen Sie in die Übersicht Artikel Ihres Sortiments ein, die sich als Geschenk eignen und suchen Sie dazu nützliche und hübsche Ergänzungen.**

Artikel	Ergänzungen

5. **Warum bieten Geschenkkäufe zahlreiche Verkaufschancen?**

6. Welche Vorteile für das Geschäft und den Kunden bietet ein Geschenkgutschein?

Vorteile für den Kunden	Vorteile für das Geschäft

7. Schildern Sie, worauf Sie beim Verpacken von Geschenken achten sollten.

Wissen trainieren

8. Nehmen Sie Stellung zu den Aussagen:

a) *„Ich mache keinem Kunden Geschenkvorschläge, weil jeder selbst wissen muss, was er will!"*

b) *„Ich zeige den Kunden immer das Beste und Teuerste. Geschenke müssen doch einen gewissen Wert haben, sonst weiß der Beschenkte gar nicht, dass man ihn schätzt!"*

c) *„In meiner Abteilung gibt es keine Geschenke!"*

9. Welches Vorgehen halten Sie für besser (bitte mit Begründung)?

a) *„Wenn ein Kunde nicht weiß, was er schenken soll, frage ich ihn so lange aus, bis ich mir ein genaues Bild über den Geschenkempfänger machen kann."*

b) *„Ich unterbreite konkrete Geschenkvorschläge. Der Kunde gibt dann meist rasch zu erkennen, ob diese passend sind, und hilft mir mit entsprechenden Hinweisen weiter."*

10. Eine Kundin sucht etwas Ausgefallenes: *„Mein Mann ist ein ausgezeichneter Weinkenner. Zu seinem Geburtstag möchte ich ihm eine besondere Freude bereiten. Was können Sie mir empfehlen?"* Welche Antwort würden Sie der Kundin geben, wenn Sie der Weinverkäufer wären?

11. Wie reagieren Sie, wenn ein Kunde zu Ihnen sagt: *„Ich suche ein Geschenk für meine Frau!"*

12. Eine Kundin gibt Ihnen folgende Hinweise: *„Ich suche ein Geschenk für meine achtjährige Nichte. Sie hat übermorgen Namenstag."* Wie gehen Sie vor?

Wissen anwenden

13. Eine ältere Dame sieht sich in einem Spielwarengeschäft seit einiger Zeit bei elektrischen Eisenbahnen um. Eine Verkäuferin geht auf die Kundin zu.

Verkäuferin:	*„Guten Tag, kann ich Ihnen helfen?“*
Kundin:	*„Ich suche ein Geburtstagsgeschenk für meinen Enkel.“*
Verkäuferin:	*„Haben Sie an etwas Bestimmtes gedacht?“*
Kundin:	*„Ich weiß noch nicht so recht. Er hat schon so viel.“*
Verkäuferin:	*„Da ist es natürlich schwierig, etwas zu finden, worüber das Kind sich freut. Wie wäre es mit einem Puzzle?“*

a) Formulieren Sie eine warenbezogene Kontaktaufnahme zur oben geschilderten Situation.
b) Begründen Sie, warum die Vorgehensweise der Verkäuferin bei der Bedarfsermittlung ungeschickt ist.
c) Formulieren Sie zwei Fragen der Verkäuferin, die Sie bei einer geschickt durchgeführten direkten Bedarfsermittlung stellen können.

14. Rollenspiel
Situation: Ein junger Mann betritt ein Parfümeriegeschäft und schaut sich Hilfe suchend um. Nach der Begrüßung und Bedarfsermittlung stellt sich heraus, dass der Kunde ein Geschenk für seine gleichaltrige Freundin sucht.

Rolle Verkäuferin:	Rolle Kunde:
Versuchen Sie durch gezielte Geschenkvorschläge, dem Kunden weitere Informationen zu entlocken. Nutzen Sie die sich ergebenden Verkaufschancen.	Mehrere der vorgelegten Artikel finden Ihr Interesse. Sie können sich aber nicht so recht entscheiden. Mit leeren Händen wollen Sie das Geschäft aber auch nicht verlassen.

Beobachtungsmerkmale
- Wie gelang es der Verkäuferin, dem Kunden zusätzliche Informationen zu entlocken?
- Welche Entscheidungshilfen wurden dem Kunden gegeben?
- Welche Abschlusstechnik hat die Verkäuferin angewandt?
- Wurde die Ware richtig als Geschenk verpackt?

7 Reklamationen richtig behandeln

Wissen erarbeiten

1. 

Diese Aufgabe verschafft Ihnen einen Überblick über wichtige Gesichtspunkte zum Thema:

„Reklamationen richtig behandeln".

Erläutern Sie den Begriff Reklamation: ______________________________

____

Welche Reklamationsgründe kommen in einem großen Geschäft häufig vor?	Nennen Sie fünf Schritte, um eine Reklamation, zu erledigen (Reihenfolge beachten):	Was will eine erfolgreiche Behandlung einer Reklamation erreichen für (1) den Kunden, (2) das Geschäft?
______	1. ______	Erwartungen des Kunden:
______	______	______
______	2. ______	______
______	______	______
______	3. ______	______
______	______	Erwartungen des Geschäfts:
______	4. ______	______
______	______	______
______	5. ______	______
	______	______

2. Erläutern Sie den Begriff Kulanz. ______________________________

____

____

3.

Durch welche verkäuferischen Maßnahmen lassen sich Reklamationen weitgehend vermeiden?

4. **Weshalb ist es für viele Verkäufer unerfreulich, Reklamationen zu bearbeiten?**

5. **Eine Kundin stürmt aufgeregt in die Drogerieabteilung, hält eine Cremedose in der Hand und faucht die in unmittelbarer Nähe stehende Verkäuferin an: *„Da, riechen Sie mal, erst gestern gekauft und schon ranzig!“* Die Verkäuferin nimmt die Creme entgegen und fragt: *„Was haben Sie denn mit der gemacht, etwa ein Sonnenbad verordnet?“* Obwohl die Kundin nach einem kurzen und heftigen Wortwechsel eine fehlerfreie Cremedose erhält, verlässt sie unzufrieden und verärgert das Geschäft.**

a) **Weshalb ist die Kundin unzufrieden und verärgert, obwohl sie eine einwandfreie Creme erhält?**

b) **Nennen Sie drei kurze Sätze, die geeignet sind, aufgebrachte Kunden zu beruhigen, und die erkennen lassen, dass Sie oder Ihr Kollege den Fehler beheben wollen.**

c) **Welche weiteren allgemeinen Verhaltensweisen eines Verkäufers sind bei der Behandlung von Reklamationen sinnvoll?**

d) **Welche Rechte/Hilfen bietet bei Reklamationen das Bürgerliche Gesetzbuch (BGB) dem Kunden?**

e) Durch welches Recht kommen Sie reklamierenden Kunden

(1) am weitesten entgegen? ______________________

(2) wenig entgegen? ______________________

f) Welches Recht ist in folgenden Fällen (meist) günstig?

(1) Der neue Farbfernseher liefert kein Farbbild: ______________________

(2) Der neue Gymnastikdress ist leicht angeschmutzt: ______________________

(3) Der Fischgenuss führte zur Lebensmittelvergiftung, ein Arztbesuch wurde notwendig:

____

(4) Der bestellte Kinderwagen wurde mit drei Rädern geliefert: ______________________

(5) Ein gleichartiges Modell ist nicht mehr am Lager: ______________________

g) Weshalb ist es notwendig, bei Reklamationen eine situationsgerechte und individuelle Lösung für den Kunden zu finden?

Wissen trainieren

6. a) Weshalb haben Verkäufer zu Reklamationen meist eine negative Einstellung?
   b) Aussage 1: *„Aha, Sie wollen sich also beschweren!"*
   Aussage 2: *„Sie haben offenbar ein Problem!"*
   Wie beurteilen Sie die beiden Äußerungen eines Verkäufers in ihrer Wirkung auf den Kunden, der mit einer Reklamation zu ihm kommt?
   c) Welche positive Seite kann einer Reklamation abgewonnen werden?

7. Ein aufgebrachter Kunde wirft gekaufte Slips auf den Ladentisch und verkündet lautstark: *„Da, sehen Sie mal, tausend Fehler. Ich möchte anständige Ware für mein Geld!"* Was sagen Sie dem beschwerdeführenden Kunden, wenn

   a) für die Bearbeitung der Reklamation der Abteilungsleiter zuständig ist,
   b) Sie den Fall zu bearbeiten hätten?

8. Reklamierenden Kunden bietet der Verkäufer seine Hilfe an. Der Kunde kann zwischen Umtausch (Ersatz), Preisnachlass, Gutschein oder „Geld zurück" wählen.

   a) Welche Hilfe würden Sie vorschlagen, wenn
      - der Kunde die fehlerhafte Ware behalten will, weil der Fehler unerheblich ist,
      - der Kunde so verärgert ist, dass nur noch die großzügigste Lösung anzubieten ist,
      - der fehlerhafte Artikel gegen einen einwandfreien ausgewechselt werden kann?

   b) Welchen Vorteil bieten Gutscheine statt Bargeld dem Geschäft?

9. Unterscheiden Sie Umtausch und Reklamation.

Wissen anwenden

10. Rollenspiel
Situation: Ein Kunde ist sehr darüber verärgert, dass ein vor acht Tagen gekaufter Haartrockner nicht läuft. Sie bearbeiten diese Reklamation.

Rolle Verkäuferin:	Rolle Kunde:
Handeln Sie situationsgerecht und helfen Sie dem Kunden entsprechend seiner Wünsche weiter.	◆ Sie bringen verärgert den fehlerhaften Haarföhn zurück. ◆ Sie brauchen einen neuen Föhn und sind misstrauisch, ob der neue fehlerfrei ist.

Beobachtungsmerkmale
- Zeigt der Verkäufer Verständnis?
- Wird die Fehlerquelle festgestellt?
- Erfolgt Entschuldigung?
- Ist die angebotene Hilfe situations- und kundengerecht?

8 Umtausch aus Kulanz und als Service für den Kunden

Wissen erarbeiten

1.

Mit unterschiedlichen Begründungen versuchen Kunden, einen abgeschlossenen Kaufvertrag rückgängig zu machen.

Beispiel:
Frau Meyer hat vor fünf Tagen eine Jacke gekauft, die ihr nicht mehr gefällt. Kann sie die Jacke gegen eine andere umtauschen, hat sie Anspruch auf Rückgabe des Kaufpreises?

Greifen Sie, um die Aufgaben sachkundig und situationsgerecht entscheiden zu können, auf die Rechtsinformationen der Industrie- und Handelskammern (recht@schwaben.ihk.de) zurück.

„In dem Bestreben, dauerhafte und zufriedene Kunden zu gewinnen, räumen Einzelhändler ihren Kunden vielfach – trotz Lieferung absolut einwandfreier Ware – die Sonderrechte der Warenrückgabe und des Umtausches ein. Hierbei handelt es sich also nicht um ein gesetzliches Rückgabe- bzw. Umtauschrecht. **Der Käufer kann somit die gekaufte Ware nicht ohne Weiteres zurückgeben, wenn ihm der gekaufte Gegenstand nachträglich nicht mehr gefällt oder er den Preis plötzlich für zu hoch ansieht. Voraussetzung für die Rückgabe bzw. den Umtausch ist immer eine Vereinbarung zwischen Verkäufer und Käufer.**“

Gebräuchliche Klauseln sind z. B.:	Umtauschfrist und Beschaffenheit der Ware
◆ Kauf ohne Risiko – 14 Tage Umtausch- und Rückgaberecht ◆ Bei Nichtgefallen Geld zurück ◆ Umtausch innerhalb von acht Tagen gegen Vorlage des Kassenbons ◆ Reduzierte Ware ist vom Umtausch ausgeschlossen. ◆ Badebekleidung ist vom Umtausch ausgeschlossen.	◆ **Umtauschfrist:** Diese kann bei von vornherein vereinbartem Umtausch nur innerhalb der vertraglich vereinbarten Frist oder, falls eine solche nicht vereinbart ist, innerhalb angemessener Frist ausgeübt werden. ◆ **Beschaffenheit:** Der Kunde muss die Ware in einem Zustand zurückgeben, der ihren Wiederverkauf nicht beeinträchtigt. Textilien müssen z. B. ungebraucht sein.

Vielen Verbrauchern ist allerdings nicht klar, dass ein Anspruch auf Rückgewähr des Kaufpreises nur bei Einräumung eines Rückgaberechts, nicht dagegen beim Umtausch besteht. Der Hauptanspruch beim Umtausch ist die frei wählbare Ersatzware.

a) **Kann Frau Meyer die Jacke umtauschen?** ______________________

____

b) **Hat Frau Meyer Anspruch auf Rückgabe des Kaufpreises?** ______________________

____

2. a) **Ergänzen Sie die Tabelle:**

Häufige Umtauschgründe:	Typische Umtauschartikel:	Gebräuchliche Umtauschfristen:
◆ ______	______	______
______	______	______
◆ ______	______	______
______	______	______
◆ ______	______	______
______	______	______

b) **Was bedeutet**

(1) **„Umtausch aus Kulanz"?** ______________________

____

(2) **„Umtausch als Service"?** ______________________

____

c) **Welche drei Hilfen bieten große Einzelhandelsgeschäfte Kunden an, wenn das gekaufte Produkt nicht mehr gefällt?**

(1) ______________________________

(2) ______________________________

(3) ______________________________

d) **Welche Hilfe ist dabei**

(1) **für den Kunden die großzügigste?** ______________________________

(2) **für das Geschäft die günstigste?** ______________________________

(3) **für das Geschäft die teuerste?** ______________________________

(4) **von Ihrem Geschäft favorisiert?** ______________________________

e) **Geben Sie ein Beispiel, wie Sie mit stichhaltigen Gründen den Wunsch des Kunden auf Umtausch ablehnen.**

____

____

____

f) **Wie können Sie seinem späteren Wunsch auf Umtausch bereits beim Kauf vorbeugen?**

____

____

____

____

3. **Eine junge Kundin hat gestern kurz vor Ladenschluss einen Bikini gekauft. Obwohl die Verkäuferin die Kundin gebeten hatte, sie möge ihn anprobieren, hat sie den Bikini gleich mitgenommen. Situationen/Fälle:**
   (1) **Die häusliche Anprobe hat gezeigt, dass der Bikini zu groß ist.**
   (2) **Der Bikini hat ein Loch.**
   (3) **Der Bikini passt zwar, gefällt aber ihrem Freund nicht.**

a) **In welchem Fall muss das Geschäft umtauschen? Begründung.**

____

b) **In welchem Fall bitten Sie die Kundin um Verständnis, dass Sie nicht umtauschen können?**

____

c) **Mit welchen Worten (wörtliche Formulierung) würden Sie den Umtauschwunsch der Kundin ablehnen?**

d) **Umtausch aus Kulanz: Unter welchen Bedingungen können Sie der Kundin doch noch entgegenkommen?**

e) **Auf welche Weise wollte die Verkäuferin den Umtausch des Bikinis ausschließen? Was meinen Sie?**

Wissen trainieren

4. **Welche Arbeiten fallen an, wenn ein Kunde Produkte Ihres Geschäfts zurückbringt und umtauschen möchte?**

5. **a) Stellen Sie bei folgenden Situationen fest, ob umgetauscht werden muss, umgetauscht werden kann oder der Artikel vom Umtausch ausgeschlossen ist:**
   - **Der Kunde bringt in ungeöffneter Verpackung Batterien zurück.**
   - **Der geschenkte Freundschaftsring gefällt der Freundin nicht.**
   - **Die Handtasche aus echtem Leder zeigt ein ungleiches Narbenbild.**
   - **Die Erdnüsse sind trotz Vakuum-Verpackung verdorben.**
   - **Das als Meterware abgeschnittene Elektrokabel ist zu kurz.**

   b) Welche Umtauschgründe liegen in den einzelnen Situationen vor?
   c) Welche Situationen sind in Ihrem Geschäft typische Kulanzfälle?
   d) Wie wirkt sich ein Umtausch aus Kulanz auf die weitere Beziehung zwischen Geschäft und Kunden aus?

6. **Zur besseren Bewältigung des Umtauschs können je nach Kunde und Situation einige Verhaltensweisen weiterhelfen.**

   a) Zählen Sie solche möglichst in zeitlich richtiger Reihenfolge auf.
   b) Nennen Sie mindestens drei Formulierungen, mit denen Sie Verständnis gegenüber dem Kunden signalisieren.

7. **Ein Kunde, der eine zu enge Hose gekauft hat, möchte diese wieder umtauschen. Welche konkrete Hilfe können Sie dem Kunden anbieten?**

Wissen anwenden

8. Rollenspiel

Situation: Eine junge Kundin hat sich eine sehr eng anliegende Jeanshose gekauft und versucht, diese einen Tag später gegen eine weiter geschnittene umzutauschen.

Rolle Verkäuferin:	Rolle Kunde:
◆ Sie erkundigen sich nach dem Umtauschgrund und zeigen Verständnis. ◆ Der Mehrpreis für eine weiter geschnittene Hose und ein etwas anderes Modell beträgt 10,00 EUR.	◆ Sie erwarten Entgegenkommen, obwohl Sie wissen, dass keine Umtauschpflicht besteht. ◆ Notfalls akzeptieren Sie einen Mehrpreis für teurere Ware.

Beobachtungsmerkmale

- Hat sich der Verkäufer vom Umtauschgrund überzeugt?
- Zeigt der Verkäufer Verständnis?
- Bietet der Verkäufer den Umtausch so an, dass die Kundin diesen als Entgegenkommen erkennt?

9 Verhalten gegenüber Ladendieben

Wissen erarbeiten

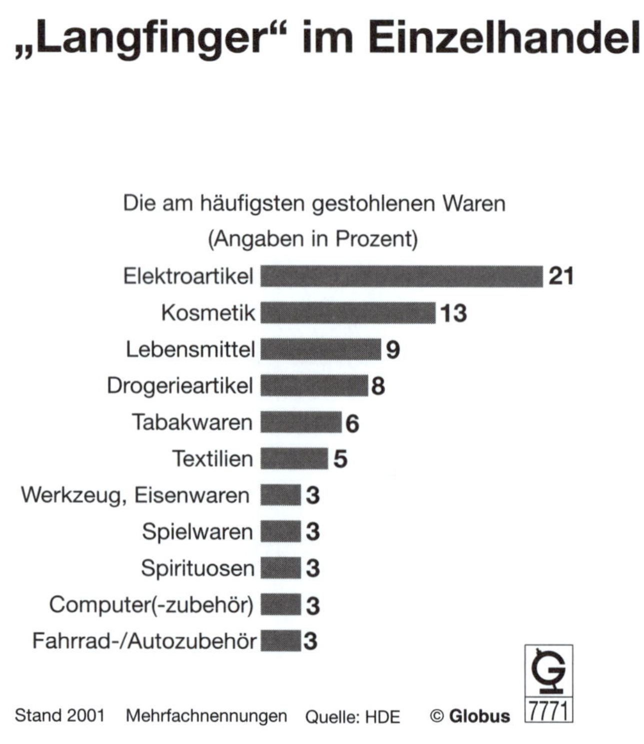

Der Hauptverband des Deutschzen Einzelhandels (HDE) gibt bekannt:

Wir geben keine Entwarnung beim Ladendiebstahl. Zwar sind laut der Polizeilichen Kriminalstatistik im vergangenen Jahr mit 461 293 Fällen 9,4 Prozent weniger Ladendiebstähle registriert worden als 2004. Das sind etwa 1 500 Ladendiebstähle an jedem Verkaufstag. Aber das ist nur die Spitze des Eisbergs, denn höchstens jeder zwanzigste Ladendieb wird entdeckt und angezeigt. Für den Handel ist und bleibt Ladendiebstahl ein großes Problem. Ladendiebstahl verursachte 2005 über zwei Milliarden Euro Schaden.

Für Präventionsmaßnahmen gegen Inventurdifferenzen gaben die Unternehmen rund 920 Millionen Euro aus. Damit kostete Ladendiebstahl den Einzelhandel 2005 knapp drei Milliarden Euro. Das entspricht etwa 0,7 Prozent des gesamten Jahresumsatzes des Einzelhandels.

1. Machen Sie eine Aussage zur obigen Darstellung.

2. Warum gibt der Hauptverband des Deutschen Einzelhandels (HDE) „keine Entwarnung beim Ladendiebstahl"?

3. Geben Sie Beispiele, auf welche Art und Weise gestohlen wird.

Beachten Sie bei der Bearbeitung folgender Aufgaben die Empfehlungen bzw. den Rechtsrat der Industrie- und Handelskammern zum Thema „Ladendiebstahl im Einzelhandel".

Ladendiebstahl im Einzelhandel

1.) Taschenkontrollen durch das Personal nur bei Einwilligung des Kunden erlaubt:

- Die Kontrolle der von den Kunden mitgeführten Taschen durch das Ladenpersonal ist nur dann zulässig, wenn der Kunde in die Durchsuchung einwilligt.
- Pauschale Taschenkontrollen sind unzulässig.
- Auch Hinweisschilder mit den Aufdrucken wie „sehr geehrte Kunden, wir bitten Sie höflich, Ihre Taschen hier an der Information vor dem Betreten des Marktes abzugeben, andernfalls weisen wir Sie höflichst darauf hin, dass wir an den Kassen gegebenenfalls Taschenkontrollen durchführen müssen" stellen keine Rechtsgrundlage zur Taschenkontrolle dar.
- Besteht ein konkreter Straftatverdacht und der Kunde verweigert die Durchsuchung seiner Tasche oder Kleidung, sollte die Polizei verständigt werden, um den Sachverhalt aufzuklären. Zum Festhalten bis zum Eintreffen der Polizei siehe 2., 3. Punkt.

2.) Festhalten bei Tatverdacht unter bestimmten Voraussetzungen erlaubt:

- Ein auf frischer Tat betroffener, d. h. ertappter Ladendieb kann bei Fluchtverdacht oder wenn seine Identität nicht sofort festgestellt werden kann, durch jedermann vorläufig festgenommen werden (das sogenannte Jedermann-Festnahmerecht), um ihn an die Strafverfolgungsbehörden zu übergeben.
- Bei der Festnahme, d. h. beim Festhalten, ist auf die Verhältnismäßigkeit der Mittel zu achten. Nur wenn es der Bedeutung der Sache angemessen ist, darf ein Dieb zu Fall gebracht, am Boden fixiert oder sogar gefesselt werden.
- Ob ein Festnahmerecht bei bloßem Tatverdacht besteht, ist strittig.

3.) Fangprämie:

- Der Einzelhändler darf keine Kosten für Überwachungs- oder Sicherungsmaßnahmen von dem Ladendieb verlangen.
- Eine vor dem Diebstahl ausgesetzte Fangprämie ist vom Ladendieb jedoch zu erstatten. Als angemessen sind pauschalierte Beträge von 25 Euro oder auch 50 Euro anzusehen. Die Obergrenze bildet der Wert der Ware. Ersatzfähig kann auch eine höhere Prämie gezahlt werden, wenn es sich um besonders wertvolle Waren handelt. In diesem Fall muss die Prämie aber deutlich geringer sein als der Warenwert.

4.) Auskunftspflichten:

- Ein Ladendieb ist gegenüber dem Detektiv oder dem Kaufhaus nicht zu Angaben verpflichtet, welche die Tat oder seine Person betreffen. Dieses ist erst der Fall, wenn er von der Polizei befragt wird. Aber auch dann ist er nur zur Angabe der Personalien zur Identifizierung verpflichtet. Angaben zur Tat kann er verweigern.

Quelle: www.rhein-neckar.ihk24.de/servicemarken/branchen/Handel/Einzelhandel/LadendiebstahlEinzelhandel.jsp, Stand 25.03.2008, JHK

4. Wie verhalten Sie sich, wenn

a) sich Kunden verdächtig machen? ______________________________

____

____

b) der Dieb auf frischer Tat ertappt wird? ______________________________

____

____

____

5. Wie lassen sich Ladendiebstähle erschweren? ______________________________

____

____

6.

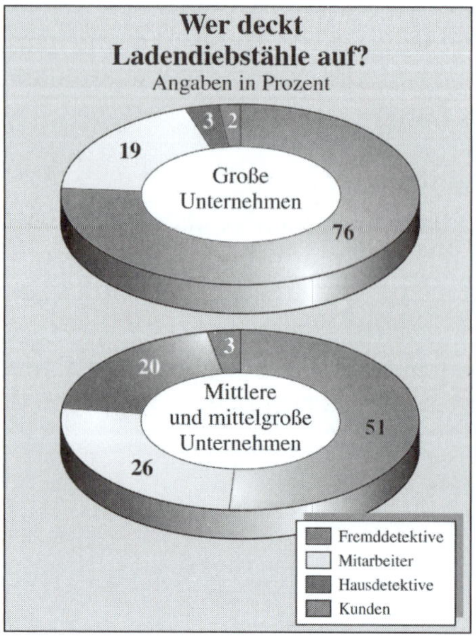

Wer deckt Ladendiebstähle auf? Ordnen Sie in aufsteigender Reihenfolge.

____

____

____

____

____

____

____

____

____

7. a) Was sagt Ihnen der Blick dieser jungen Kundin?

b) Durch welches Verhalten unterscheiden sich Kunden mit Kaufabsichten von solchen, die etwas stehlen wollen?

c) Werden Sie so eine „Kundin" ansprechen?

(1) *„Sie, was machen Sie da?"*

(2) *„Ich beobachte Sie schon eine Weile, Ihr Verhalten ist verdächtig!"*

(3) *„Fast hätte ich Sie beim Diebstahl erwischt!"*

d) Wie hätten Sie die „Kundin" besser angesprochen mit dem Ziel, einen Diebstahl zu verhindern? Geben Sie zwei Beispiele.

e) Sie sind absolut sicher, dass der „Kunde" eine Ware Ihres Sortiments wegsteckte/verschwinden ließ. Wie sprechen Sie den Dieb an?

(1) *„Entschuldigung, ich möchte mit Ihnen eine Unstimmigkeit im Büro klären."*

(2) *„Ich habe gesehen, Sie haben geklaut. Ich rufe jetzt die Polizei!"*

f) Im Interesse unserer ehrlichen Kunden:

- *zeigen wir* jeden Ladendiebstahl an
- *fordern wir* von jedem Ladendieb Schadensersatz
- *erteilen wir* jedem Ladendieb Hausverbot

Können diese oder ähnliche Hinweise im Verkaufsraum vermeintliche Diebe beeindrucken? Begründen Sie.

g) Sind Fang- bzw. Ergreifungsprämien bei aufgedeckten Ladendiebstählen für Verkäufer zulässig?

8. a) Beschreiben Sie, welche Voraussetzungen erfüllt sein müssen, damit Sie eine Taschenkontrolle durchführen können.

b) Zu welchem Zeitpunkt ist diese angebracht?

9. *„Hallo Kids: Klaut keine CDs, Parfüm, Bekleidung, Zigaretten, Kosmetikartikel, Sportartikel und Alkohol, denn der Einzelhandel hat Maßnahmen getroffen, um den Ladendiebstahl zu bekämpfen."*

Laut Umfrage bei Einzelhändlern sind Schulungen von Mitarbeitern, elektronische/mechanische Sicherungsanlagen und Ladeneinrichtungen besonders wichtig, um Diebstähle erfolgreich zu bekämpfen. Nennen Sie Ihnen wichtig erscheinende Sicherheitsvorkehrungen Ihres Geschäfts und ordnen Sie diese in der Tabelle.

Mitarbeiter/-innen	Elektronische/mechanische Sicherung	Ladeneinrichtung

Wissen trainieren

10. Nennen Sie verschiedene Diebstahlsmethoden

a) ohne Hilfsmittel,
b) mithilfe der Kleidung,
c) mit anderen Hilfsmitteln.

11. a) Durch welche Verhaltensweisen machen sich Kunden verdächtig?
b) Wann sprechen Sie einen vermeintlichen Dieb an?
c) Mit welchen Worten sprechen Sie einen solchen „Kunden" an?
d) Was bewirkt dieses Ansprechen?

12. Sie sind Auszubildende/-r in einem Lebensmitteleinzelhandelsbetrieb und überführen drei Zehnjährige des Ladendiebstahls. Sollte man in diesem Fall aus erzieherischen Gründen den Eltern und den Klassenlehrern Bescheid sagen? Begründen Sie Ihre Meinung.

13. Sie entdecken einen Ladendiebstahl. Was tun Sie? Beachten Sie die Empfehlungen der IHK.

14. a) Welche vorbeugenden Maßnahmen gegen Ladendiebstahl treffen auf Ihr Geschäft zu?
b) Nennen Sie Hilfsmittel und Sicherungsanlagen, die zur Überwachung des Verkaufsraumes eingesetzt werden können.

Wissen anwenden

15. Rollenspiel

Situation: Ein Kunde hält sich schon längere Zeit in der Drogerieabteilung Ihres Geschäfts auf. Diese wird in Vorwahl geführt.

Rolle Verkäuferin:	Rolle Kunde:
◆ Sie haben einen Kunden beobachtet, der sich längere Zeit bei Nagellackflakons aufgehalten hat. ◆ Sie haben gesehen, dass zwei Fläschchen fehlen, weil Sie kurz vorher aufgefüllt haben. ◆ Gehen Sie auf den Kunden zu und sprechen Sie ihn an.	Sie haben zwei Flakons Nagellack in die Manteltasche gesteckt und bemerkt, dass Sie der Verkäufer beobachtet hat.

Beobachtungsmerkmale

- Wurde der vermeintliche Dieb situationsgerecht angesprochen?
- Reichen die genannten Verdachtsmomente aus, um den Dieb zu überführen?
- Wurde die Abwicklung korrekt durchgeführt?

Bildquellenverzeichnis

Apple Inc., Cupertino, CA, USA: S. 155
Behrla/Nöhrbaß GbR, Köln/Bildungsverlag EINS, Köln: S. 45, 49
Bildungsverlag EINS, Köln: S. 82 (4x), 147, 149_3, 173_1, 187, 336_2, 337_1, 337_3, 337_5, 350
Diedeko, Andrea Walter, Reutlingen: S. 145_1
EURO Kartensysteme GmbH, Frankfurt a.M.: S. 98_1, 98_4
Europäische Union: S. 143_2, 166_1
Fritz Birk, Rottendorf/Bildungsverlag EINS, Köln: S. 69, 70
Gütegemeinschaft Kerzen e.V., Stuttgart: S. 149_6
Heinrich Drescher, Münster/Bildungsverlag EINS, Köln: S. 192_1, 192_2
Henkel AG & Co. KGaA, Düsseldorf: S. 149_7
Hohenstein Laboratories GmbH & Co. KG Schloss Hohenstein, Boennigheim: S. 143_1, 166_3
Intersport Deutschland eG, Heilbronn: S. 192_3
licht.de, Frankfurt/Main: S. 145_2
MasterCard Europe SPRL, Frankfurt/Main: S. 98_2, 98_5
Metro AG, Düsseldorf: S. 44 (2x)
MEV Verlag GmbH, Augsburg:
S. 13, 30, 46_1, 46_2, 50, 51 (2x), 52 (5x), 57_1, 60 (2x), 61 (2x), 62, 63 (4x), 66 (3x), 67, 73_1, 75, 77_1, 77_3, 92, 93, 108, 109, 110, 111, 119, 127, 139, 146, 151 (2x), 152 (3x), 153 (3x), 154 (2x), 157_2, 160_2, 161 (3x), 162 (2x), 164_2, 231, 232_1, 233 (3x), 234_1, 234_3 – 234_10, 240, 252, 254, 255, 272, 276, 291, 300, 309, 317 (3x), 325, 331, 336 (2x), 337_2, 344, 346
Nova Development Corporation, Calabasas, USA: S. 160_1, 276_1
Otto GmbH & Co KG, Hamburg: S. 149_4
picture-alliance/dpa Infografik: S. 15, 132, 156, 334, 348
Postbank AG, Bonn: S. 98_3, 98_6
Project Photos GmbH & Co. KG, Augsburg: S. 31
RAL gemeinnützige GmbH, Sankt Augustin: S. 149
TÜV SÜD Product Service GmbH, München: S. 149
Vedes AG, Nürnberg: S. 192_4
WMF Württembergische Metallwarenfabrik AG, Geislingen/Steige: S. 73
www.globetrotter.de: S. 146_2, 164_1, 232_2
www.fotolia.com:
S. 46_3 (FX Berlin), 55_1 (Yuri Arcurs), 55_2 (Dmytro Konstantynov), 55_3 (Kaarsten), 55_4 (Robert Kneschke), 71 (photlook), 74 (Fatman73), 77_2 (Bernd Leitner), 87 (2x) (amridesign), 138_1 (contrastwerkstatt), 138_2 (flashpics), 144_1 (Kheng Guan Toh), 144_2 (Haas), 146_2 (Pavel Losevsky), 150 (Martina Berg), 155_2 (Franz Pfluegl), 157_1 (Elena Baryshkina), 157_2 (BoL), 163_2 (contrastwerkstatt), 216 (5x) (T. Michel), 220_1 (simonkr), 220_2 (BG), 220_3 (r.classen), 221_1 (T. Michel), 221_2 (T. Michel), 221_3 (createur), 221_4 (vektorisiert), 221_5 (T. Michel), 221_6 (r.classen), 221_7 (T. Michel), 221_8 (T. Michel), 234_2 (photlook), 315 (amridesign), 316_1 (FX Berlin), 316_2 (Bernd_Leitner), 316_3 (Alx), 318 (Sebastian Kaulitzki), 320_1 (helix), 320_2 (Kitty), 320_3 (Yuri Arcurs), 323 (Mat Hayward), 328 (sculpies), 337_4 (Ramona Heim), 341 (David Touchtone), 342 (Karin Schnirch), 351 (StefanieB.)

BPW:
MEV Verlag GmbH: S. 1

Umschlagfoto:
www.fotolia.com: Photosani, diego cervo